KB270495

이태준 문학의 재인식

A New Understanding of Lee Tae Jun's Literature

김영민　연세대 교수
김재영　연세대 근대한국학연구소 연구원
김재용　원광대 교수
양문규　강릉대 교수
하정일　원광대 교수
한수영　동아대 교수

이태준 문학의 재인식

1판 1쇄 인쇄 2004년 12월 20일
1판 1쇄 발행 2004년 12월 25일

지은이 / 문학과사상연구회
펴낸이 / 박성모
펴낸곳 / 소명출판
출판고문 / 김호영
등록 / 제13-522호
주소 / 137-878 서울시 서초구 서초동 1621-18 (란빌딩 1층)
대표전화 / (02) 585-7840
팩시밀리 / (02) 585-7848
somyong@korea.com / www.somyong.com

ⓒ 2004, 문학과사상연구회

값 14,000원

ISBN 89-5626-118-0 93810

이태준 문학의 재인식

A New Understanding of Lee Tae Jun's Literature

문학과사상연구회

소명출판

　　한국 근대문학사에서 작가 이태준의 중요성과 문제성은 다시 거론할 필요가 없을 정도로 크고 무겁다. 그럼에도 그는 오랫동안 남북한 문학사에서 동시에 지워진 작가였다. 역설적이긴 하지만, 그가 남북한 문학사에서 오랫동안 동시에 지워질 수밖에 없는 작가였다는 사실만큼, 한국 문학사에서 갖는 그의 막중한 위상을 입증하는 논거도 달리 없을 것이다. 다시 말하면, 이태준을 정확히 이해하고 인식하는 일은 한국 근대문학사를 둘러싼 수많은 편향과 왜곡, 혹은 남북한의 자기중심적 논리를 극복할 수 있는 실마리를 확보하는 것이기도 하다. 그가 살았던 시대가 혼란스럽고 힘들었던 만큼 그의 시대인식과 미적 사유의 진폭도 대단히 넓은 지평에 걸쳐 있었다. '소설'이라는 장르인식에서부터 '순문학'과 '통속성', '전통'과 '근대' 혹은 '동양'과 '서양', '식민주의'의 수용 여부, 그리고 이념의 좌우 또는 민족의 '분단'과 '통일'에 이르기까지, 그는 항상 자신을 둘러싼 시대상황에 예민한 촉수를 곤두세우면서 민감하게 반응하는 한편, 한치 앞을 내다보기 어려운 혼란한 시기에도 끊임없이 암중모색을 거듭하며 그 '자신'과 또 자신이 속한 '공동체'의 운명과 미래에 관해 고민하는 모습을 보여주었다.

그런 점에서 이태준이 오랫동안 남북한 문학사에서 동시에 지워져있었다는 것은, 그동안의 남북한 문학사가 이태준의 이러한 고투와 역사적 고뇌를 제대로 인식하고 수용할 만한 지적 탄력성을 지니지 못한 채, 척박하고 주관적인 자기중심적 울타리 안에 갇혀 있었음을 반증하는 것이기도 하다. 따라서 이태준에 관한 연구와 비평은 이러한 저간의 사정을 넘어서는 것을 지향하지 않으면 안 된다. 『이태준 문학의 재인식』을 기획하는 우리의 자세와 각오 역시 대체로 이러한 전제에서 출발했다. 지난 일 년여 동안 우리는 늘 해오던 것처럼 발표와 토론을 통해 이태준에 관한 새로운 해석을 모색해 왔다. 하지만 책을 엮어 내는 지금, 애초의 그러한 문제의식이 얼마나 이 책에 반영되어 있는가를 자문해 보면 다소의 아쉬움이 없지 않다.

그러나 수록된 논문들이 일궈낸 이태준 문학 연구의 새로운 성과들은 부피에서 오는 아쉬움을 넉넉히 상쇄하고도 남음이 있다. 김영민은 이태준 등단 전후의 문단 지형도와 교우관계, 등단작 「오몽녀」의 해석 문제와 그 문학사적 영향 관계를 아주 세밀한 실증 과정을 통해 재구성함으로써, 기존 연구의 잘못을 바로 잡는 한편 「오몽녀」의 문학사적 위상을 재인식시키고 있다. 하정일의 「1930년대 후반 이태준 문학과 내부 식민주의 성찰」과 김재용의 「월북 이후 이태준의 문학활동과 「먼지」의 문제성」 또한 이태준에 관한 문학사적 해석에서 중요한 의미를 지니는 논문들이다. 하정일의 '내부 식민주의에 대한 이태준의 성찰'은 이태준이 식민주의에 투항 내지 포섭되지 않았음을 강조하고 있으며, 김재용의 「먼지」의 발굴과 해석은, 해방 이후의 이태준의 정치적 선택과 그 지향이 결코 우연한 일이거나 충동적이 아니었음은 물론, 그가 분단의 고착화를 뛰어넘는 놀라운 역사적 예지의 소유자였음을 밝히고 있다. 양문규는 한설야의 『탑』과 이태준의 『사상의 월야』를 비교·분석하면서 두 소설의 역사의식과 시대인식의 동이(同異)를 검토한다. 김재영은 '소설'에 관한 이태준의 장르 인식과 미학적 태도를 재구성하면서, 이를 한국 근대소설론 형성 과정의 한 맥락으로 자리매김한다.

책의 후반부에 실려 있는 김재용, 하정일, 한수영의 세 논문은 모두 동일한 사안, 즉 이태준과 '식민주의'의 관계를 문제삼고 있는 글이다. 이 중에서 김재용은 해방 전 이태준이 견지했던 '동양주의'가 '식민주의'의 그것과 결코 같지 않음을 밝히는 한편, 해방 이후에 이태준이 이 '동양주의'를 극복하고 '국제주의'로 나아가는 도정을 밝히고 있다. 하정일은 '이태준'을 둘러싼 '친일'에 관한 혐의를 강하게 부정하면서 일제 말 이태준이 보여주었던 '집단주의'로의 경사는 '식민주의'의 프리즘이 아니라 '근대주의'의 프리즘을 통해 읽어야 옳다는 것을 주장한다. 한수영은 '신체제' 등장 이후의 이태준이 이 식민담론에 부분적으로 '동의'한 것으로 본다는 점에서 앞의 두 사람과 다른 입장에 서 있지만, 종국에 이태준이 '신체제'에 함몰되지 않고, 그 식민담론의 모순율의 틈새를 비집고 힘겨운 '저항'을 시도했음을 밝히고 있다는 점에서는 앞의 두 논문의 결론과 크게 다르지 않다. 세 편 글의 논증과정은 조금씩 다르지만 이태준의 '동양주의'가 이른바 '대동아공영론'의 그것과는 결코 같은 것이 아니었다는 동일한 결론에 이르고 있으며, 이것은 최근 근대문학 연구에서 하나의 쟁점으로 떠오르고 있는 '식민주의'에 관한 '협력'과 '저항'의 논의에서 이태준을 어떻게 이해해야할 것인가에 대하여 시사하는 바가 크다.

1980년대 후반 이후, 남쪽에서나마 이태준 문학에 관한 연구와 비평이 어느 정도 자유로워진 것은 무척 다행한 일이 아닐 수 없다. 그러나, 지금까지 이뤄진 이태준 연구는 많은 대목에서 성글다. 특히 아직도 그의 최후를 정확히 알 수 없다는 사실이 상징하는 바는 의미심장하다. 생몰 연대를 정확히 알 수 없는 근대 작가나 지식인이 비단 이태준 한 사람뿐인 것은 아니지만, 아직도 북한에서의 그의 활동의 전체 면모나 말년의 모습을 정확히 알지 못한다는 점에서 이태준 연구의 풍성한 결실을 가로막는 가장 큰 장벽이 '분단' 그 자체임을 다시 한번 절감하게 된다. '분단'은 그를 문학사에서 오랫동안 지우기만 했을 뿐 아니라, 그를 다시 되살리고 올바로 살피는 일마저 가로막고 있다. 그의 자료를 더 이상 머나먼 외국의 도서관에서 찾지 않아도 될 때가, 그리고 남북한의 연구자들이 함께 머리를 맞대고 이태준에 대한 연구와 토론을 할 수 있을 날이 빨리 와야 할 것이다. 이 책을 그런 날을 조금이라도 앞당기려는 소망을 담아 펴낸다.

2004년 11월 지은이들 적음

이태준 문학의 재인식

2부 이태준 문학을 둘러싼 최근의 쟁점들

한국 근대소설 논의의 추이와 이태준 __ 121
· 김재영

1_부

이태준 문학의 저변과 깊이

이태준의 등단 과정과 「오몽녀」 연구

1930년대 후반 이태준 문학과 내부 식민주의 성찰

월북 이후 이태준의 문학활동과 「먼지」의 문제성

「탑」과 「사상의 월야」의 대비를 통해 본 한설야와 이태준의 역사의식

이태준의 등단 과정과 「오몽녀」 연구

김영민

1. 머리말

이태준은 1920년대에 등단한 대표적 소설가 가운데 한 사람이다. 문학
사적 중요성에도 불구하고, 이태준에 대한 연구는 1980년대 이전까지는
단편적·간헐적으로만 이루어졌다. 이태준이 주목받기 시작한 것은 1980
년대 이후이다. 특히 월북문인 관련 자료에 대한 해금이 이루어진 1980
년대 후반부터 그에 대한 연구는 급격히 활성화되기 시작했다. 이 시기
이후, 이태준의 문학 세계에 대한 미시적·거시적 연구들이 동시 다발적
이며 집중적으로 이루어지게 된 것이다.[1]

---

[1] 주요 연구 업적 가운데 단행본만을 제시하면 다음과 같다. 민충환, 『이태준 연구』,
깊은샘, 1988; 상허문학회, 『이태준 문학 연구』, 깊은샘, 1993; 안남연, 『이태준 장편소
설 연구』, 대영현대문화사, 1993; 김상선, 『상허 이태준 문학 연구』, 한빛미디어, 1994;

이태준과 관련한 여러 가지 연구들이 이루어지면서 그의 생애와 문학 세계 그리고 문학사적 위치에 대한 연구 등도 적지 않은 성과를 내게 되었다. 그러나, 이렇게 많은 연구 성과들이 나오고 있음에도 불구하고, 아직까지 이태준의 등단 과정과 관련된 의문들은 풀리지 않은 상태이다. 이태준은 원래『조선문단』에 투고한 소설「오몽녀」가 당선되면서 문단에 들어섰다. 그러나 그의 작품은『조선문단』에 실리지 못한 채 다른 매체를 통해 발표된다. 이는 예나 지금이나 결코 흔하지 않은 일이며, 우리 문학사에서 그와 유사한 사례를 찾기가 쉽지 않다. 본고에서는 이러한 이태준의 등단 과정에 관한 몇 가지 의문점을 밝혀 보고자 한다. 아울러, 그의 등단작「오몽녀」의 특질과 소설사적 의미에 대해 살펴보고자 한다.

논의의 순서와 범주는 다음과 같다. 먼저『조선문단』과「오몽녀」의 관계를 살피고자 한다. 이를 통해 이태준의 원고가 당선작으로 결정되는 과정과, 그것이 잡지에 실리지 못하게 되는 이유를 본 연구자가 발굴한 자료들을 통해 검증하고자 한다. 다음으로는『시대일보』와「오몽녀」의 관계를 살피고자 한다. 이를 통해『조선문단』당선작「오몽녀」가『시대일보』에 수록되는 과정과 이유를 추정해 보고자 한다. 이어서 작품「오몽녀」의 특질과 문학사적 의미를 정리하기로 한다.

<hr>

이명희,『상허 이태준 문학세계』, 국학자료원, 1994; 정현기,『이태준』, 건국대 출판부, 1994; 장영우,『이태준 소설 연구』, 태학사, 1996; 이병렬,『이태준 소설 연구』, 평민사, 1998; 박헌호,『이태준과 한국 근대소설의 성격』, 소명출판, 1999; 김택호,『이태준의 정신적 문화주의』, 월인, 2003; 송인화,『이태준문학의 근대성』, 국학자료원, 2003.

2. 『조선문단』과 「오몽녀」

이태준의 「오몽녀」는 『조선문단』 1925년 7월호에 당선작으로 공고되었으나, 당해 잡지에는 발표되지 않고 『시대일보』를 통해 발표된 작품이다. 『조선문단』 1925년 7월호에는 「오몽녀」의 당선을 알리는 다음과 같은 사고(社告)가 실려 있다.

特告

李泰俊씨의 小說 「五夢女」는 當選되엇스나 事情에 依하야 發表치못하옵는 바 作者의 現住所를 通知하여 주소서[2]

그렇다면 「오몽녀」를 당선작으로 결정한 인물은 누구이며, 또 이 작품이 『시대일보』를 통해 발표된 이유는 무엇일까? 이를 규명하기 위해서는 먼저 『조선문단』의 작가 추천 제도에 대해 살펴볼 필요가 있다. 『조선문단』은 방인근(方仁根)을 편집 겸 발행인으로 하여 1924년 10월 창간되었다. 이 잡지는 신인 추천 제도를 통해 최학송·채만식·박화성 등 수많은 소설가와 시인을 배출하게 된다.[3] 『조선문단』 창간호에 실린 공개 원고 모집 광고문안은 다음과 같다.

每號 男女 投稿募集 規定 選者 李光洙 朱耀翰 田榮澤
特作은 文壇에 推薦한다는 意味로 「推薦」이라 쓰고 그 다음은 「入選」이라

---

2) 「특고(特告)」, 『조선문단』, 1925년 7월 213면.

3) 『조선문단』은 창간호부터 1편의 소설과 9편의 시를 추천 혹은 입선작으로 내놓는다. 그러니까 창간호의 사고(社告)를 통해 공개적으로 원고를 모집하기 이전부터 이미 비공개적으로 원고를 받아 추천 작업을 시작했던 것이다. 뒷날 방인근은 회고문을 통해 『조선문단』이 배출한 소설가로 최서해·한설야·박화성·채만식·임영빈 등을 든다. 시인으로는 조운·이은싱·유도순·이장희·김소월 등을 든다. (방인근, 「문학운동의 중축(中軸) 『조선문단』 시절」, 『조광』, 1938년 6월, 67면 참조).

쓰고 또 다음은 「佳作」이라고 씁니다. 얼마 지나 諸位 中에 卓越한 분이 게시면 新進作家로 紹介합니다.

　單編小說 五千字以內 戲曲 五千字以內 詩 隨意 時調 隨意 論文 二千字以內

　感想文 二千字以內 小品文 二千字以內 書簡文 千字以內 日記文紀行文 千字以內 讀者通信(葉書一枚)[4]

이 광고에서 주목해야 할 부분은 작품의 선별자가 누구인가 하는 점이다. 여기에서는 선자를 이광수와 주요한, 그리고 전영택으로 밝히고 있다. 이들 가운데 주요한은 당시 시인으로 활동하고 있었으므로 소설의 선자는 일단 이광수와 전영택으로 좁혀진다. 여기에 방인근의 술회를 참조하면 소설을 이광수가 담당하고, 수필 등 잡문을 전영택이 담당했음을 알 수 있다.[5]

이 광고문에서는 작품의 등위를 '추천(推薦)'과 '입선(入選)' 그리고 '가작(佳作)'이라는 말로 구별한다. 하지만 이태준의 「오몽녀」는 이들 가운데 어느 것도 아닌 '당선(當選)'작으로 공고된다. 이는 『조선문단』 제5호 즉 1925년 2월호부터 모집 규정이 다음과 같이 바뀌었기 때문이다.

　投稿를 前에는 推薦, 入選, 佳作으로 分類하엿사오나 지금브터는 全部 한 가지로 「當選」이라고만 써서 發表하기로 하엿나이다.[6]

『조선문단』을 통해 등단을 꿈꾸는 작가 지망생의 수는 적은 것이 아니었다. 당시 잡지사에 투고된 작품의 수는 하루에 이삼십 편, 한 달이면 대략 오백 편이 넘는 것이었다.

---

4) 「남녀투고모집규정」, 『조선문단』, 1924년 10월, 72면.
5) 방인근은 '처음에 소설고선(小說考選)은 춘원, 시고선은 요한, 잡문고선은 늘봄이 했고 나는 이것저것에 조역(助役)을 했'고 술회한다. (방인근, 「문학운동의 중축(中軸) 『조선문단』 시절」, 『조광』, 1938년 6월, 72면 참조).
6) 「투고모집 규정 개혁(投稿募集 規定 改革)」, 『조선문단』, 1925년 2월, 113면.

投稿文은 每日 大概 二三十篇式, 한달이면 五六百篇이 드러옵니다. 그래 考選에 분비여 不完全 不公平 — 여러 가지 폐단이 만코, 쏘 頁數의 制限으로 만히 發表못하는 것이 저히의 가장 큰 苦痛입니다. 將次 發展되는 대로 만히 紙數를 느리랍니다. 아직 참으시고 널니 諒解하시기만 바랍니다.[7]

따라서 이렇게 많이 투고되는 작품들을 이광수·전영택·주요한 세 사람만이 맡아 선별했을 것으로는 생각하기 어렵다. 작품의 선별 과정에는 잡지사 내 기자 등 여타의 인물들이 함께 참여했을 가능성이 크며, 소설의 경우는 방인근과 최학송이 이 일에 관여했을 것으로 추정된다.[8] 특히 발행인 방인근은 방춘해(方春海)라는 필명을 사용하며 『조선문단』 창간호에 소설 「어머니」를 발표하고 제3호에 시 「규원(閨怨)」을 발표하는 등 나름대로 활발한 창작 활동을 하고 있는 중이었으므로 작품의 선별 과정에 깊이 관여했을 것으로 생각된다. 최서해라는 필명을 사용한 최학송도 『조선문단』 창간호에 소설 「고국」을 추천 받아 등단한 후, 방인근을 도와 『조선문단』 편집의 실무를 맡아 일했다는 점에서 그 역할이 전혀 없었다고 보기는 어렵다. 최학송은 이후 계속해서 『조선문단』에 「삼십원」, 「기아와 살육」 등 여러 편의 작품을 발표한다. 방인근이 『조선문단』 창간 1주년을 맞아 쓴 「조선문단 1주년 감상」에는 잡지의 발행을 위해 1년간 수고한 사람들의 명단이 이광수·전영택·주요한 그리고 최서해로 명기되어 있다.

春園氏의 그동안 애씀은 말할 것도 업거니와 늘봄 요한 두 분과 其他 여러 文士諸氏 有志諸氏의 도와줌도 속깁히 感謝합니다. 近者 曙海君은 여간한 고생을 하는 것이 아니외다. 一年間 喜悲劇은 말로 다 할 수 업습니다. 朝鮮文壇의 色彩는 여러 가지로 보시겟지마는 다만 健全한 朝鮮民衆藝術을 目標로

---

7) 춘해(春海), 「편집후(編輯後) 멧말슴」, 『조선문단』, 1925년 1월, 209면.
8) 오백 편 정도 투고 되는 신인의 원고 가운데 대부분은 시였다. 이광수의 글로 미루어 본다면 투고되는 소설의 수는 한 달에 이삼십 편 정도였을 것으로 추정된다. (이광수, 「소실선후언」, 『소선문난』, 1924년 12월, 78면 참조).

삼고 나갑시다. 그러고 압흐로 漸漸 잘되여 나갈 것을 밋고 이 一週年記念에 다만 깃브다는 인사를 드리고 붓을 놋슴니다.[9]

『조선문단』은 창간 당시부터 표지에 '이광수 주재(主宰)'라는 구절을 넣어 상업적 효과를 노리고 출발했다. 이광수는 『조선문단』 첫 호에 단편소설 「혈서(血書)」를 발표하고, 평론 「문학강화(文學講話)」의 연재를 시작했으며, 창간사에 해당하는 「권두사(卷頭辭)」를 쓰는 등 잡지의 발행에 깊숙이 관여했다. 이광수는 『조선문단』 창간 당시 매우 의욕적으로 이 잡지에 관여하고 있었음에 틀림없다. 창간호에 기록된 「문사(文士)들의 이 모양 저 모양」에는 그의 모습이 다음과 같이 기록되어 있다.

　　春園 − 群衆의 눈ㅅ독에 눈이 놀애가지고 東亞日報도 쮜어나오더니 요새는 中學校 英語敎師로, 들어간 두 볼이 더 들어가는 모양인데 그래도 이제브터는 「朝鮮文壇」에만 全力을 다 한다는 모양[10]

제2호부터 시작된 공개적인 신인 소설가 추천 역시 대부분 이광수의 손에 의해 이루어졌다. 이광수는 『조선문단』 제2호에서 두 편의 소설을 입선시킨 후 그에 관한 「소설선후언(小說選後言)」을 쓰기 시작한다. 이후 제3호와 제4호에도 '추천소설'과 '입선소설'을 낸 후 그에 관한 「소설선후언」을 쓴다. 채만식과 박화성의 추천 역시 이광수를 통해 이루어진 것이다. 이런 맥락에서 본다면 이태준 역시 이광수에 의해 발탁되었을 개연성이 있다.

그러나, 이태준의 「오몽녀」 당선은 이광수에 의한 선택이라고 보기가 어렵다. 일시적으로 이광수는 편집과 신인 추천 과정에서 배제되었기 때문이다. 그것은 무엇보다 이광수의 건강 상태와 연관된 이유 때문이다. 「오몽녀」가 당선되던 1925년 7월 경 이광수는 건강이 좋지 않아 편집에 관여

---

9) 방인근, 「조선문단(朝鮮文壇) 일주년 감상」, 『조선문단』, 1925년 10월, 180면.
10) 방인근, 「문사(文士)들의 이 모양 저 모양(1)」, 『조선문단』, 1924년 10월, 52면.

할 수 없었다.

『조선문단』제5호, 즉 1925년 2월호에는 정인철(鄭寅喆)의 「부친(父親)」과 진우촌(秦雨村)의 「구가정(舊家庭)의 씃날」이라는 두 편의 '당선(當選)'작이 실리지만 이에 관한 선별 과정이 어디에도 나와 있지 않다. 그 대신 방인근이 썼을 것으로 추정되는 편집 후기에 "이번에 섭섭한 것은 春園氏의 作이 만치 못한 것이다. 한 달 동안이나 病으로 苦痛을 밧은 까닭이다"11)라는 구절이 들어 있다. 이광수가 병으로 인해 잡지 편집에 별반 관여를 못했다는 것이다. 이는 이광수가 이번 호 작품 심사 과정에 참여하지 못했다는 사실을 함께 의미하는 것일 수도 있다. 신인 원고의 심사 결과를 '추천' '입선' '가작' 대신, 모두 '당선'으로 통일한 것이 바로 이 제5호부터이다. 이후 이광수의 병은 더욱 악화되었다.12) 그는 제6호에는 창간호부터 연재해오던 평론 「문학강화」조차 연재하지 못한다. 그 대신 동경 유학 시절 이광수 자신의 일기를 토대로 한 글 「일기(日記)」를 수록한다. 제7호에도 계속해서 「일기」만을 게재한다. 제8호에는 그나마 아무런 원고도 싣지 못한다. 마침내 이태준의 「오몽녀」를 당선작으로 공고하는 「특고(特告)」가 실린 제9호에 이광수는 「병상(病床)에서」라는 글을 보내며 이른바 주재(主宰)라는 명의(名義)를 사퇴하게 된다.

「병상에서」에 따르면 이광수는 1924년 11월 경부터 건강이 악화되었고 1925년 3월에 병원에 입원을 했다. 그는 1924년 12월 경부터 편집에서 점차 멀어지기 시작했고, 4월 이후부터는 거의 관여를 할 수 없었던 것으로 판단된다. 이 기간에는 실질적인 편집을 방인근과 최서해가 담당했던 것이다.13) 이렇게 본다면 이태준의 원고를 심사하고 당선작으로 공

---

11) 「편집을 마치고서」, 『조선문단』, 1925년 2월, 106면.
12) 전영택에 따르면 당시 이광수의 병은 매우 우려할 만한 상태였다. 그는 '이광수의 병이 신경통이라 하나 몸이 퍽 수척하고 열이 늘 38도 정도로 오르고 내리지 않는 것을 보매 단순한 병이 아니라 분명히 과로에서 나온 깊은 병'이라 말한다. 이광수는 '내 병을 내가 잘 알지요. 지금 헤븐으로 갈 준비를 하고 있소'라고 받아 말했다 한다. 전영택, 「춘원(春園)이 알는다」, 『조선문단』, 1925년 4월, 15~16면 참조.

고한 사람은 발행인 방인근이 된다. 방인근이 이태준의 「오몽녀」에 대해 적지 않은 관심을 지니고 있었다는 사실은 『조선문단』 제11호(1925년 9월)에 실린 「조선문단 합평회(合評會)」에서도 잘 나타나 있다. 방인근은 이 합평회에서 「오몽녀」를 "健實한 筆致 緻密한 描寫와 構想 現實을 藝術化하야 실감을 주는 作者의 手腕과 情神 엇던點으로 보든지 成功한 作品이라고 밋습니다"[14]라고 평한 바 있다. 물론 뒤에 '작자의 인생관이나 태도가 희미하다'는 문제점을 지적하기도 했지만 신인 추천작에 대한 이러한 정도의 평가는 매우 호의적인 것이 아닐 수 없다.

그렇다면 『조선문단』은 이태준의 「오몽녀」가 당선되었음을 알리고도 왜 잡지에 원고를 수록하지 않았을까? 사고(社告)에 실린 '사정(事情)'이란 무엇이었을까?

당시 잡지가 원고를 확보하고도 직접 게재하지 못하는 이유는 크게 세 가지로 추정해 볼 수 있다. 첫째, 무엇보다 충분하지 못한 지면의 문제이다. 『조선문단』에서는 작품의 선별자가 투고자의 원고의 우수성에 대해 언급하고도 그 호에 작품을 수록하지 못하는 경우가 더러 있었다. 이런 경우는 대개 지면상의 문제 즉 수록할 원고가 넘쳐나는 문제 때문

---

13) 『조선문단』의 편집에 대해 방인근은 '편집회가 있어 처음에는 춘원, 요한, 늘봄, 나 이렇게 넷이서 했고 나중에는 나 혼자 하다가, 서해가 들어온 뒤 함께 했다(방인근, 「문학운동의 중축(中軸) 『조선문단』 시절」, 『조광』, 1938년 6월, 72면 참조)'고 술회한다. 최서해는 『조선문단』 제13호 즉 1925년 11월호가 발행될 때까지 방인근을 도와 잡지를 편집했다. 『조선문단』 제13호에는 최서해가 사정에 의해 퇴사했다는 사실이 정식 사고(社告)로 밝혀져 있다. 편집후기에서 방인근은 다시 '본사 기자로 편집에 많은 힘을 쓰던 최서해가 퇴사해 섭섭하다'는 말과 함께 이제부터는 편집을 혼자 맡게 되었다는 점도 적고 있다(방인근, 「편집여묵(編輯餘墨)」, 『조선문단』, 1925년 11월, 98면 참조).

14) 「조선문단합평회」, 『조선문단』, 1925년 9월, 121면. 참고로, 『조선문단』 제11호는 판권란의 발행일은 8월 20일로, 표지의 발행일은 9월 1일로 되어 있어 서지 정리에 혼란을 준다. 논자에 따라서는 이 호를 8월호로 적는 경우가 없지 않다. 그러나, 표지에 분명히 이 책이 9월호라 명기되어 있으므로 제11호는 9월호로 정리해야 한다. 이렇게 된 이유는 1925년 8월 당시 서울에 대홍수가 나서 8월 초 잡지 발행이 불가능했기 때문이다. 편집후기에서도 8월호는 임시휴간을 하고 대신 9월호를 일찍 발행하게 되었다는 사실을 밝히고 있다.

이었다. 『조선문단』 제2호(1924.11)에 이광수가 쓴 「소설선후언(小說選後言)」
에는 박화성의 「추석전야」, 채만식의 「세길로」, 박석관의 「걸인」이라는
세 작품의 고선(考選)을 예고하는 내용이 들어 있다. 『조선문단』 제3호
(1924.12)에 쓴 이광수의 「소설선후언」을 보면 이광수는 채만식과 박화성
의 작품에 대해서 적지 않은 호감을 지니고 있었음을 알 수 있다. 결국
채만식의 「세길로」는 『조선문단』 제3호의 '추천소설(推薦小說)'로 소개되
었다. 박화성의 작품은 『조선문단』 제4호(1925.1)를 '여자부록(女子附錄) 특
집호'로 꾸미면서 그 부록 속에 추천소설로 소개했다. 박석관의 「걸인」
은 이후에 전혀 언급이 없이 사라졌다. 『조선문단』 제3호의 「소설선후
언」에서 이광수는 임영빈(任英彬)의 「난윤(亂倫)」에 대해서도 언급했지만
이는 제4호부터 6호까지 나뉘어 실린다. 이광수가 「소설선후언」에서 언
급했으나 결국 실리지 않은 작품 수 역시 적지 않다. 이러한 현실에 대
해 이광수는 다음과 같은 말로 양해를 구한 바 있다.

> 그밧게 나는 보내주신 원고에 대하야 말하고 십흔 것이 만흐나 다음호로 민
> 다. 우리는 갑잇는 작품을 비록 시긔는 늣더라도 다 내이기를 힘쓴다. 보내주시
> 는 여러분은 늣는 것을 책망 마시기를 바란다.[15]

그러나, 이태준의 「오몽녀」를 이와 동일한 경우에 넣어 이해하는 것은
적절하지 않다. 『조선문단』에 실린 「소설선후언」은 일종의 심사소감을
적은 글이지 당선을 공고하는 글이 아니기 때문이다. 따라서 이를 이태
준 소설의 당선 공고인 「특고(特告)」와 동일한 것으로 다루기는 어렵다.
『조선문단』에서는 원고가 넘쳐 일부 작품을 다음 호로 넘긴다는 안내
문 역시 어렵지 않게 발견할 수 있다. 이태준의 「오몽녀」를 당선작으로
공고한 『조선문단』 1925년 7월호는 특대호로 꾸몄음에도 불구하고 원고
가 넘쳐 지면이 부족했다. 하지만 이태준의 「오몽녀」의 경우 작품을 수

---

15) 이광수, 「소설선후언」, 『조선문단』 1924년 12월, 80면.

록하지 못한 이유를 단순히 지면상의 문제로만 보기는 어렵다. 그것은 방인근이 이 작품을 수록하지 못한 이유를 '부득이한 사정이 있어서'[16]라고 설명하고 있기 때문이다.[17]

두 번째 가능성은 이른바 검열로 인한 문제 때문이다. 1920년대 중반은 일제에 의한 원고 검열이 엄격하게 시행되던 시기였다. 당시 『조선문단』이 출간 전에 일일이 검열을 받았다고 하는 사실은 다음의 글에서도 확인할 수 있다.

> 꼭꼭 每月 一日에 發行하랴고 애는 부득부득 쓰지마는 原稿收集, 原稿檢閱 等 障碍가 잇서 二三日式 늦게 되는 것은 섭섭하지마는 不得已한 事情이다. 容恕하소서.[18]

원고 수집뿐만 아니라 원고 검열에도 시간이 많이 걸려 잡지를 제 때에 내기가 어렵다는 것이 발행인 방인근이 전하는 말이다. 「오몽녀」는 빈한한 서민들의 삶과 욕망의 문제 등을 다루고 있는 작품이다. 이 작품이 치안상의 큰 문제를 불러일으킨다고 볼 수는 없지만, 검열상 문제가 될 가능성이 전혀 없었던 것은 아니다. 특히 일본 경찰의 성추행과 매춘 강요, 그리고 계획된 양민 살인과 자살 위장, 재산 갈취 등의 장면이 자세히 그려져 있다는 점은 문제가 될 수 있었다.[19]

이태준은 뒷날 이 작품을 개작해 출간하면서 이러한 부분들을 대부분 삭제했다. 이는 「오몽녀」가 일제의 검열제도 아래에서는 언제든지 문제

---

16) 「조선문단합평회」, 『조선문단』, 1925년 9월, 121면 참조.

17) 지면상의 문제일 경우 『조선문단』은 대부분 지면이 부족하다는 점을 명시해왔다. 예를 들면 이태준의 「오몽녀」 당선을 알린 동일호의 편집후기에는 "白洲氏의 小說 「매」와 金明淳氏의 小說 「손님」은 紙數 關係로 다음으로 미룹니다 容恕하소서(『조선문단』 1925년 7월호, 216면)"라는 구절이 있다.

18) 방인근, 「편집후 한마듸」, 『조선문단』, 1925년 6월, 128면.

19) 당시 검열은 치안방해, 수사상의 필요, 풍속괴란, 군사관계 등의 항목을 중심으로 진행되었다. (정진석, 「해제」, 『일제시대 민족지 압수기사모음(전자도서자료)』, 동방미디어, 1998 참조).

가 될 수 있다는 점을 보여주는 것이다. 실제로『조선문단』당선작「오몽녀」는 일제 검열 당국에 의해 제재를 받았을 수도 있다. 이는 다음과 같은 방인근의 술회를 통해 추정할 수 있다.

> 李泰俊氏가「五夢女」를 投稿하였는데 押收되어 發表하지 못한 記憶이 있으며 李無影氏가 東京서 여러 번 投稿하였는데 얼마 發表해드리지 못한 記憶도 있다.[20]

방인근은『조선문단』이 이태준의「오몽녀」를 발표하지 못한 이유를 '압수(押收)' 때문이라고 적고 있다. 이는 그 동안 알려지지 않았던「오몽녀」의『조선문단』미발표 사유를 명시적으로 밝히는 중요한 진술이다. 즉 앞에서 방인근이 언급한 '부득이한 사정'이란 곧 원고 압수를 의미하는 것이 된다. 그러나,『조선문단』의 당선작이『시대일보』로 옮겨가 발표된 것을 단순히 검열과 관련된 문제로만 정리하는 것 역시 충분하지는 않다.『시대일보』역시 검열에서 자유로울 수가 없었기 때문이다.

당시에는『조선문단』등 잡지만 검열을 받은 것이 아니라『동아일보』나『조선일보』·『시대일보』등 일간 신문들도 엄격한 검열을 받았다. 비록 적용 법규와 검열의 방식이 다르기는 했지만 신문이라고 해서 잡지보다 검열을 통과하는 것이 크게 수월했다고 보기는 어렵다.『조선문단』의 당선작인「오몽녀」가 완전히 압수되었다면 어느 매체에도 실릴 수 없었을 것이며, 검열 또는 압수 후 반환되었다면『조선문단』다음호에 실리는 것이 당연한 귀결이었다. 따라서「오몽녀」가『조선문단』에 발표되지 못하고『시대일보』로 옮겨가게 된 데에는 또 다른 이유가 있었을 것으로 생각된다.

그런데,『조선문단』미발표 사유에 관한 이태준의 진술은 방인근의 그것과는 차이가 난다. 이에 대해 이태준은 다음과 같이 술회한 바 있다.

---

20) 방인근,「문학운동의 중축(中軸)『조선문단』시절」, 67면.

　　그 끄적거리던 것 속에서 처음으로 題目을 붙여『朝鮮文壇』에 投稿한 것이
「五夢女」였다.「五夢女」는『朝鮮文壇』編輯者로부터 곳 消息이 왔다. 실릴만
한 水準이나 雜誌에는 通過되지 않을듯한 대목이 있어 時代日報에 보내였다
하였고, 메칠 뒤 時代日報로부터「五夢女」篇이 한페지에 完載된 新聞이 왔
다.21)

　　이태준의 이 술회에 따르면「오몽녀」는 검열에 걸려 압수된 것이 아
니라, 검열에 걸릴 것을 염려한『조선문단』의 편집진들이 이 원고를 자
발적으로『시대일보』쪽으로 넘긴 셈이 된다.

　　여기서 생각할 수 있는 또 하나의 가능성은, 편집 동인들간의 이견으
로 인해 작품을 수록하지 못하는 것이다.『조선문단』은 분명 상업 문예
지를 표방하며 창간된 대중잡지였고 동인지가 아니었다. 하지만, 실질적
인 잡지의 운영은 부분적으로 동인제 형식을 취하고 있었다.22) 발행인
겸 편집인인 방인근을 중심으로 이광수·전영택·주요한 등이 참여하면
서23) 이들은 자신들이 단순한 협력자나 일시적 원고 투고자가 아닌 편
집 동인이라는 생각을 지니고 있었던 것이다. 이들은 창간 초기에 스스
로를 '동인'이라 부르기도 했다.24) 특히 지면이 부족함에도 불구하고 이

---

21) 이태준,「의무진기(意無盡記)」,『춘추』, 1943년 5월, 138면. (참고로, 본 논문에서 활
　　용한 자료들 가운데『춘추』는 연세대 근대한국학연구소 김재영 박사가 발굴해 제공
　　해 준 것임을 밝혀둔다. 이들 자료는 현재 유통되고 있는 영인본『춘추』에는 들어있
　　지 않다).
22)『조선문단』이 지녔던 동인지적 성격과 그 탈피 과정에 대해서는 이경돈,「1920년대
　　단형서사의 존재 양상과 근대소설의 형성과정 연구」, 성균관대 박사논문, 2003, 133~
　　158면 참조.
23) 방인근은 전영택의 매부였고, 전영택은 이광수를 방인근에게 소개했다. 이에 대해
　　전영택은 "내 매부인 방인근(方仁根)이 찾아와서 옛날『창조』를 계속하는 셈으로 문
　　예잡지를 하자고 하기에 나는 춘원을 추천하여 ……"(전영택,「『창조』와『조선문단』과
　　나」,『전영택전집』, 목원대 출판부, 1994, 500면)라고 적고 있다.
24) 다음과 같은 예를 들 수 있다. "저희 타령만 하는 것갓습니다만은 우리 同人의 主張
　　삼는 것은 오직 '眞實'이외다. 저희 짜는 永遠히 生命을 다하야 여러분과 갓치 참된
　　文藝 健全한 文學을 세우랴는 것이외다."(방인근,「편집여언」,『조선문단』1924년 11
　　월, 84면)

들 편집 동인들의 작품은 다른 사람들의 작품과 달리 일단 원고만 마련
되면 분야를 가리지 않고 모두 실었다. 이광수의 경우를 보면 창간호에
는 「권두사」, 소설 「혈서」, 비평문 「문학강화」 등 세 편의 글을, 제2호의
경우는 소설 「H군을 생각하고」, 시 「묵상록」, 비평문 「문학강화」, 잡문
「문단만화」 등 무려 7편의 글을 실었다. 이때 이광수는 필자명으로 이광
수(李光洙)와 춘원(春園)·장백산인(長白山人) 등을 함께 사용했다. 이는 『조
선문단』의 독과점적 폐쇄성을 보여주는 중요한 특징이 된다. 나아가 이
들이 매호 잡지에 원고를 싣는 것을 일종의 의무처럼 생각한 흔적 역시
발견된다. 전영택이 제3호에서 소설 발표를 걸른 후 "나는 이번에 보는
일도 밧브고 몸이 편치 못하야 創作은 못썼습니다. 섭섭합니다. 다음호
에는 꼭 쓰지오"25)라고 한 것 등이 이러한 분위기를 보여준다.

　이태준의 「오몽녀」가 당선작으로 공고된 1925년 7월호부터 이광수는
병을 빌미 삼아 『조선문단』의 '주재'를 사퇴했다. 이에 대해 방인근은
"理由는 여러 가지겟지마는 첫재 病으로 主宰를 勘當치 못하는 것과 둘
재 個人의 主宰라는 것이 재미업다는 것이다. (…중략…) 또한 田榮澤,
朱耀翰, 李光洙 三氏와 나와 가치 朝鮮文壇을 始作한 것이엇스나 좀
範圍를 넓히하려는 곳에 더 意味가 잇는 것이다"26)라는 말로 정리한다.
아울러 다음과 같은 술회 역시 이 시기 방인근과 이광수의 갈등을 이해
하는데 도움이 된다. "…… 나로서는 苦悶이 생기기 始作하였다. 編輯內
容으로 春園과 意見이 맞지 않는데다가 '李光洙主宰'라는 것을 빼게 되
고 나는 東大門外 龍頭里로 집을 사서 나오고 事務室도 옮기게 되었
다."27) 결국, 『조선문단』 창간시부터 이광수의 집에 함께 기거하던 방인
근은 1925년 7월 이전 어느 시점인가부터 이광수의 집을 나와 별도의 기
거처를 구하게 된다.28)

---

25) 전영택, 「편집여언」, 『조선문단』, 1924년 12월, 81면.
26) 방인근, 「이광수 주재에 대하여」, 『조선문단』, 1925년 7월, 214~215면.
27) 방인근, 「문학운동의 숭죽『조선분단』시절」, 66면.

「오몽녀」의 주인공은 눈멀고 나이 든 남편을 홀대하고 젊은 어부와 만나 정을 통한 후, 어부와 함께 달아나는 인물이다. 이광수의 이른바 인도주의적 문학관에 근거해 보자면 「오몽녀」는 부도덕한 인물들의 부도덕한 행위를 다룬 소설로 보일 수도 있다.[29] 가치관이나 인생관에 대한 해명 없이 인간 욕망의 문제에 접근하고 있는 「오몽녀」에 대한 거부감은, 신학을 공부하고 기독교 목사의 길을 향해 가고 있던 전영택에게도 마찬가지였을 것이다.[30]

「오몽녀」의 『조선문단』 미수록 이유는 결국 이 세 가지 요인이 복합적으로 나타난 결과라고 보아야 할 것이다. 발표 지면도 충분하지 않은 상태에서, 그 내용이 모든 동인들의 취향에 잘 맞는 것도 아닌 작품을, 원고 검열 등 여러 가지 현실적 불편을 무릅쓰고 발표하기에는 무리가 있었던 것이다.

---

28) 방인근의 이 술회에 의존하면 이광수와 방인근의 사이가 멀어지고 방인근이 거처를 옮긴 것은 '이광수주재'라는 용어를 뺄 무렵인 1925년 7월경이 된다. 그러나, 실제로 이광수와 방인근의 사이가 멀어지고 방인근이 이광수의 집을 나온 것은 이보다 앞선 1925년 2월경이다. 이는 『조선문단』 간기(刊記)를 보면 알 수 있다. 『조선문단』 창간 당시부터 제5호(1925년 2월)까지 방인근의 주소와 조선문단사 사무실의 주소는 모두 '경성부 서대문 일정목 9번지'로 되어 있다. 방인근이 '나는 춘원 댁에 동거하면서 잡지를 발행하고 '이광수주재'라는 것을 표지에 박았다'고 술회한 사실로 미루어 보면 이 주소는 이광수의 집 주소였다(방인근, 「문학운동의 중축 『조선문단』 시절」, 64면 참조). 그런데, 제6호(1925년 3월)부터는 방인근의 주소는 '고양군 숭인면 용두리 168-1'로, 사무실의 주소는 '경성 동대문외 용두리'로 표기된다.
29) 이광수가 병으로 입원한 사이 방인근이 이태준의 「오몽녀」를 당선작으로 결정했다면 그 작품의 게재에 대해 이광수는 충분히 다른 의견을 낼 수 있는 위치에 있었다.
30) 1925년 당시 전영택은 서울 감리교신학교 교수였다.

3. 『시대일보』와 「오몽녀」

이태준의 「오몽녀」는 『시대일보』 1925년 7월 13일자 4면에 발표되었다. 『시대일보』는 1924년 3월 31일에 창간되어 1926년 8월경까지 발행된 신문이다. 창간 당시 사장은 최남선(崔南善)이었고, 편집은 진학문(秦學文)이 담당했다. 특기할 만한 사실로는 염상섭이 사회부장으로 참여했다는 것이다. 학예조사부장은 진학문이 겸직하고 있었다. 그러나 창간 직후부터 경영난에 시달리던 최남선은 『시대일보』를 보천교(普天敎)에 넘기게 된다. 보천교에 의한 『시대일보』의 운영은 계속해서 사회적 물의를 빚게 되고, 신문사는 새로운 인물들을 영입함으로써 위기를 벗어나려 한다. 그리하여 『시대일보』는 1925년 4월 홍명희(洪命熹)를 사장으로 하는 새로운 체제로 출발한다. 이 시기부터 편집국장은 한기악(韓基岳)이 맡게 된다.[31] 이태준의 「오몽녀」가 발표된 것은 바로 이렇게 홍명희 사장 체제에서 발행되던 『시대일보』를 통해서였다.

그런데 당시 『시대일보』의 지면 구성으로 보아서는 여기에 특별히 이태준의 소설이 실릴만한 이유를 찾기 어렵다. 창간 당시 『시대일보』는 1면을 한글 위주의 사회면으로 꾸미고 학예기사를 중시하는 등 다른 신문과의 차별성을 염두에 둔 편집을 시도했다. 하지만, 「오몽녀」가 발표되던 당시의 『시대일보』의 지면 구성은 당시 주요 일간 신문이었던 『동아일보』나 『조선일보』 등과 별 차이가 없는 것이었다.

당시 『시대일보』 4면에 번역소설 「염복(艶福)」이 연재되고 있기는 했지만 「시대일보」의 4면은 문예면이라기보다는 3면과 더불어 사회면의 연속이었다. 「오몽녀」는 신문 4면의 위쪽 8단을 차지하고 발표된다. 이는 연재되던 「염복」을 제외한 4면의 나머지 부분 전체를 할애한 것으로 당

---

31) 『시대일보』의 창간 및 분규 과정에 대해서는 정진석, 『한국언론사』, 나남출판, 2001, 115~122면 참조.

시 신문의 편집 관행으로 보면 매우 파격적인 지면 구성이라 할 수 있다. 『시대일보』에는 어느 곳을 보아도 이태준의 「오몽녀」에 관한 설명이 없다. 이 작품을 왜 수록하는가 하는 설명도 없을뿐더러 이 작품이 『조선문단』의 투고 당선작이라는 안내 또한 없다. 아울러 「오몽녀」 수록 전후 어느 날짜에도 이와 같이 한 작가의 소설을 이만한 지면을 할애해 전재한 적이 없다. 이런 점들로 미루어본다면 「오몽녀」의 게재는 『시대일보』의 일상적 편집 시스템에 의한 것이 아니었다. 그보다는 신문사 관련 인물들 사이의 개인적 친분 관계 혹은 개인적 호의에 의한 것으로 보아야 할 것이다. 그렇다면 『조선문단』이 사정에 의해 싣지 못한 「오몽녀」를 『시대일보』에 수록하도록 영향력을 미쳤던 인물은 누구였을까?

기존의 연구에서는 이를 일단 나도향으로 추정한다. 이태준과 나도향은 일본 유학 시절 고락을 함께한 사이이며, 더구나 1925년 당시 나도향이 『시대일보』의 기자로 근무하고 있었다는 사실을 그 근거로 제시하는 것이다. 그러나 이태준의 「오몽녀」가 『시대일보』에 실리게 되는 이유는 이태준과 나도향의 개인적 친분 관계 때문이 아니다. 그보다는 두 매체에 모두 연결 고리를 갖고 있는 다른 인물들 사이의 관계를 추적할 필요가 있다.

「오몽녀」가 투고될 당시 이태준과 나도향 사이에서 특별한 연결 고리를 찾기는 어렵다.32) 『시대일보』에 오몽녀가 발표되던 당시 나도향은

---

32) 이태준의 회고문에서 다음의 구절이 나오는 것은 사실이다. "그때 友愛學舍에는 空氣만 먹고 살아보려든 세 엉터리가 잇섯스니 稻香, 金志遠, 나 自身이 그들이엿섯다."(이태준, 「도향 생각 몇 가지」, 『현대평론』, 1927년 8월 25면) 그러나, 이태준의 이 회고는 나도향의 2차 도일 즉 1925년 말 이후의 일을 중심으로 한 것이다. 그러니까 이미 「오몽녀」가 발표되고 난 이후의 일인 것이다. 나도향의 1차 도일 기간은 1919년경 잠시이고, 이태준이 일본으로 간 것은 1924년의 일이다. 따라서 「오몽녀」 발표 이전에 이 두 사람이 일본에서 만날 수는 없었다. 이태준과 나도향은 「오몽녀」 발표 이전에 국내에서 특별한 인연을 맺었던 적이 없다. 이태준의 술회에 의하면 이태준과 나도향은 1925년 「오몽녀」가 『시대일보』에 실린 이후 동경에서 서로 만나게 되는데, 이때 서로가 첫 대면을 한 것이다. 이태준, 「의무진기(意無盡記)」, 『춘추』, 1943년 5월, 138면 참조.

『시대일보』의 기자도 아니었다. 그는 1925년 7월 이전 사회부장이었던 염상섭과 함께 신문사를 그만 둔다. 이는 1925년 7월 1일 발행된 『조선문단』 제10호의 「문사소식편편(文士消息片片)」에서 확인할 수 있다.

> ○ 廉尙燮(想涉)―時代日報를 그만두고 멀니 어데로 간다고
> ○ 羅彬(稻香)―時代日報를 그만두고 亦是 어듸로 간다고[33]

『조선문단』과 『시대일보』를 연결 지을 수 있는 인물은 『시대일보』의 사회부장이었던 현진건과 학예부 기자였던 김기진이다.
「문사소식편편」에서는 다음의 사실 역시 확인할 수 있다.

> ○ 玄鎭建(憑虛)―時代日報 社會部長이 되엿다고
> ○ 金基鎭(八峯)―時代日報 記者로 入社하엿다고[34]

염상섭과 나도향이 물러난 자리에 현진건과 김기진이 곧바로 그 자리를 채운 것인지 혹은 얼마간 공백을 두고 승계가 이루어진 것인지는 분명하지 않다. 하지만 염상섭과 나도향의 퇴사와 현진건의 승진 및 김기진의 입사가 홍명희 사장 체제하에서 이루어진 것만은 분명해 보인다.[35]
현진건과 김기진은 모두 『조선문단』과 원만한 관계를 이루며 활동했던 문학가들이었다. 현진건은 『조선문단』 제5호(1925.2)에 「B사감과 러브레터」를 발표하며 잡지와 본격적인 인연을 맺고 작품 활동을 하게 된다. 김기진은 제6호(1925.3)에 「미정고(未定稿)」라는 단상을 써서 인연을 맺은

---

33) 일기자(一記者), 「문사소식편편(文士消息片片)」, 『조선문단』, 1925년 7월, 215~216면.
34) 일기자(一記者), 「문사소식편편(文士消息片片)」, 『조선문단』, 1925년 7월, 215면.
35) 정진석은 홍명희 체제 출범 후 사회부장을 조강희(趙岡熙)로, 학예부 기자로는 김기진(金基鎭)과 안석주(安碩柱)를 적고 있다. (『한국언론사』, 나남출판, 2001, 415~422면 참조). 김민환은 현진건이 『시대일보』의 사회부장 염상섭 아래에서 기자로 일했다고 적고 있다. (김민환, 『한국언론사』, 나남출판, 2002, 230면 참조). 현진건은 『시대일보』 창간 초기부터 기자로 일했던 것으로 보인다.

후 이어서 「시가(詩歌)의 음악적 방면」 등 본격적인 평론들을 발표하게
된다. 아울러 이들은 함께 『조선문단』 제6호에서부터 시작된 「조선문단
합평회」에 논객으로 참여하게 된다. 합평회 참여는 『조선문단』과 이들과
의 관계가 표피적이지만은 않다는 사실을 보여주는 것이다. 특히 제10호
(1925.7)에 발표한 현진건의 글 「조선문단(朝鮮文壇)과 나」는 현진건과 『조
선문단』의 관계를 파악하는데 도움이 된다.

> 나는 朝鮮文壇과 아모런 有機的關係가 업다. 그 誌友도 아니요 同人도 아
> 니다. 或 作品을 發表할 일이 잇다할지라도 무슨 朝鮮文壇과 特殊한 關係가
> 잇서서 한노릇이 아니다. 그 雜誌 經營者로부터 要求가 잇기 때문에 應하얏슬
> 짜름이니, 마치 開闢이나 生長에 對한 態度와 조곰도 다름이업다. 이만 것은
> 구태여 여긔쓰지안트라도 짐작할만하고 알만도 할 일이건만, 부득부득 誤解하
> 랴고 덤비는 이가 잇기 때문에 한마듸 안할 수 업는 바이다. 짤아서 朝鮮文壇
> 의 榮枯盛衰도 나의 關心할배 아니오, 曰是曰非도 나의겐 風馬牛일 짜름이
> 다.36)

현진건은 이 글에서 자신과 『조선문단』의 관계가 특별한 것이 아님을
거듭 강조한다. 하지만 현진건의 부인이 강하면 강할수록 역설적으로 방
인근 및 『조선문단』과 현진건의 관계가 아주 단순하지만은 않은 것이었
음을 유추할 수 있게 된다.37)
　김기진과 『조선문단』의 관계도 단순하지만은 않다. 김기진은 「카프」

---

36) 현진건, 「조선문단과 나」, 『조선문단』 1925년 7월, 138면. 참고로, 이 글은 『조선문
　단』 합평회에 대한 『개벽』의 비판적 언급에 대한 반응으로 작성된 것이다.
37) 현진건은 방인근과 개인적으로도 비교적 가까운 사이였다. 방인근은 자신의 집을 찾
　아와 어울려 함께 술을 즐겼던 문인들을 염상섭, 김동인, 현진건, 양건식, 나도향, 김억
　양주동, 박종화, 이장희 등으로 기록하고 있다. (방인근, 「문학운동의 중축 『조선문단』
　시절」, 392면 참조).
　다른 자료에서도 방인근은 염상섭, 박종화, 나도향, 현진건, 이은상, 김안서, 최서해
　등을 가까웠던 사이로 회상한다. (방인근, 「40년간의 문예지」, 『사상계』, 1960년 1월,
　258면 참조).

가 출범하던 1925년뿐만 아니라, 이른바 프로문학 진영과 『조선문단』 사이의 갈등이 깊어지던 1926년 이후에도 계속해서 『조선문단』의 주요 필자로 참여한다. 『조선문단』 제16호(1926.5)의 편집후기는 『조선문단』과 김기진의 관계를 보여주는데 적합한 글이다.

> ○ 프로文學에 對한 攻駁文만 실니자는 「朝鮮文壇」은 아니다. 言論은 自由다. 부르文學에 對한 攻駁文도 실니고 십다. 그래서 讀者의게 判斷을 求햇스면 그뿐이다. 그러나 一部의 프로文士는 「朝鮮文壇」을 부르雜誌라고 혼자서 斷定하고 글을 쓸 수 업다 글을 쓰는 프로文士는 朝鮮프로會에서 退去命令을 한다하는 무서운 決議가 잇는 모양이다. (文藝運動 2號 編輯餘言을 參考함) 너머 幼稚한 수작이다. 얼마나 버텨나갈지 구경할만한일이다.
> ○ 八峰氏의 「四月創作評」은 새로운 評法으로 자세히 썻다. 더구나 病席에서 써준거슨 속깁히 感謝를 드린다.38)

방인근은 이러한 편집 후기를 통해 김기진의 투고 사실을 부각시키고 그에 대한 고마움을 크게 표시하고 있는 것이다.

현진건과 김기진은 그들의 작품 활동 성향으로 미루어 보더라도 「오몽녀」에 별다른 거부감을 느끼지 않았을 것이다. 그보다는 오히려 호감을 가졌을 가능성이 더 높다. 당시 김기진은 프로문학의 출범과 더불어 빈곤층의 삶의 어려움에 대해 적극적으로 눈을 돌리고 있었다. 현진건 역시 탁월한 사회의식과 함께 인간 내면에 숨겨진 욕망의 문제에 대해서도 관심을 지니고 있던 작가였다. 따라서 이들이 「오몽녀」에 대해 관심을 보이는 것은 당연한 일이었을 것이다. 「오몽녀」가 일제의 검열에 걸려 일시적으로 문제가 되었거나, 혹은 문제가 될 수 있는 작품이라고 할 지라도, 이 작품을 신문에 수록하는데 이들은 별 거리낌이 없었을 것으로 생각된다. 당시 잡지와 신문에 대한 검열 방식이 달랐다는 점도 하나의 참고 사항은 될 수 있다. 잡지는 '출판법'에 따라 ① 원고의 사전검

---

38) 방인근, 「편집후언(編輯後言)」, 『조선문단』, 1926년 5월, 111면.

열 ② 조판된 잡지의 대장 검열 ③ 납본검열을 받는 과정을 거쳤다. 그러나, '신문지법'의 적용을 받는 신문은 사후 검열이라 할 수 있는 납본검열을 주로 받았다. 따라서 이론적으로는 잡지에 실을 수 없는 원고를 일단 신문에 실은 후 검열로 인해 추후 제재를 받는 일이 있을 수 있다.[39] 아울러, 『시대일보』와 『조선문단』 사이에 비교적 공고한 연결 고리가 있었다고 하는 사실 역시 방인근의 작품 발표무대가 주로 『조선문단』과 『시대일보』였다는 사실을 통해서도 증명된다.[40]

　결론적으로 말하면 『조선문단』에 당선작으로 공고된 「오몽녀」가 『시대일보』에 발표된 것은 현진건과 김기진의 배려에 의한 것으로 판단된다. 이 가운데 『시대일보』의 기자로 입사해 사회부장에 오른 현진건의 역할이 결정적이었을 것임은 자명하다. 『조선문단』과 『시대일보』 사이에서 가교 역할을 한 것은 물론 방인근이었다. 지금까지 알려진 것과 달리, 당시에는 이태준과 나도향 사이에는 별다른 개인적 친분 관계가 없었다.

4. 「오몽녀」의 특질과 의미

　「오몽녀」는 이태준이 일본에 유학하던 당시 탈고하여 투고했던 작품이다. 이 작품의 기본 줄거리는 다음과 같다.

　함경북도 북단 두만강 가에 서수라(西水羅)가 있고, 거기서 십 리쯤 북으로 가면 삼가리(三街里)라는 곳이 있다. 그곳에서 눈먼 지참봉(池參奉)이

---

39) 「오몽녀」는 『시대일보』에 실린 후 삭제 및 압수 등의 제재를 받지는 않았다. 이는 이 글이 일제가 작성해 보관했던 「언문신문차압기사집록」에 들어있지 않다는 사실을 통해 추정할 수 있다. 하지만 경미한 경고 등의 조치가 있었는지는 알 수 없다.
40) 이 무렵 방인근은 『시대일보』에 「금붕어」(1925.1.1) 등의 수필과 「젊은 요술가」(1926.1.17) 등의 창작물을 발표했다.

객주(客主)집을 하며 살고 있다. 마흔이 넘은 지참봉은 갓 스물이 나는 오몽녀(五夢女)를 데리고 산다. 총각으로 늙어가던 그가 아홉 살 된 오몽녀를 삼십 오 원에 사다가 길러 처를 삼은 것이다. 오몽녀는 남편 지참봉에 대한 존중심이나 애정이 조금도 없는 여자이다. 어느 날 오몽녀는 생선을 훔치기 위해 금돌(金乭)이라는 총각의 배에 들어갔다가 그에게 발각된 후 서로 정을 통하게 된다. 오몽녀는 금돌을 만나게 된 이후부터는 지참봉에 대한 불만이 더욱 커져간다. 9월 어느 날 주재소(駐在所)의 남순사는 오몽녀를 잡아다 유치장에 집어넣는다. 이른바 오고가는 손님에 대한 보고 즉 객보(客報)를 제대로 하지 않았다는 이유에서였다. 그러나 이는 핑계에 지나지 않는 것이었다. 이를 빌미로 오몽녀와 밤을 보낸 남순사는 오몽녀에게 일 원짜리 지전(紙錢) 두 장을 쥐어주고, 오몽녀는 만족스러운 모양으로 집으로 돌아간다. 이후 오몽녀와 남순사의 관계는 계속된다. 생선을 팔러 갔다가 오몽녀가 순사 숙직실에서 나오는 것을 목격한 금돌은 이후 오몽녀를 데리고 무인도로 가서 며칠을 지낸다. 지참봉은 아무리 기다려도 오몽녀가 들어오지 않자 남순사의 농간이라 생각한다. 지참봉과 다툰 남순사는 계략을 세워 지참봉을 살해하고 자살로 위장해 놓는다. 이십 여일만에 집에 돌아온 오몽녀는 지참봉이 죽은 사실을 알게 된다. 오몽녀는 남순사를 피해 금돌이와 함께 해삼위(海參威)로 도망하게 된다. 이러한 모습의 오몽녀가 발표되었을 때 나온 첫 번째 반응은 『조선문단』의 합평회를 통한 것이었다. 합평회의 전문을 인용하면 다음과 같다.

> 춘해(春海) 조선문단 7월호에 당선되엿든 것인데 부득이한 사정이 잇서 시대일보에 발표햇슴니다. 그런 관계로든지 엇잿든 보신분이 계시면 한 번 평을 하여줍시오
>
> 도향(稻香) 이 작품을 볼 째에는 김동인군의 「감자(甘藷)」가 작고 생각납듸다. 처음보는 작자로서 이만큼 얌전한 작품을 내어놋는 것은 퍽

반가운 일임니다.

백화(白華) 이 작(作)도 이 달 발표된 작 중에 대단히 조흔 작으로 암니다. 첫
대[첫째] 작자가 이러한 방면에서 취재를 한 것도 현하 우리 문
단에서는 한 특색으로 암니다. 그리고 그 구상도 조커니와 그 필
치도 비교적 유창하야 성공한 작이라고 할수 잇고 게다가 묵직한
힘이 잇어서 독자로 하야금 강렬한 인상을 주어 한번 생각게 하
는 작임니다. 작자의 노력을 감사함니다.

도향 이 가운데에서 우리는 오몽녀를 통하야 궁촌여성(窮村女性)의 난
잡한 성적(性的) 생활의 측은한 일면을 볼 수 있으며 쏘는 ○○의
○○을 짐작할 수 잇슴니다.
그의 구상과 기교가 그리 완숙하얏다고 할 수는 업스나 서투른
점을 별로 차져낼 수 업슴니다.

춘해 건실한 필치 치밀한 묘사와 구상 현실을 예술화하야 실감을 주는
작자의 수완과 정신 엇던 점으로 보든지 성공한이라고 밋슴니다.
그런나[그러나] 작자의 인생관이라든지 태도가 희미합듸다.[41]

이 합평회에서는 이태준의 「오몽녀」에 관한 찬사와 비판이 함께 거론
되었다. 소재의 특이성, 유창하고 건실한 필치, 묵직한 힘, 강렬한 인상,
치밀한 묘사 등이 이 작품에 내려진 찬사이다. 작자의 인생관이나 태도
가 희미하다는 것이 이 작품에 가해진 비판이다. 그런가 하면 구상이나
기교에 대해서는 평가가 엇갈리기도 한다. 전체적으로 본다면 신인 작가
에 대한 이 정도의 평가는 매우 적극적이고 또 호의적인 것이었다고 할
수 있다.

작품 「오몽녀」에는 이른바 지문과 대화의 분리라는 서술 방식이 사용
되고 있다. 구체적인 예를 들어 보이면 다음과 같다.

金. 「앙이! 아즈망이시덤둥?」
五. 「⋯⋯⋯」

---

41) 「조선문단합평회」, 『조선문단』, 1925년 9월, 121면.

金. 「놀래줘 마십겅이. 어찌할쉬잇음둥?」

　　五夢女는 얼른 顔色을 고치고 생긋웃어주엇다. 그리고

五. 「새원(生員)에 – 어찌갯슴둥, 배르 대랑이」

　　金뜰이는 싱글싱글 웃으면서 五夢女이 겨트로 닥어서드니 부르르 떨리는 손을 五夢女의 엇개우에 올려노트니 한 손으로는 얇은 구름 속에 잇는 달을 가르친다.

　　이는 이인직의 신소설들을 통해 활성화된 후 초기 근대소설에서 일부 사용되던 과도기적 방식이다. 기존의 연구자들은 이를 전통적인 문어체 국문소설의 생동감 없는 대화의 한계를 극복하려는 시도의 산물로 본다. 아울러 판소리계 소설의 구어체를 문어체 소설로 끌어들이려는 시도의 산물이라고도 분석한다. 이에 대해서는 다음의 견해를 인용하기로 한다.

　　특히 대화자의 이름을 ( ) 안에 정확히 표기하는 방식은, 인물의 발언에 대한 자동기술을 해야 할 경우 뚜렷이 나타난다. (…중략…) 종래의 일반적인 국문소설의 화법 형태의 경직성에서 벗어나, 판소리계 소설의 화법형태의 자유분방성을 일부 수용할 수 있는 당시로서의 최선의 방식은 지문과 대화의 분리표기라는 의사희곡적 형식이었다. 판소리계 소설의 화법형식이 적극적으로 수용되기 위해서는 후일 김유정, 채만식을 기다려야 했다. (…중략…) 지문과 대화의 분리표기 방식이 어떠한 배경과 의도에서 나왔건 간에, 이러한 방식은 앞에서도 지적한 바, 생생한 대화 언어를 구현시킬 수 있었고, 따라서 인물들의 성격을 구체적으로 형상화 시킬 수 있었으며, 신소설이 근대소설로 나아가는 한 계기를 이루게 된다.[42]

　　위의 인용에서도 알 수 있듯이 이러한 대화와 지문의 분리서술 혹은 의사희곡적 형식의 서술을 본격적인 근대소설 서술의 방식이라고 보기는 어렵다. 이는 근대소설의 특성이라기보다는 과도기적 단계의 소설, 즉 우리 소설사의 단계에서 보면 이른바 신소설의 단계에서 보이는 중

---

42) 양문규, 『한국근대소설사연구』, 국학자료원, 1994, 35~37면.

요한 특색 중의 하나였던 것이다. 그런 점에서 보면 이태준의 「오몽녀」
의 서술 형식에는 아직도 과도기적 흔적이 그대로 남아 있다 하겠다.[43)]
　이태준의 원본 「오몽녀」에서 보이던 과도기적 소설의 특징들은 1939
년 판 개작본[44)]에서는 대부분 사라진다. 그러나 이러한 의사희곡적 서술
은 개작본에도 그대로 존재하게 된다.
　원작 「오몽녀」와 개작본 「오몽녀」를 비교하면 몇 가지 주목할만한 변
화를 발견할 수 있다. 한자(漢字) 혹은 한자어(漢字語)의 사용을 줄이고 이
를 한글화한 것이 우선 중요한 변화 가운데 하나이다. 예를 들면 다음과
같다.

> (원작) 이러케 단둘이 살아옴으로 池參奉은 五夢女를 끔직이 사랑해 오건만
> 五夢女는 肉體로나 三十五圓 어치를 池參奉에게 許諾 햇슬른지 情義로는 單
> 三十五錢 어치가 업섯다. 그도 그러할 것이, 어째서 팔려왓든 自己는 꼿가튼
> 젊은 계집이요 가티 살아갈 男便이 아버지 가튼 늙은 소경이니, 勿論 不滿할
> 것도 無理가 아니다.

> (개작) 이렇게 단둘이 살아오므로 지참봉은 오몽내를 끔직히 사랑해 오건만
> 오몽내는 그와 반대였다. 어째서 팔려는 왔든 자기는 앞길이 꽃같은 젊은 계집
> 이요 가치 살아갈 남편이란 아버짓벌이나 되는 늙은 소경이라 불만할 것도 무

---

43) 「오몽녀」에 나타난 과도기적 소설의 흔적과 미숙성은 결말 부분에서도 발견된다.
"金乞이와 五夢女는 그 밤으로 海蔘威를 向하야 永遠히 떠낫다"는 이 작품의 결말은
비현실적이다. 작은 고기잡이 배 하나로 갑자기 러시아를 향해 도피하게 되는 두 사람
의 행동은 분명 현실감이 떨어진다. 아울러 이는 이인직의 신소설 「귀의성」의 결말 중
강동지 내외의 도피와 "멧칠 후에 히삼위로 갓는디 종적을 알 수 업더라"(이인직, 『귀
의성』, 중앙서관, 1908, 124면)는 구절을 떠오르게 한다. 이태준이 여기서 갑자기 '해삼
위'를 거론하게 되는 이유는, 이태준의 부친이 실제로 해삼위로 도피를 해 그곳에서
생을 마감한 사실에서 연유한 것으로도 추정할 수 있다.
44) 이태준의 「오몽녀」는 1939년 박문서관에서 발행한 『이태준 단편선(短篇選)』에 재수
록 되는데 상당 부분이 개작된 상태로 재수록된다. 이태준 소설의 텍스트 확정 문제에
대해서는 민충환의 『이태준연구』의 제3부 「작품의 발표 원문과 개작 내용과의 대조」
참조.

리는 아니다.

이렇게 개작본에서는 한자와 한자어의 사용을 줄임으로써 문장이 구어문에 더욱 가까워진다. 그 결과 문장들이 이해하기 쉬운 문장으로 변화했음은 두말 할 나위가 없는 것이다.

다음으로는 불필요한 설명이라 생각되는 부분들을 과감히 삭제하고, 문장을 단순화시켜간 점을 들 수 있다. 예를 들면 다음과 같다.

(원작) 五夢女는 눈이 뚱글애 어쩔줄을 몰랏다. 소리도 못칠 形便, 뛰지도 못할 形便, 그믈에 걸린 고기는 오히려 쉬웟스리라. 어스럼한 달밤에 金돌이와 五夢女를 실은 이배는 무테서 보이지 안흐리만큼 바다에 나와 닷을 내렸다.

(개작) 오몽내는 눈이 뚱그래 어쩔줄을 몰랐다. 소리도 못칠 형편이다. 어스름한 달빛 속에서 오몽내와 금돌을 실은 배는 뭍에서 보이지 않을만치 나와 돛을 내렸다.

이렇게 설명적 부분을 삭제하고 문장을 단순화함으로써 얻을 수 있는 효과는 다양하다. 그 가운데 중요한 것은 서술의 긴장감을 끌어올린다는 점이다.

원작과 개작 사이의 변화를 살필 때 또 하나 빼 놓을 수 없는 것이 있다. 바로 일본인 혹은 일본 순사와 연관된 부분들의 서술 태도의 변화이다. 이는 '日人 雜貨店이 하나 잇고'에서 '日人'을 삭제한 후 그냥 '잡화점이 하나 있고'로 서술한 것처럼 간단하게 바뀐 경우도 있다. 하지만, 일본 순사의 행위와 연관된 서술에서는 적지 않은 분량의 개작이 감행되었다.

다음과 같은 경우는 일본 순사의 비도덕적 태도에 대한 서술을 순화시킨 경우가 된다.

(원작) 그런데 그 中에 南巡査란 者는 늘 五夢女를 볼 때마다 남달흔 생각을 품어왓다. 아이를 둘이나 나코, 이제는 살이 내리고, 얼굴에 줄음이 잡히기 始作하야 점점 쪼글아저 들어갈뿐인 自己妻를 생각하고 지금 한창 바람인 저 투실투실한 五夢女를 볼 때 그는 限업시 興奮되어 왓다. 그리고 그의 男便이 年老한 장님이라 期會만 잇스면 五夢女에게 對한 뜻을 염려 업시 通하리라고까지 밋어왓다.

(개작) 그 중에 남순사(南巡査)는 늘 오몽내를 볼 때마다 공연히 여러말을 걸고 이내 놓아주지 않았다.

그런가 하면 다음과 같은 부분은 개작 시 아예 삭제가 된다.

五夢女는 눈을 한번 찝흐리고 내가 이 房이 두 번째다 하는 생각도 닐어낫다. 이 南巡査가 오기 前에는 房가라는 巡査가 잇엇다. 그는 술만 먹으면 有無罪間에 百姓을 함부로 치든다. 지금 이 南巡査도 사람을 잘치고 제 父母 가튼 老人을 辱 잘하고 이 거리를 제 世上으로 알고 돌아다니지마는 그래도 方가보다는 낫다는 評判을 듯는다. 그래 이 方가가 잇슬 때 昨年 겨울이엇섯다. 그 때도 駐在所에 方가 하나밧게 업슨 며츨동안, 그는 五夢女의 집을 일업시 자조 다녓다. 그러다가 池參奉이 어느 村으로 푸닥거리를 하러 간 줄 알고 五夢女를 잡아다가 이 房에서 辱뵌 일이 잇다. 그 뒤에 그는 五夢女를 못 견듸게 굴다가 올 三月에 豆滿江 건너로 갓다 죽엇다. 이 南가는 그 方가 代身으로 淸津서 온이다. 五夢女는 눈을 감고 그 일을 생각하니까, 이 南巡査도 틀림업시 客報 안햇다는 罪가 아니라, 그런 생각으로 불려온 줄은 짐작하얏다.

이 부분의 핵심은 과거 방순사가 저지른 비행(卑行)을 알리는 것이다. 방순사와 관련된 서술은 원작의 후반부에도 있지만, 개작시 모두 삭제된다. 남순사가 오몽녀의 남편 지참봉을 살해하고 자살로 위장시키는 장면도 모두 삭제된다. 지참봉이 죽었고, 누구든지 자살한 것으로 알게 되었다는 사실만을 간략하게 서술할 뿐이다.

「오몽녀」의 소설사적 의미를 이야기할 경우 빠지지 않는 것이 김동인의 「감자」에 비견될 수 있는 작품이라는 평가이다. 앞에서 정리한 『조선문단』 합평회에서도 이태준의 「오몽녀」가 김동인의 「감자」를 떠올리게 한다는 점은 이미 지적되었던 바 있다. 그런데 정작 이 합평회 자리에 있었던 김동인 자신은 이 작품에 대해 일언반구가 없었다.[45]

「오몽녀」의 가장 중요한 특질은 인간의 내면에 숨겨진 욕망의 문제를 직접적으로 또한 본격적으로 다루었다는 점에 있다. 주인공 오몽녀가 지녔던 욕망은 「오몽녀」를 「감자」와 비교하도록 하는 접점으로 자리한다. 「감자」의 주인공 복녀에게도 욕망은 중요한 것이었다. 하지만 「감자」의 주인공 복녀를 욕망에 따라 움직인 인물이라고 단정하는 것은 쉽지 않다. 「감자」에서 복녀의 행동을 결정지은 것은 욕망보다는 주변적·환경적 요소들이라는 주장 역시적지 않은 설득력을 지니고 있기 때문이다. 즉 복녀의 가치관의 변화와 매음 행위 등은 대부분 복녀가 감당해내야 했던 가난으로 인한 것으로 해석할 수 있다.

「감자」의 복녀에 비해 「오몽녀」의 주인공 오몽녀의 매춘 행위는 더욱 적극적이며 자발적이다. 오몽녀는 남순사와의 매춘 관계에서나 금돌이와의 애정행각에서 동정의 대상이나 일방적인 피해자로 묘사되지 않는다. 오몽녀는 금돌이의 배에서 생선을 훔치려다 들켜 정을 통하게 된 후, '금돌이를 만나고 싶어하는, 생선과 백합이 또 먹고 싶은' 인물로 그려진다. 두 번째 금돌이를 만난 이후부터는 '심심하면 이웃집 말 다니듯' 금돌이를 찾아간다. 남순사에게 잡혀간 후 자신이 잡혀온 까닭을 짐작하게 된 오몽녀는 전혀 두려움을 느끼지 않는다. 오히려 그녀는 그렇게 잡혀오게 된 것을 자신의 영광으로까지 생각한다. "그러나 五夢女는 죽음도 두려워하지 안코, 오직 自己에게만 잇는 榮光으로 알앗다. 그리고 그는, 푸근푸근한 山東紬 입을 우에 옷닙은 채로 잣바저서 南巡査 오기를 기다렷

<hr>

45) 이날 합평회 자리에는 양백화, 김동인, 현진건, 나도향, 방인근, 최서해 등 모두 여섯 사람이 참석했다.

다"[46]는 구절이 이를 보여준다. 오몽녀는 주재소 숙직실에서 남순사와
밤을 지낸 후 일원 짜리 지전 두 장을 받아들고는 매우 만족스러워 한다.
하루는 남순사가 술이 얼큰하게 취해 오몽녀의 집을 찾아든다. 이를 알
게 된 오몽녀는 적극적으로 남순사를 맞아들인다.

> 南巡査는 됏구나 하고 골방門을 살그머니 여니까 五夢女의 팔이 나오드니
> 南巡査의 팔을 이끌어 들이고 門을 닫는다.[47]

이런 묘사를 보면 오몽녀는 남순사에 의한 일방적 피해자가 아니라
경우에 따라서는 자신의 의지에 따른 적극적 행위자로도 해석할 수 있
게 된다. 그런 점에서 오몽녀라는 인물의 성격은 복녀와는 분명히 구별
된다.[48]

작품 「오몽녀」의 가치는 선명한 개성을 지닌 인물, 가식 없이 욕망에
따라 행동하는 인물을 실감 있게 그려냈다는 점에 있다. 「오몽녀」에 등장
하는 여주인공 오몽녀는 한국 근대소설사 어디에서도 등장한 적이 없는
개성적 인물이다. 이태준의 「오몽녀」 속의 인물 오몽녀의 개성은 이후 나
도향의 소설 속 인물로 이어진다. 이를 명확히 보여주는 사례가 「뽕」에
등장하는 여주인공 안협집이다.[49] 안협집은 무능한 노름꾼 김삼보의 아

---

46) 이태준, 「오몽녀」, 『시대일보』, 1925년 7월 13일.

47) 이태준, 「오몽녀」, 『시대일보』, 1925.7.13..

48) 복녀와 오몽녀의 공통점 및 차이점에 초점을 맞추어 연구한 글로는 이병렬의 「'복
   녀'와 '오몽녀'의 거리」(『이태준 소설 연구』, 평민사, 1998, 230~255면)가 있다. 이 글에
   서는 기존의 '복녀'와 '오몽녀' 연구의 문제점도 상세히 지적하고 있다.

49) 그런 점에서 「오몽녀」를 김동인의 「감자」와 나도향의 「벙어리 삼룡이」, 「물레방아」,
   「뽕」 등과 비교 언급한 송하춘의 정리는 주목할 만하다. 송하춘은 "오몽녀(五夢女)는
   여자 주인공이지만 복녀와는 달리 패배주의에 몰락한 인물은 아니다(송하춘, 『1920년
   대 한국소설 연구』, 고려대 민족문화연구소, 1985, 109면)"라고 지적했다. 장영우 역시
   오몽녀와 안협집의 관계에 대해 주목했다. 하지만 "그러나, 앞서 말한 것처럼, 오몽녀
   의 성격은 복녀나 안협집에 비해 보다 적극적이고 육감적으로 형상화되어 있다는 점
   에서 변별된다(장영우, 『이태준 소설 연구』, 태학사, 1996, 78면)"고 함으로써 이들의
   공통점보다는 차이점을 부각시킨다.

내이다. 그가 어떻게 김삼보의 아내가 되었는지는 정확하지 않으나 노름빚에 팔려왔을 개연성이 가장 높다. 안협집이 무능한 남편 김삼보에게 팔려온 상황은, 오몽녀가 무능한 남편 지참봉에게 팔려온 상황과 크게 다르지 않다. 그녀는 무능한 남편의 눈을 피해 마을의 이 사람 저 사람과 정을 통한다. '십 오륙 세 적, 참외 한 개에 원두막 속에서 총각 녀석들에게 정조를 빌린 것이나, 벼 몇 섬, 돈 몇 원 저고릿감 한 벌에 그것을 빌리는 것'이 안협집의 일이다.

> 그리하야 이곳으로 온 뒤에도 동리에서 돈푼이나 잇고 얌전한 젊은 사람은 거의 다 한번식은 후려내엇스니 그것은 남자 편에서 실업슨짓 조하하는 이의 게 먼첨 죄가 잇다하는것보다도 이쪽 안협집에게 그 책임이 더 잇다고 할 수 잇고 쏘 그것보다 더 큰 죄는 그 남편되는 노름꾼 김삼보에게 잇다고 할 수가 잇스니……50)

안협집이 이런 생활을 하게 된 것은, '남의 집에 일하러 다니다가 어떤 집 서방님에게 실없는 짓을 당하고 나서 쌀말과 피륙 두 필을 받아 보니 그것처럼 좋은 벌이가 없었기' 때문이다. 이후 안협집은 자기 스스로 이른바 벌이를 찾아 나선다. 안협집이 이렇게 적극적으로 매춘에 나서게 되는 이유 가운데 하나는 여러 가지로 무능한 남편 때문이다. 이 역시 오몽녀의 매춘 혹은 외도의 이유와 매우 유사하다. 안협집이 어떤 집 서방님에게 실없는 짓을 당하고 나서 쌀말과 피륙을 받고 만족해했다는 서술은, 오몽녀가 남순사에게 이른바 실없는 짓을 당한 뒤 지전 두 장을 받아 들고 만족해하는 모습과 흡사하다. 안협집이 남의 집에 뽕잎을 훔치러 갔다가 들켜 뽕지기에게 몸을 허락하는 내용은, 오몽녀가 금돌이 배에 생선을 훔치러 갔다가 들켜 몸을 허락하는 내용과 유사하다.

물론 나도향의 「뽕」과 이태준의 「오몽녀」의 서술이나 주된 사건, 그리

---

50) 나도향, 「뽕」, 『개벽』, 1925년 12월, 36면.

고 구성 방식에는 차이가 많다. 하지만 그럼에도 불구하고 나도향의 「뽕」에 등장하는 여주인공의 성격이 이태준의 「오몽녀」에 등장하는 여주인공의 성격을 차용한 것임에는 의심의 여지가 없다. 「오몽녀」 속의 오몽녀와 「뽕」 속의 안협집은 거의 일란성 쌍생아에 가까워 보인다. 동일한 성격을 지닌 그들이 각각 다른 사건 속에 출현할 뿐이다.

나도향은 이태준의 「오몽녀」를 평하며 '궁촌여성(窮村女性)의 난잡한 성적(性的) 생활의 측은한 일면'을 그린 소설이라고 했다. 이러한 작품 평은 자신의 소설 「뽕」에도 그대로 적용될 수 있는 것이다.

5. 맺음말

지금까지 이 글에서는, 그 동안 밝혀지지 않았던 이태준의 등단 과정에 대해 구체적으로 정리했다. 이태준의 원고를 당선작으로 선별한 추천인은 『조선문단』의 발행인 겸 편집인이었던 방인근으로 추정된다. 이태준의 투고 당선작 「오몽녀」가 『조선문단』에 발표되지 못한 가장 큰 이유는 일제 당국의 검열제도 때문이었다. 그밖에 충분하지 못한 지면 사정이나, 편집진 간의 의견 차이 등도 부수적 사유로 존재한다.

그 동안 「오몽녀」가 『시대일보』에 발표된 이유에 대해서는 이태준과 나도향의 친분 관계 때문이라고 알려져 있었다. 그러나, 본고에서는 이 역시 잘못된 것임을 자료를 통해 검증하였다. 「오몽녀」 발표 이전에는 이태준과 나도향은 일면식도 없는 사이였다. 「오몽녀」가 『시대일보』에 발표된 것은 『조선문단』과 『시대일보』 사이의 연결 고리, 구체적으로는 『시대일보』 사회부장 현진건과 『조선문단』 발행인 방인근 사이의 연결 고리에 의한 것이었다.

오몽녀는 권력에 의한 성의 착취와 인간 욕망의 문제를 복합적으로 다룬 작품이다. 원본 「오몽녀」에는 과도기적 소설의 특징들이 남아 있지만, 이러한 특징들의 대부분은 개작 과정에서 사라진다. 한자 혹은 한자어의 사용을 줄이고, 불필요한 설명 부분을 삭제한 것 등이 그 예가 된다. 오몽녀의 문학사적 가치는 개성적 인물의 창조에 있다. 이 작품에 등장하는 여주인공 오몽녀는 근대소설 어디에도 등장한 적이 없는 독자적 가치를 지닌 인물이다. 흔히 오몽녀는 「감자」의 여주인공 복녀에 비견된다. 이는 일면의 타당성이 있지만 그대로 수용할 수 있는 지적은 아니다. 그보다 오몽녀는 나도향의 소설에 등장하는 여성 인물들과 유사하다. 이태준이 창조한 인물의 개성이 나도향에게로 이어지는 것이다. 1920년대 소설사에서 「오몽녀」가 차지하는 위치는 나도향의 소설들을 연구하는 과정에서 더욱 크게 드러나게 될 것임을 의심치 않는다. 이를 후속 과제로 남기며 본고를 일단 여기에서 마무리하기로 한다.

1930년대 후반 이태준 문학과 내부 식민주의 성찰

하정일

1. 내부 식민주의와 식민주의의 재생산

이태준 문학에서 민족문제는 그의 문학 세계 전체에서 중심 주제 가운데 하나를 이루고 있다. 어떤 면에서 민족문제는 그의 대부분의 작품에 직간접적으로—내용적으로나 형식적으로나—개입되어 있다고 해도 과언이 아니다. 그런 점에서 이태준은 분명 민족주의자이다.

하지만 이태준 문학 전체를 놓고 볼 때, 1930년대 후반을 경계로 하여 그의 민족주의가 성격을 달리하고 있음을 감지할 수 있다. 가령 「고향」, 「꽃나무는 심어놓고」, 「실낙원 이야기」 등 1930년대 전반기의 작품을 보면 민족현실에 대한 직정적 분노나 감정적 반응이 도드라진다. 말하자면 계몽주의적 이상을 설정해놓고 현실이 거기에 미치지 못함을 분노하고 탄식한다. 현실에 대한 낭만적 거부라 이름 붙일 수 있는 이러한 성향에서 우리는 이태준의 민족주의가 다분히 정서적 혹은 감정적 수준에 머물러 있음을 확인할 수 있다. 그에 따라 현실에 대한 냉철한 분석보다는 직정적 분노가, 엄정한 비판보다는 감정적 반응이 전면화(全面化)된다. 여기서 작가 혹은 주인공은 항상 순결한 인물로 설정되며, 현실은 그 반대편에 놓인다. 요컨대 순결한 주인공 대 속악한 현실의 이분법적 대립이 서사의 기본 구도를 형성하는 것이다. 기존 현실에 대한 낭만적 거부의 전형적 틀인 셈이다.

1930년대 전반기 이태준 문학의 이분법적 현실인식은 리얼리즘의 성취에 중요한 제약요인으로 작용하고 있다. 이런 식의 낭만적 접근으로는 현실의 복잡성을 충분히 담아내기 어렵기 때문이다. 이 시기 이태준의 문학이 계몽의 가능성에 대해 쉽사리 좌절감을 토로하거나 전망 부재(不在)의 상태에 빠지곤 하는 것도 그래서이다.[1] 이러한 한계가 극복되기 시작하는 것은 1930년대 후반에 들어서면서부터이다. 1930년대 후반 이태준 문학에서 가장 눈에 띄는 것은 자기 성찰이다. 1930년대 후반이 한국 근대문학의 자기 성찰기임은 다른 글에서 이미 거론한 바 있지만,[2] 이태준 역시 그 흐름에 합류하고 있는 것이다. 이태준의 자기 성찰에서 특히 주목되는 것은 식민성의 문제이다. 민족주의자인 이태준이 식민성의 문제에 관심을 갖는 것은 당연한 일이라 할 수 있다. 물론 식민성의 문제가 그의 작품에서 직접적이고 전면적으로 다루어진 경우는, 당시 다른 작가들의 경우와 마찬가지로, 찾아보기 힘들다. 하지만 식민성의 문제가 그의 문학에서 언제나 하나의 그림자 혹은 무의식으로 작용하고 있음은 분명하다. 게다가 이 그림자 혹은 무의식은 1930년대 후반 이태준 문학의 이면(裏面) 주제를 이루고 있어 더더욱 주목을 요한다. 그래서 이태준

---

1) 이에 대한 좀더 자세한 설명으로는 하정일, 「계몽의 정신과 자기확인의 서사」, 『20세기 한국문학과 근대성의 변증법』, 소명출판, 2000, 221~225면 참조.
2) 하정일, 「'사실' 논쟁과 1930년대 후반 문학의 성격」, 『분단 자본주의 시대의 민족문학사론』, 소명출판, 2002.

문학을 이해하는 데 있어 민족 또는 식민성 문제가 갖는 의미에 대한 징후적 독해는 관건이 된다. 일제의 파시즘화가 절정에 이른 1930년대 후반은 특히 그러하다.

1930년대 후반 이태준 문학에서 식민주의에 대한 성찰이 비교적 뚜렷이 드러나는 작품으로는 「패강랭」, 「토끼 이야기」, 「농군」을 들 수 있다. 이 세 소설에서 이태준이 식민주의 문제와 맞선 것은 무엇 때문일까. 그것은 아마도 민족주의자로서의 그의 실존과 밀접히 연관되어 있을 것이다. 1930년대 후반이란 주지하다시피 '민족'이 그야말로 존망의 기로에 선 시기였다. '민족'이 사라진다는 것은 민족주의자인 이태준에게 그의 실존적 기반이 무너지는 것을 의미했을 터이다. 민족문제에 주목할 때 제일 먼저 만나게 되는 것이 식민주의이다. '민족'의 일대 위기를 초래한 장본인이 식민주의이기 때문이다. 그런데 세 소설에서 흥미로운 것은 이태준이 식민주의를 외부적인 것인 동시에 내부적인 것으로 설정해놓고 있다는 사실이다.

외부 식민주의 ― 다른 말로는 규범적(normal) 식민주의 ― 란 민족 대 민족 사이에서 작동하는 식민주의를 가리킨다. 반면에 내부(internal) 식민주의란 민족 내부의 식민주의를 뜻한다. 요컨대 내부 식민주의란 식민주의가 내면화된 상태를 가리킨다. 식민주의의 내면화는 외부 식민주의를 지배구조화하면서 (반)주변부에서 식민주의를 재생산하는 핵심 기제로 작동해왔다.[3] 그런 점에서 식민주의란 언제나 외적인 것인 동시에 내적인 것이다.

물론 이때의 내부 식민주의는 외부 식민주의와 유기적으로 연결되어 있다. 이 점은 아무리 강조해도 지나치지 않은데, 왜냐하면 외부 식민주의와의 연관이 결락(缺落)된 내부 식민주의만으로는 식민주의의 역사성을 온전히 해명할 수 없기 때문이다. 식민주의의 역사성을 인식하지 못할

---

3) 내부 식민주의에 대한 간략한 설명으로는 H. 월프, 「내부 식민주의 이론」(염홍철 편역, 『제3세계와 종속이론』, 한길사, 1980) 참조.

때, 다시 말해 내부 식민주의를 자립화(自立化)시킬 때 식민주의는 개인적 또는 집단적 '윤리'의 문제로 치환되어 버리거나 '누구도 식민주의로부터 자유롭지 못하다'는 변호론의 늪에 빠지고 만다. 실제로 최근의 여러 연구들, 가령 '우리 안의 파시즘'론이나 영미권으로부터 유입된 해체론적 탈식민론 혹은 국민국가 / 민족주의 비판론 등이 그러한 문제점을 보여준다. 이럴 경우 식민주의 극복의 해법이란 '모두가 내 탓이요' 식의 자기 성찰, 탈민족(國家)적 세계주의, 다문화주의적 혼종론 등으로 국한되면서 민족과 세계, 중심부 대 주변부, 근대와 근대 극복, 자본주의 대 반(反)자본주의 간의 길항관계에 대한 복합적 인식이 휘발되고 만다. 즉 제3세계의 특수성과 역사성에 대한 적절한 고려가 사상된 추상적 보편론으로 빠지게 되는 것이다. 이런 식의 접근법은 또 다른 의미에서의 서구 중심주의일 뿐이다.

하지만 내부 식민주의에 대한 성찰 없는 외부 식민주의 인식도 그 이상으로 위험하다. 내부 식민주의에 대한 성찰이 빠진 외부 식민주의 인식은 식민주의 문제를 선과 악, 타락 대 순결, 우리 대 그들의 이분법적 구도로 고착시킬 위험성이 크기 때문이다. 이러한 이분법적 인식은 민족적 특수성이나 이익을 특권화하는 자민족 중심주의로 흐르게 마련이거니와 역사적으로 자민족 중심주의는 식민주의의 중요한 일면(一面)을 이루어 왔다. 그런 점에서 내부 식민주의에 대한 인식 부족은 식민주의에 대한 저항과 식민주의와의 유착 사이의 경계를 흐릿하게 만든다. 그리하여 힘만 강해지면 자민족 중심주의는 저항의 지렛대에서 약한 민족을 억압하고 착취하는 이데올로기적 기제로 순식간에 전환한다. 민족주의가 바로 그러한 변질과정을 극명하게 보여주는 단적인 사례라 할 수 있거니와 그것이 민족 부르주아나 토착 엘리트가 자신들의 지배를 정당화하고 민중을 동원하는 이데올로기로 이용되어 왔음은 잘 알려진 일이다.

더구나 내부 식민주의에 대한 인식 결여 자체가 식민주의를 번성케 하는 온상이 된다는 사실에서 우리는 내부 식민주의 문제의 엄중함을 다시 한번 확인하게 된다. 제국주의적 세계체제 하에서 (반)주변부의 지배 엘리트는 자신의 지배를 공고화하기 위해 중심부 자본주의의 하위 파트너를 맡는다. 그러면서 그들은 (반)주변부 지역에 내부 식민주의를 조장함으로써 식민주의를 재생산하고 지배 구조화하는 계급적 토대가 된다. 요컨대 (반)주변부의 지배 엘리트가 자신들의 계급적 이해에 의해 내부 식민주의를 조장하고, 그렇게 조성된 내부 식민주의는 식민주의를 지배 구조로 공고화시키는 악순환이 반복되는 것이다. 내부 식민주의에 대한 각별한 경계가 식민주의의 온전한 극복을 위해 필수불가결한 연유가 여기에 있다.

내부 식민주의의 형성과정은 대체로 세 단계롤 거친다. 첫 번째 단계는 서구 근대에 대한 선망과 동경이다. 서구 대 비(非)서구를 문명 대 야만으로 설정하고 우리도 야만 상태에서 벗어나 문명국이 되고 싶다는 의식이 서구 근대애 대한 선망과 동경을 낳는다. 이러한 선망과 동경은 서구의 근대가 식민주의적 착취와 억압을 바탕으로 형성되었다는 역사적 사실에 대해서는 몰각한 채 우리의 역사와 문화에 대한 지독한 열등감과 비서구의 내적 잠재력 — 주체적 발전의 가능성 — 에 대한 비(非)역사적 회의론으로 이어지게 마련이다. 두 번째 단계는 식민주의의 내면화이다. 서구 근대에 대한 선망과 동경은 서구의 근대를 절대적 보편 — 곧 글로벌 스탠다드 — 으로 추종하도록 만든다. 서구 근대가 절대적 보편이라면 비서구가 근대를 이룰 수 있는 경로는 '서구화'로 단일화될 수밖에 없다. 근대의 복수성에 대한 전망이 불가능해지는 것이다. 그에 따라 서구 근대가 '나의 것'으로 내면화되면서 하나의 견고한 신념으로 정립된다. 그런 면에서 보면 '민족을 위해 친일했다'는 강변은 거짓말만은 아니다. 세 번째 단계는 식민주의의 재생산이다. 서구 근대의 내면화는 서구 근대에 대한 열렬한 모방을 낳는다. 이러한 모방은 결국 서구 근대를 우리 내부에서 재생산시키는 무의식적 토대가 된다. 그런데 서구 근대에 대한 무조건적 모방과정에서 서구 근대의 식민주의적 측면도 함께 모방

된다. 제3세계의 많은 나라들이 독립 후 국가주의, 권위주의, 전체주의 등 민중 배제적 체제로 나아가고 중심부 자본주의에의 종속상태에서 좀처럼 벗어나지 못하는 것도 이와 관련이 깊다. 요컨대 '식민 이후(after colonial)'의 세계체제가 중심부 대 (반)주변부의 제국주의적 위계구조를 여전히 보여주는 것은 제3세계가 스스로의 내부에 식민주의를 재생산해온 과정과 긴밀히 연관되어 있는 셈이다.[4]

이태준이 내부 식민주의에 주목한 것은 그런 점에서 각별한 의미를 갖는다. 1930년대 후반의 이태준은 내부 식민주의에 대한 성찰을 통해 민족주의의 한계, 곧 외부 식민주의와의 싸움에만 몰입함으로써 자신도 모르는 사이에 스스로의 내부에 식민주의를 재생산하는 한계를 나름대로 돌파할 수 있었다. 이는 임화가 이식성에 주목함으로써 식민성의 외부뿐 아니라 내부까지도 해명해낸 것과 상통한다. 임화에게 이식성이란 단순히 외부의 타율적 혹은 수동적 모방에 그치는 것이 아니라 이식을 수행하는 주체의 내적 메커니즘까지 포괄한다. 임화의 이식성 개념에서는 주체 문제가 결정적 의미를 갖는다. 요컨대 식민주의의 재생산 과정에서 '우리' 역시 객체가 아니라 또 하나의 능동적 주체임을 밝힌 데 이식론의 핵심이 있는 것이다. 그런 점에서 식민주의란 제국이라는 주체와 피식민지라는 객체 사이의 변증법인 동시에 피식민지 민족이라는 주체 내부의 길항이기도 하다. 그렇게 보면 주체 내부의 길항에 초점을 맞추는 것, 이것이 내부 식민주의에 대한 성찰의 요체라 할 수 있다. 30년대 후반 이태준의 문학세계가 보여주는 내부 식민주의 성찰의 핵심 또한 그것이다.

---

4) 이에 대해서는 F. 파농의 『대지의 저주받은 자들』(박종렬 역, 광민사, 1979)과 『검은 피부, 하얀 가면』(이석호 역, 인간사랑, 1998)에서 많은 시사를 얻을 수 있다.

2. 「패강랭」과 내부 식민주의 성찰

「패강랭」은 대동강에 대한 묘사에서부터 시작한다. 부벽루에서 대동강을 거쳐 대동벌까지 두루 조망한 후 주인공은 "'조선 자연은 왜 이다지 슬퍼 보일까?'"라고 말한다. 여기서 중요한 것은 현의 눈에 비치는 '자연'은 자연 일반이 아니라 '조선'의 자연이라는 점이다. '조선'에 대한 각별한 강조는 「패강랭」의 주제가 무엇인지를 넌지시 암시한다. 실제로 이 소설은 '조선적인 것'의 소멸과 예술의 주변부화를 동일선상에 놓고 진행된다. 이것들은 평양 여자들의 머릿수건, 전통 기생, 평양말, 창(唱) 등이 사라지는 모습을 통해 드러나는데, 그 자리는 벽돌건물, 신식 기생, 재즈와 댄스가 대신 차지한다. 말하자면 조선적인 것과 서구적인 것의 대립과 교체가 작품의 뼈대를 이루고 있는 셈이다. 주의할 것은 조선적인 것과 서구적인 것의 대립을 전통적인 것과 근대적인 것의 대립과 혼동해서는 곤란하다는 사실이다. 이태준은 반(反)근대론자가 결코 아니었다. 반대로 그는 곳곳에서 근대의 필연성을 강조하고 있다.[5] 따라서 전통에 대한 그의 애호는 근대에 반대하기 위해서가 아니라 조선적인 것을 지키기 위해서였다고 보아야 한다. 전통과 근대를 대립시키는 것이야말로 전통 속에는 근대적 지향이 결여되어 있다고 강변하는 전형적인 식민주의 이데올로기일 뿐이다.

그렇게 보면, 「패강랭」은 서구적인 것이 조선적인 것을 잠식해가는 과정에 대한 분노와 서글픔을 드러낸 작품이라고 할 수 있다. 이때 서구적인 것이란 식민주의에 다름 아니다. 아마도 서구적인 것이 일제를 매개로 조선적인 것을 소멸시켰다는 것이 이태준의 생각일 터이다. 이와 관련해 조선어 과목이 절반으로 줄어든 것에 대한 안타까움을 표명하고

---

5) 이에 대한 자세한 설명으로는 하정일, 「계몽의 정신과 자기확인의 서사」(『20세기 한국문학과 근대성의 변증법』, 소명출판, 2000) 참조.

있는 데 주목할 필요가 있다. 현이 평양에 가기로 결심한 가장 중요한 이유가 조선어를 가르치는 박에 대한 동병상련 때문이다. 작가인 현과 교사인 박의 공통점은 조선어를 다룬다는 사실인데, 여기서 조선어란 민족의 알레고리이다. 말하자면 조선어의 위기란 곧 민족의 위기를 표상하는 것이다. 조선적 전통 역시 단순히 과거의 우리를 가리키는 소재가 아니라 민족의 한 구성 요소라는 의미를 갖는다. 그런 점에서 소설의 서두는 조선어를 중심으로 민족적인 것들이 소멸의 위기에 처했다는 경고를 담고 있다. 요컨대 민족적 위기의식이 이 작품의 전언(傳言)인 셈이다.

흥미로운 것은 「패강랭」에서 조선적인 것은 항상 아름다움, 즉 미를 표상한다는 점이다. 여기에서 민족적인 것과 예술이 만난다. 둘 다 미의 영역에 속한다는 데 민족적인 것과 예술의 공통점이 있거니와 민족적인 것의 소멸과 예술의 주변부화가 공동 운명인 것도 그래서이다. 따라서 민족적인 것과 서구적인 것의 대립은 예술을 매개로 어느새 문화와 식민지 자본주의의 대립으로 전환된다. 이를 두고 조선적인 것 또는 전통적인 것을 미의 영역에 한정시키고 있다는 점에서 오리엔탈리즘이라고 비판할 수도 있으리라. 조선적인 것의 '아름다움'에만 집착하는 현의 태도에는 오리엔탈리즘적인 측면이 있는 것도 부인하기 힘들다. 하지만 그보다 더 중요한 것은 미를 식민지 자본주의에 대한 대립물로 설정하고 있는 점이다. 김과 현 사이에서 벌어지는 논쟁은 이 점을 잘 보여준다.

"이 자식들아, 너이야말루 빌어먹을 자식들인 게 …… 그까짓 수건 쓴 게 보기 좋을 건 뭬며 이 평양부내만 해두 일 년에 그 수건값허구 당기값이 얼만지 알기나 허나?"
하고 김이 당당히 허리를 펴고 나앉는다.
"백만 원이면? 문화 가치를 모르는 자식들 ……"
"그러니까 너이 글 쓰는 녀석들은 세상을 모르구 산단 말이다."
"주제넘은 자식 …… 조선 여자들이 뭘 남용을 해? 예펜네들 모양 좀 내기루? 예편넨 좀 고와야시."

"돈이 드는걸 ……"

"흥! 그래 집안에서 죽두룩 일해, 새끼 나 길러, 사내 뒤치개질해. …… 그리
구 일 년에 당기 한 감 사 매는 게 과하다? 아서라, 사내들 술값, 담뱃값은 얼만
지 아나? 생활 개선, 그래 예편네들 수건값이나 당기값이나 졸여 먹구? 요 푼푼
치 못한 경세가들아? 저인 남이 할 것 다 허구 ……"

"망할 자식, 말버릇 좀 고쳐라. …… 이 자식아, 술이란 실사회선 얼마나 필요
한 건지 아니?"

"안다. 술만 필요허나? **고유한 문환 필요치 않구?** 돼지 같은 자식들 …… 너이
가 진줄 알 수 있니. …… 허 ……"6) (강조는 인용자)

머릿수건에 대해 김은 효율성의 논리로 부정하는 데 반해 현은 문화
의 논리로 옹호한다. 김이 내세우는 것이 돈 — 효율성 — 자본주의의 논
리라면, 현이 주장하는 것은 조선적인 것 — 미 — 문화의 논리이다. 요컨
대 반자본주의적인 문화의 중요성이 조선적인 것을 옹호하는 주된 근거
인 셈이다.

오리엔탈리즘으로 경도할 가능성을 제쳐놓고 말한다면, 「패강랭」은
효율성의 외피(外皮)를 쓴 식민주의를 미의 이름으로 비판하고 있는 소설
이다. 식민주의에 대한 이태준의 비판적 의식은 경찰서라든가 비행장 또
는 총을 든 병정 등에 대한 음울한 묘사를 통해 표출되고 있다. 작품의
서두에서 이것들을 거듭 말하고 있는 것은 경찰서나 비행장이나 병정
따위가 효율성의 이름으로 민족적 전통을 파괴하고 있음을 암시하고자
함이니, 그런 점에서 돈 — 효율성 — 자본주의는 식민주의의 다른 얼굴이
다. 그런데 이 식민주의는 외부 식민주의라는 점에 유의할 필요가 있다.
돈, 효율성, 경찰서, 비행장, 병정이란 주체 바깥의 식민주의이기 때문이
다. 그래서 이들 대립은 내부 주체와 외부 주체 사이의 화해 불가능한
대립이라는 점에서 철저히 이분법적이다. 이 대목에서 오리엔탈리즘의
문제를 거론할 필요가 있다. 작가는 어째서 미에 그토록 집착한 것일까.

---

6) 이태준, 「패강랭」, 『삼천리문학』, 1938년 1월, 26~27면.

그것은 미 이외의 것은 주체 외부에 속하기 때문이다. 주체 내부의 것으로는 미밖에 없다면, 민족적 전통을 지키기 위해서는 미에 집착할 수밖에 없는 것이다. 여기에 오리엔탈리즘적인 요소가 있거니와 그런 점에서 아무리 미 혹은 문화가 반자본주의적 혹은 반식민주의적인 것이라고 강변하더라도 그것은 작가의 의도와는 관계없이 전근대에 가까워지게 된다.

그렇다고 해서 「패강랭」이 오리엔탈리즘에 깊이 침윤된 소설은 아니다. 내부 식민주의를 상정해놓은 덕분이다. 「패강랭」에서 내부 식민주의는 김을 통해 구현된다. 김은 조선인이라는 점에서 내부 식민주의를 표상하는 인물이다. 그는 외부 식민주의를 내면화한 인물이며, 주체 내부에서 식민주의를 구현하는 인물이다. 김은 단순히 시류에 따라 좌고우면하는 인물이 아니다. 그에게 돈과 효율성은 신념화되어 있다. 당시의 표현을 빌리면, 혈육화되어 있다. 말하자면 그에게 식민주의란 주체 외부의 것이 아니라 주체, 곧 자신의 것이다. 현과 맞서 당당하게 '방향전환'하라고 일갈할 수 있는 것도 그래서이다.

그가 내세우는 가장 중요한 명분은 돈과 효율성을 핵심으로 하는 근대주의이다. 머리수건과 댕기를 부정하는 근거도 그것이다. 근대주의의 관점에서 보자면 현이 옹호하는 문화의 논리란 한갓 전근대적인 것일 따름이다. 요컨대 김에게 현은 근대 속에서 전근대를 사는 시대착오적 인간인 셈이다. 거기에 맞선 현은 참으로 무기력하다. 울분과 탄식처럼 무기력한 대응이 또 어디 있겠는가. 식민지 자본주의화의 도도한 흐름 속에서 미란 무력하기 짝이 없는 존재라는 것을 현은 뚜렷이 인식하고 있다. 그래서 '문화 가치'나 '고유한 문화'를 주장하는 현의 발언에서 힘을 느끼기 어려운 것이다. 이러한 현의 인식은 "박의 그런 찌싯찌싯함에서 선뜻 자기를 느끼고 또 자기의 작품들을 느끼고 그만 더 울고 싶게 괴로워졌다"는 표현에서 극명하게 드러난다. 「패강랭」이 오리엔탈리즘에서 빠져나올 수 있었던 것은 바로 이러한 인식 때문이다. 심미주의적 오리엔탈리즘이 미를 절대화하거나 모든 것을 심미화하는 사유인 데 반해 「패강랭」은 미를 상대화하고 있다. 미적 세계에 대한 주관적 집착을 넘어 미를 역사 속에서 상대화하고 있다는 것은 「패강랭」이 미의 현실연관을 자각하고 있다는 뜻이니, 이 지점에서 「패강랭」은 오리엔탈리즘과 갈라진다. 민족적 전통에 대한 애착을 전근대적인 것이라기보다는 근대와의 긴장으로 이해해야 하는 것도 그래서이다.

그런데 흥미로운 사실은 미의 현실연관에 대한 자각이 김과의 만남, 즉 내부 식민주의와의 대면을 통해 더욱 깊어진다는 점이다. 김과의 만남 이전에 미의 현실연관에 대한 현의 인식이란 '찌싯찌싯'이라는 부사어가 말해주듯 극히 감상적인 수준에 머물러 있었다. 인식의 수준이 이처럼 감상적이었기에, 박이 잘 보여주듯, 자포자기의 심정에서 허우적대기만 했던 것이다. 하지만 김과의 만남은 사태의 핵심에 대한 자각을 낳는다. 내부 식민주의와의 대면이 외부 식민주의의 재인식으로까지 이어진 것이다. 술자리 전반부에서 현은 김에 대해 우월한 위치에서 말한다. 그것은 현이 김을 외부 식민주의의 단순한 알레고리로 받아들였기 때문이다. 다시 말해 현은 김을 시류에 영합하는 기회주의자 정도로 여겼던 셈이다. 그러나 김의 신념과 논리를 확인한 연후에 현은 김이 내부 식민주의의 화신임을 인식하게 된다. 그러면서 현과 김의 역관계가 변하게 된다. "이 자식? 되나 안 되나 우린 이래뵈두 예술가다! 예술가 이상이다 이자식 ……"이란 발언에서 역관계의 변화가 감지된다. '되나 안되나'라는 구절이라든가 말을 제대로 잇지 못하고 눈물을 흘리고 마는 모습은 현이 더 이상 이성적 논리로는 김과 싸울 수 없게 되었음을 말해주거니와 그 까닭은 김의 신념과 논리가 현의 신념과 논리보다 '현실적'으로 우위에 있음을, 그리고 김의 신념과 논리가 남의 것이 아니라 바로 자신의 것임을 알았기 때문이라 할 수 있다. 요컨대 김의 이념이 주체의 이념, 즉 내부 식민주의임을 확인했기 때문이다.

그러면 이제 김은 현의 적인가. 그렇지는 않다. "내가 취했나 보이

……"라는 말에서 그 점이 드러난다.[7] 김과의 대립각을 연화(軟化)시키는 이 발언에는, 전후 문맥을 고려하건대, 내부 식민주의가 중요하지 않다는 의미가 아니라 김과의 싸움만으로는 식민주의를 극복할 수 없다는 의미가 담겨 있다. 내부 식민주의는 주체의 것이긴 하지만 자족적이지는 않다. 외부 식민주의 없이는 내부 식민주의란 존재할 수 없는 법이다. 따라서 내부 식민주의의 척결만으로 식민주의를 극복할 수 있다고 생각하는 것은 식민주의의 역사성을 몰각한 착각일 뿐이다. 김이라는 내부 식민주의자의 존재는 그런 점에서 오히려 외부 식민주의의 힘을 보여주는 결정적 징표가 된다. 내부 식민주의란 식민주의의 무의식이다. 식민주의가 의식 층위에만 작용한다면 내부 식민주의는 존속할 수 없다. 혈육화될 수 없기 때문이다. 혈육화되지 않은 식민주의란 주체의 것이 아니다. 그것은 주체의 바깥을 맴돌 뿐이다. 주체의 바깥에 식민주의가 존재하는 한 순응이나 굴복은 있을 수 있지만 주체 자신의 것은 끝내 되지 못한다. 따라서 내부 식민주의가 존재한다는 것은 외부 식민주의가 의식뿐 아니라 무의식의 층위까지 점령했다는 것을 뜻한다. 무의식까지 점령했을 때 비로소 식민주의는 피식민 주체 자신의 것이 되기 때문이다.

그런 점에서 "내가 취했나 보이 ……"란 발언에는 내부 식민주의와 외부 식민주의의 불가분리성에 대한 통찰이 숨어 있다. 그럼으로써 「패강랭」은 식민주의에 대한 윤리적 비난의 한계에서 벗어난다. "이상견빙지(履霜堅氷至)"가 바로 그러한 통찰의 절묘한 표현이다. "서리를 밟거든 그 뒤에 얼음이 올 것을 각오"하라는 풀이는 내부 식민주의 — 서리 — 와 외부 식민주의 — 얼음 — 의 유기적 관계에 대한 설명으로 보아도 무방하다. 내부 식민주의의 배후에는 외부 식민주의가 있다는 것, 내부 식민주의가 등장했다는 것은 외부 식민주의가 더욱 강고해질 것임을 상징한

---

7) 후에 발간된 단행본(『이태준단편집』, 1941, 학예사)에는 "김군이 미워 그리나? ……"란 말이 첨가되어 있다. 이 말이 첨가됨으로써 외부 식민주의의 환기 효과가 더욱 강화된다.

다는 것, 그런 점에서 외부 식민주의의 억압을 견뎌낼 비장한 각오를 해야 한다는 것, 이것이 '이상견빙지'에 담긴 숨겨진 의미일 터이다. 그러니 "술이 확 깨"는 것이다.

현은 소설의 초두에서 식민주의를 외적인 것으로만 이해하는 데 머물렀다. 외적인 존재로만 남아 있는 식민주의란 술에 취해 모르는 체 하면서 견딜 수 있다. 최소한 나의 것 혹은 주체의 것은 아니기 때문이다. 그러나 김과의 만남을 통한 내부 식민주의의 자각은 식민주의가 남의 것일 뿐 아니라 나의 것이기도 하다는 사실에 대한 깨달음을 낳았다. 남의 것이 아니라 나의 것일 때 식민주의는 외면한다고 해서 외면할 수 있는 성질의 문제이기를 멈춘다. 다시 말해 식민주의는 이제 나의 문제, 곧 주체의 실존적 문제가 되는 셈이다. 내부 식민주의에 대한 자각이 중요한 이유가 여기에 있다. 더구나 「패강랭」은 한걸음 더 나아가 내부 식민주의와 외부 식민주의의 유기적 연관에 대한 통찰까지 보여준다. 내부 식민주의는 외부 식민주의가 혈육화되고 지배 구조화하는 통로라는 사실에 대한 인식은 현을 윤리적 비난이나 일삼는 감상적 민족주의자에서 현실을 엄정하게 응시하는 현실주의적 탈식민론자로 변신케 한다. 그럴 때에만 강고한 얼음을 견딜 수 있기 때문이다. 그런 점에서 「패강랭」은 내부 식민주의의 의미와 작동방식에 대한 깊은 성찰의 산물이라 평가할 만하다.

3. 「토끼 이야기」—식민주의에 대한 새로운 자각

「토끼 이야기」는 전형적인 자기 확인의 서사이다. 일제의 파시즘화가 절정으로 치닫는 1930년대 후반이 되면 한국 근대문학의 중심을 이루어

왔던 계몽의 전통은 결정적인 벽에 부닥치게 된다. 이때 이태준이 택한 길은 계몽의 내면화를 통해 자신의 정체성을 확인하고 유지하는 것이었다. 그러나 이태준의 자기 확인은 '내가 옳다'를 거듭 확인하는 데서만 그치지 않는다. 오히려 이태준의 자기 확인은 자기 자신의 한계에 대한 치열한 반성에 바탕하고 있다. 요컨대 자기 반성을 통한 자기 확인, 이것이 일제 말기 이태준 문학의 요체 가운데 하나인 셈이다.[8]

「토끼 이야기」의 현은 실직하자마자 부업 삼아 '토끼 치기'에 뛰어든다. 그러나 토끼 치기는 금새 실패로 끝나버린다. 아무런 경험도 지식도 없던 현으로서는 당연한 일이었을 터이다. 그러나 이 소설에서 중요한 것은 토끼 치기가 실패로 귀결되기까지의 과정이 아니다. 서사의 핵심은 실패에 대한 부부의 상반된 반응과 그 의미에 대한 성찰에 놓여 있다. 현이 토끼 치기를 쉽사리 포기하고 기껏 그것을 소설로 써볼 궁리나 하는 반면에 아내는 몇 푼이라도 건지기 위해 온통 피칠갑을 하며 토끼 가죽을 벗긴다. 아내의 이러한 행동은 현에게 커다란 충격으로 다가온다. 현이 보기에 아내의 "피투성이의 쩍 벌린 열 손가락, 생각하면 그것은 실상 자기에게 물을 요구하는 것이 아니었다." 아내가 요구한 것은 바로 지식인의 비현실적 관념성에 대한 준엄한 자기 반성이었다.

그렇다면 자기 반성의 대상인 지식인의 관념성이란 구체적으로 어떤 내용일까. 이 문제가 「토끼 이야기」의 감추어진 이면 텍스트를 구성한다. 명시적으로 말하고 있는 바는 없지만, 이런저런 암시와 단서들을 통해 '징후적으로' 드러내 보여주고 있기 때문이다. 이와 관련해 결정적인 대목이 다음과 같은 구절이다.

현의 신문소설이 시작되면 독자보다는 현의 아내가 즐거웠다. 외상값 밀린 것이 풀리고, 단행본으로 나와 중판이나 되면 뜻하지 않은 목돈에 가끔 집안이

---

8) 이에 대한 좀더 자세한 설명으로는 하정일, 「계몽의 정신과 자기확인의 서사」, 『20세기 한국문학과 근대성의 변증법』, 소명출판, 2000, 233~236면 참조.

윤택해지기 때문이다.

'그러나 나도 소위 불혹지년이란 게 낼모레가 아닌가? 밤낮 이짓만 허다 까부러질 건가? 눈 뜨면 사로 가고 사에 가선 통신 번역이나 허고 …… 고작 애를 써야 신문소설이나 되고…….'

현의 비장한 결심이 그렇지 않아도 굳어질 무렵인데 '동아'가 '조선'과 함께 고시란히 폐간이 되는 것이었다.

'명랑하라', '건실하라', 시대는 확성기로 외친다. 현은 얼덜덜하여 정신을 수습할 수 없는 데다, 며칠 저녁째 술이 취해 돌아왔던 것이다.[9] (강조는 인용자)

현이 자신의 신문소설 쓰기에 염증을 내고 조만간 본격소설에 전념하리라고 마음을 다잡고 있을 때 동아일보와 조선일보가 폐간된다. 동아와 조선의 폐간은 전시체제로의 돌입과 직결되어 있다. 그래서 시대는 '명랑하라, 건실하라'고 외치며 조선사회를 총동원체제로 몰아간다. 그런 점에서 동아와 조선의 폐간은 현에게 두 가지의 의미를 갖는다. 하나는 현이 본격소설에 전념할 시간적 여유를 준 것이고, 다른 하나는 현을 전시동원체제라는 새로운 시대로 들어서게 한 것이다. 전자가 기회라면 후자는 시련이다. 이에 대한 현의 반응은 '얼덜덜'이다. 뭐가 뭔지 모르겠다는 말인데, 이러한 반응은 특히 후자와 직결되어 있다. 전자, 곧 본격소설을 쓸 기회야 이미 오래전부터 소망해온 바이기 때문이다. 반면에 후자, 곧 일제의 군국주의 파시즘화 ― 명랑하라, 건실하라! ― 에 현이 '얼덜덜하여 정신을 수습할 수 없는' 것은 그가 이 문제를 깊이 생각해보지 못했다는 방증이다. 사실이 그런 것이 정세가 급속히 악화되어 가고 있던 일제 말기의 상황에서 현이 고민하는 것은 고작 통속이냐 순수냐, 신문소설을 계속 쓸 것이냐 본격소설에만 전념할 것이냐 따위였기 때문이다. 요컨대 현은 신문소설을 쓸 때나 본격소설을 쓸 때나, 사회 전체의 맥락에서 보면, 예술의 성채에 고립되어 살아온 것이다.

---

9) 이태준, 「토끼 이야기」, 『문장』, 1941년 2월, 454면.

　조선과 동아의 폐간은 현으로 하여금 비로소 ‘시대’와 만나게 해준 계기였다. 사실 신문사에 재직하고 있었지만, 거기서 그가 한 일이라고는 ‘통신 번역’이었으니, 현은 신문사에 있으면서도 조선의 구체적 현실로부터는 동떨어져 있었던 셈이다. 폐간과 실직에 따른 ‘시대’와의 만남이 ‘얼떨떨’이라는 반응에 머문 것은 그런 연유에서이다. 이는 실직 이전까지의 현에게 식민주의라는 것은 주체 바깥의 것이었음을 의미한다. 그러나 폐간과 실직은 ‘시대’, 곧 식민주의가 더 이상 주체 바깥의 것이 아니라 주체 내부의 것임을 일깨워준다. 요컨대 식민주의가 이제 남의 문제가 아니라 ‘나의 문제’가 된 것이다. 식민주의가 남의 문제일 때 무관심과 외면은 나름의 대응 방식이 될 수 있다. 예술의 성채 속에서 사는 것이 그것일 터인데, 이러한 대응 방식은 적어도 현으로 하여금 식민주의에 굴종하거나 유착하지 않는 것을 가능하게 해주었다. 반면에 식민주의가 나의 문제가 되었다는 것은 과거의 대응 방식이 이제는 유효하지 못하게 되었음을 뜻한다. ‘나’의 위치가 식민주의 내부가 되어버렸기 때문이다. 주체의 위치가 식민주의 내부라는 말은 식민주의의 바깥이 존재할 수 없게 되었다는 의미거니와 이런 상황에서 무관심이나 외면이 식민주의의 덫에서 빠져나올 수 있는 탈출구가 못됨은 물론이다. 하지만 현은 무언가 상황이 달라졌음은 느끼지만 그 변화의 의미가 구체적으로 어떤 것인지는 여전히 모른다. 그러한 과도기적 심리상태가 바로 ‘얼떨떨’인 셈이다.

　‘얼떨떨’한 심리상태에서 현이 택한 최초의 대응은 ‘술에 취하는 것’이다. 술에 취하면 잊을 수 있기 때문이다. 그러나 잊고 모른 체 한다고 해서 내 몸 속의 질병이 낫지 않는 것처럼 ‘술에 취하는 것’ 역시 식민주의가 외적인 문제였던 과거에나 — 물론 이 역시 주관적 판단일 뿐이다 — 가능했던 대응 방식에 불과하다. 식민주의가 주체의 실존적 문제로 정립되는 순간 잊고 모른 체 하는 것은 불가능해진다. “술 먹구 잊어버릴 정두의 거면 애초에 비분한 체 감개한 체 하지 말어줘요 우리 여자들 눈엔 조선 남자들 그런 꼴처럼 메스껍구 불안스런 건 없습디다. 술루 심펭이 피우?"라고 힐난하는 아내의 말은 그런 점에서 사태의 정곡을 찌르고 있다. 식민주의가 외적 강제가 아니라 내부의 지배 구조가 되었음을 오히려 아내가 감각적으로 체득하고 있는 셈이다. 그러한 체득을 가능케 해준 것이 '생활'이다. 아내는 이념이나 이론 이전에 "직업도 인전 없구, 신문소설 쓸 데두 인전 없"어진 생활조건의 변화에서 시대의 변화를 감각적으로 읽어내고 있는 것이다. 그런 감각으로 볼 때 남편의 '비분과 감개'는 '체' 하는 것, 즉 진정성 없이 겉으로만 '비분감개'하는 척하는 데 불과할 뿐이다. 이러한 아내의 질책에 현 역시 "저 혼자 취한다고 세상이 따라 취하는 것도 아니요, 저 혼자나마도 언제까지나 취할 수도 없"음을 깨닫는다. 이 자각 이후에 현이 택한 것이 바로 토끼 치기이다. 그런 점에서 토끼 치기는 시대의 변화, 요컨대 식민주의라는 내부적 지배 구조—곧 내부 식민주의—를 자기의 문제로 받아들이기로 했음을 암시하는 징표라 할 수 있다. 이는 토끼 치기가 "시대가 메가폰으로 소리쳐 요구하는 명랑하고, 건실한 생활일 수도 있"다는 냉소적 표현을 통해 어렴풋하게 짐작할 수 있다.

하지만 토끼 치기라는 대응은 현에게 여전히 '관념'의 수준에 머물러 있다. 초야에 묻혀 평생을 세상과 거리를 두고 살았던 청의 시인 이초(李樵)를 추앙한다든가 '사상은 짧고 인생은 길다' 식의 명제에 탐닉한다든가 하는 모습에서 그 점은 뚜렷하게 드러난다. 말하자면 현은 아직도 무관심과 외면을 유효한 대응 방식으로 여기고 있는 것이다. 이러한 현의 안이한 현실 인식에 결정적인 쐐기를 박은 것이 '피칠갑 한 아내의 열 손가락'이다. 요컨대 아내는 토끼 가죽을 벗기는 행위를 통해 현의 현실 인식이 아직도 '관념'에서 '생활'의 차원으로까지 혈육화되지 못했음을, 곧 '시대'를 자신의 실존적 문제로 주체화하지 못했음을 질타하고 있는 셈이다. 그 순간 '두 손을 부들부들 떨면서도 피투성이가 되도록 토끼 가죽을 벗기는' 아내의 현재 모습에 "죽은 닭의 눈을 신문지로 가려놓고야

썰던 아내의 그전 모습"이 오버랩되면서 현의 "콧날이 찌르르하며 눈이 어두워진다." 그러면서 현은 "피투성이의 쩍 벌린 열 손가락, 생각하면 그것은 실상 자기에게 물을 요구하는 것이 아니었다"고 자백하는데, 그것은 관념과 생활 사이의 거리에 대한 뼈아픈 자기 반성이 아닐 수 없다. 이제야 식민주의를 나의 문제로 받아들일 단초가 마련된 셈이다.

이처럼 「토끼 이야기」는 '시대'와 생활을 유비적(類比的) 관련 속에서 병렬시키면서 '시대'의 변화, 곧 일제의 파시즘화를 '나의 문제'로 받아들이는 과정을 그리고 있는 소설이다. 다시 말해 식민주의가 외적인 것인 동시에 내적인 것이라는 자각을 이면 주제로 삼고 있는 셈이다. 이러한 자각이 자기 확인이 되는 소이(所以)는 생활에 대한 새로운 인식을 매개로 해서이다. 시대의 변화와 토끼 치기가 교직(交織)되는 순간 관념과 생활이 만나고, 양자의 만남 속에서 현은 자기 자신의 한계, 즉 식민주의를 남의 문제로 여겨온 자신의 관념성을 뼈저리게 깨닫는다. 그런 점에서 「토끼 이야기」는 내부 식민주의에 대한 날카로운 자의식을 보여주고 있는 또 한 편의 문제작으로 평가하기에 손색이 없다.

4. 「농군」과 민족적 저항의 서사

「농군」은 지금까지 만주에 이주한 조선 민중의 시련과 투쟁을 그린 민족 서사시라는 평을 받아왔다. 하지만 이러한 평가에 대한 반박이 간헐적으로 제기되어 왔는데, 특히 근래 들어 「농군」이 식민주의에 포섭된 소설이라거나 심지어는 일제의 오족협화론에 부응한 국책소설이라는 비판까지 나오고 있다.10)

「농군」에 아쉬운 부분들이 존재하는 것은 부인하기 힘든 사실이다. 만주인을 야만인시하는 인종 차별적 시각이라든가 '우리' 민족의 이익을 우선시하는 자민족 중심주의적 태도 등이 그것이거니와 여기에서 우리는 식민주의에 긴박(緊縛)된 어두운 그림자를 확인하기 어렵지 않다. 하지만 식민주의에 일정 부분 포섭되었다는 것과 식민주의 자체는 엄연히 다르다. 또한 주체가 처한 사회적 맥락과 역관계에 따라 똑같은 발언이나 행동이 식민주의적 폭력이 되기도 하고 식민주의에 대한 저항이 되기도 하는 법이다. 그래서 식민지시대의 한국소설을 읽을 때에는 맥락이 만들어내는 의미 효과를 섬세하게 판별하는 수행적(performative) 독법이 필수불가결하다. 그렇지 않을 때 자칫하면 자기 비판이 자기 혐오나 자기 부정으로 빠지기 십상이니, 해체론적 탈식민론에 기초한 최근의 연구들은 그러한 경향을 종종 보여준다.

「농군」도 마찬가지다. 가령 임화는 "수로의 개통이 그들에게 영원한 행복을 가지고 오리라고 믿을 수 없음에 불구하고 생명을 도(賭)하여 공사에 열중하는 이주민들의 면영(面影)은 바라보기에 가슴이 메이는 데가 있다"면서, 「농군」을 "크나큰 비극을 속에다 감춘 서사시"[11]라고 평하고 있다. '크나큰 비극을 감추고 있다'는 임화의 해석은 의미심장하다. 오족협화의 이념에 근거해 작품을 본다면, '크나큰 비극을 감추고 있다'는 것은 실로 심각한 결함이 될 수 있기 때문이다. 작품의 깊은 속내에 '크나큰 비극'을 감추고 있어서야 오족협화에 대한 낙관적 전망을 어떻게 형상화할 수 있겠는가. 이와 관련해 수로 건설에 대한 이야기에서 "소위 생산적인 건강미를 운운한다면 그는 실로 속된 감식가리라"[12]라고 한 발언은 주목을 요한다. '소위 생산적 건강미 운운'이라는 냉소적 표현에서 우리는 어렵지 않게 만주를 무대로 한 생산소설을 떠올릴 수 있다. 요컨대

---

10) 대표적인 글로는 김철, 「몰락하는 신생(新生)―'만주'의 꿈과 「농군」의 오독(誤讀)」, 『상허학보』 9집, 깊은샘, 2002년 8월.
11) 임화, 「현대소설의 귀추(歸趨)」, 『문학의 논리』, 학예사, 1940, 432면.
12) 임화, 같은 글, 431면.

「농군」을 만주를 무대로 한 생산소설로 읽어서는 안 된다는 말이다. 이 계열의 작품들이 대개 만주 개척에 대한 낙관적 전망과 오족협화의 이념에 대한 선전을 주요 내용으로 하고 있음은 잘 알려진 사실이다. 그런 점에서 「농군」이 그런 류(類)의 소설과는 다르다고 한 평가는 「농군」에 대한 당대인들의 수용 방식을 극명하게 보여준다. 우리는 당대인들의 이러한 수용 방식을 일단 존중할 필요가 있다. 거기에서 「농군」의 맥락적 의미를 발견할 수 있기 때문이다. 다시 말해 당시의 비평가들은 어째서 「농군」을 국책소설과는 질적으로 다른 작품으로 이해했을까, 「농군」 읽기는 바로 이 지점에서부터 시작할 필요가 있다.

먼저 조선인 이주자와 만주 토착민 사이의 갈등과 대립에 대해 생각해보자. 「농군」이 만주 토착민에 대해 인종 차별적이고 자민족 중심적 시각을 보여주고 있는 것은 사실이다. 이 작품의 가장 큰 결함도 여기에 집중되어 있다. 하지만 그렇다고 해서 이 작품을 식민주의에 포섭된 국책소설로 비난하는 것은 지나친 과장이다. 한 작가의 작품을 온전하게 해석하려면 그의 문학세계 전체, 특히 비슷한 시기에 발표된 작품들과의 상호연관 속에서 접근해야 한다. 그럴 때 의미가 미묘한 부분들을 다른 작품과 상호 대조하는 가운데 최대한 정확하게 해석할 수 있기 때문이다. 필자가 발표순을 어기고 「토끼 이야기」를 먼저 살펴본 것도 그래서이다. 「패강랭」과 「토끼 이야기」를 참조할 때 발표 연도에서 두 작품의 중간에 놓인 「농군」을 식민주의에 굴복한 국책소설로 읽는 것은 참으로 어색하다. 전후(前後) 시기에 식민주의에 대한 비판의식을 보여준, 더구나 내부 식민주의에 대한 날카로운 성찰을 수행한 작가가 그 중간에 식민주의에 적극 부응했다는 것은 아무리 한 작가의 문학세계가 지닌 비균질성(非均質性)을 감안하더라도 이해하기 어렵기 때문이다.

그런 측면에서 볼 때 「농군」의 배경이 '장작림(張作霖) 정권 시대'라는 부기(附記)는 중요한 맥락적 의미를 갖는다. 이 부기에 따르면, 이 소설의 시대적 배경은 1920년대가 된다. 따라서 이 소설은 일차적으로 1920년대

라는 역사성 속에서 독해되어야 한다. 다시 말해 작가가 만보산 사건이
라든가 만주국 건국과는 관계가 없는 시기를 소설의 시간적 배경으로
설정한 의도에 먼저 주목할 필요가 있는 것이다. 그런 맥락에서 보자면,
「농군」의 이야기와 만보산 사건의 '사실적 합치' 여부를 따지는 일은 아
귀가 맞지 않는다. 「농군」의 시대적 배경이 만주국 건국 이전이라는 것
은 조선인과 중국인 사이의 역관계에 대한 중요한 단서를 제공한다. 사
실 만주국 건국 이후에도 조선인은 일본인에 이은 '이등 국민'이 아니었
지만,13) 만주국 건국 이전에는 더더욱 그러했다. 요컨대 만주국 건국 이
전의 조선인은 중국인에 대해 경제적·정치적·사회적으로 모든 면에서
열악한 위치에 놓여 있었던 것이다. 이 역관계의 문제는 식민주의 여부
를 가늠하는 데 있어 결정적인 의미를 갖는다. 조선인 이주민이 만주 토
착민에 대해 인종 차별적이고 자민족 중심적인 시각을 보여준다는 점을
인정하더라도 그것이 식민주의적 폭력이 되려면 조선인이 중국인보다
우월한 위치에 있어야 한다. 식민주의란 우선적으로 '강한' 민족과 '약
한' 민족 사이의 지배와 착취관계를 바탕으로 하기 때문이다. 그런 점에
서 자민적 중심적이고 인종 차별적인 시각을 곧바로 식민주의와 동일시
하는 것은 현실적 역관계라는 '맥락'을 무시한 텍스트주의적 비약이다.
텍스트주의를 뛰어넘어 '맥락'에 주목할 때, 만주국 건국 이전의 조선인
은 중국인에 대해 식민주의적 권력을 행사할 수 있는 위치가 결코 아니
었다. 실상은 정반대였다.14) 좀더 적극적으로 해석하면 양자의 역관계상
만주 토착민에 대한 조선인 이주민들의 시각과 태도에는 일종의 저항적

---

13) 이에 대한 자세한 설명으로는 한석정, 『만주국 건국의 재해석』, 동아대 출판부, 1999,
164~174면 참조.

14) 이에 대한 자세한 설명으로는 신주백, 『만주지역 한인의 민족운동사(1920~45)』, 아
세아문화사, 2000, 34~53면 참조. 이 책에서 신주백은 1910~30년대 초 "조·중 민족의
관계는 정치적 측면에서 보면 지배자와 피지배자의 관계였으며, 경제적 측면에서 보
면 지주(착취자)와 소작인(피착취자)의 관계였다"고 해석한다. 다소 과장되긴 했지만,
조선인 이주민과 만주 토착민간의 민족적 갈등은 이러한 역사적 조건을 배경으로 하
고 있다.

의미조차 담겨 있다.[15) 피식민지인들이 식민 지배자들을 야만인으로 공격하는 일은 비일비재하다. 인디언들의 미국인 비판이라든가 이슬람의 서구 기독교 비판에서 그러한 사례를 종종 발견할 수 있다. 이 경우 인디언과 이슬람은 식민주의인가. 그렇지 않은 것이 약자가 자신을 문명으로, 강자를 야만으로 규정하는 것은 약자가 강자에 맞서 종종 사용하는 저항의 전략이기 때문이다. 그런 점에서 만주국 건국 이전으로 시대적 배경을 설정한 것은 식민주의에 포섭될 위험을 피하면서 중국인들과의 갈등을 민족적 저항으로 의미화하기 위한 용의주도한 서사 전략이라 할 수 있다.

실제로 「농군」의 서사는 이러한 소설적 전략에 따라 만보산 사건을 적절하게 변용하고 있다. 이 점에서 우리는 다시 한 번 이태준의 작가적 역량을 확인하게 되거니와 가령 수로개발과 벼농사에 대한 만주 토착민들의 반대를 비합리적라고 비판하는 대목이나 창권이 총에 맞는 장면 등이 그것이다. 이 대목들은 작가 스스로가 쓴 「만주기행」의 내용과 비교해보면 명백한 '사실의 왜곡'이다. 「만주기행」에 따르면, 수로가 만들어지면 밭이 몽땅 결딴나기 때문에 만주인들이 조선인 이주민의 수로개발에 반대한 것이며, 만보산 사건 때 총에 맞은 조선인도 없었다.[16) 이태준은 그 '사실'을 알고 있었고, 「만주기행」에서 '사실'대로 기술했다. 그런 점에서 「만주기행」을 쓴 이태준은 인종 차별주의나 자민족 중심주의에서 한걸음 비껴서 있다. 그렇다면 「만주기행」의 이태준과 「농군」의 이태준이 보여주는 차이를 어떻게 설명할 수 있을까. 또 「농군」은 역사적 사실을 왜곡한 거짓말인가 아닌가. 여기서 우리는 역사의 논리와 소

---

15) 그렇다고 해서 자민족 중심적이고 인종 차별적 시각의 문제점이 사라지는 것은 아니다. 그것은 언제든지 내부 식민주의로 화할 소지가 다분하기 때문이다. 다만 문제점은 문제점대로 엄정하게 비판하되 전체적인 맥락, 특히 조선인 이주민과 만주 토착민 사이의 역관계와 그것이 만들어내는 정세 효과를 고려해야 한다는 말이다. 그럴 때 침소봉대(針小棒大)의 잘못을 범하지 않을 수 있다.

16) 이태준, 「만주기행」, 『무서록』(『이태준문학전집』 15), 깊은샘, 1994, 177~178면.

설의 논리는 다르다는 점을 우선 유념해야 한다. 사실의 왜곡이라는 비
판은 역사의 논리를 소설에 들이댄 이론적 폭력이다. 다시 말해 그것은
심각한 범주 혼동이 아닐 수 없다. 「만주기행」은 이태준이 인종 차별주
의자도 자민족 중심주의자도 아님을 확실하게 증명해주는 문건이다. 요
컨대 「만주기행」을 통해 우리는 이태준이 내부 식민주의에 함몰되지 않
았음을 재확인할 수 있다. 이는 「패강랭」에서 「토끼 이야기」에 이르는
과정이 내부 식민주의의 성찰이라는 면에서 일관됨을 말해주는 것이기
도 하다. 따라서 「농군」에서의 달라진 이야기들은 사실의 왜곡이 아니라
민족적 저항을 서사화하기 위한 소설적 '변용'으로 이해할 필요가 있다.
그렇게 하는 것이 한 탁월한 작가의 문학세계가 갖는 일관성을 해명하
는 데 보다 적절하기 때문이다.

　「농군」이 제시하는 민족적 저항의 서사가 만약 만주국 건국 이후를
시대적 배경으로 했다면, 그것은 역사적 '사실'의 왜곡을 넘어 소설적
'진실'의 왜곡이 되었을 것이다. 만주국 시기의 만주지역 중국인들은 피
식민의 위치에 놓여 있었기 때문이다. 하지만 만주국 이전의 중국인은,
이런저런 제한 조건이 있긴 했지만, 조선인 이주민에 대해 분명 우월한
위치에 있었다. 그런 점에서 중국인을 야만시한다든가 없었던 사실을 만
들었다든가 하는 것들은 민족적 저항을 '예술적으로' 강조하기 위한 서
사 전략으로 해석해도 별 무리가 없다. 그 연장선상에서 보면, 「농군」의
이야기를 만보산 사건과 직접 연결시킬 필요도 없다. 만보산 사건이 중
요한 모티프가 되어준 것은 분명하지만, 그것이 일단 소설적 변용의 과
정을 거치게 되면 소설 속의 이야기는 그 자체로 보아야 하는 법이다.
물론 이 말이 소설과 현실은 아무런 관계도 없다는 의미는 아니다. 오히
려 소설은 변용의 과정을 통해 현실의 보다 깊은 '진실'을 제시해준다.
소설이 현실의 재생산인 동시에 현실의 창조인 까닭이 거기에 있다. 다
시 말해 「농군」을 읽는 초점은 만보산 사건이라는 '사실'과의 합치 여부
가 아니라 「농군」의 민족적 저항의 서사가 드러내 보여주는, 당시 만주

지역을 중심으로 한 역사의 본질적 동향이 되어야 하는 것이다.

이와 관련해 결정적으로 중요한 것이 소설의 첫 부분, 그러니까 기차 간 장면이다. 기차간 장면은 조선 농민들이 어째서 만주로 이주할 수밖에 없었는지를 설명하기 위해 설정된 부분이다. 특히 다음 대목이 의미심장하다.

> "돈 얼마나 가지구 가나?"
> "한 오백 원 됩니다."
> "오백 원, 웬 건가?"
> "밭허구 산허구 집서껀 판 겁니다."
> "집두 있구 밭두 있으면 왜 고향서 안살구 가는 거야?"
> "밭이라구 모두 삼백이십 원 받은 걸요 조선서 삼백이십 원짜리 밭이나 가지군 살 수 있어야죠 남의 소작두 해 봤는데 땅 나쁜 건 품값두. ……"
> "듣기 싫어 …… 아내가 벌었다며?"
> "네. 돈 쓸 일은 걸루 다 메꿔 나갔습죠 그렇지만 밤낮 공장에만 갔다둘 수 있습니까?"
> 마침 차가 꽤 큰 정거장에 머문다. 형사는 수첩을 집어넣더니, 쓰단달단 말도 없이 차를 내린다.[17]

'양복쟁이' 형사는 윤창권 일가가 어째서 만주로 이민 가는지를 꼬치꼬치 캐묻는다. 그 분위기는 매우 살벌해 마치 취조를 방불케 할 정도다. 이 과정에서 윤창권 일가의 이민 내력이 밝혀진다. 윤창권 일가는 자작과 소작을 겸하고 있는 자소작농이었다. 자작만으로는 살 수 없어 남의 땅을 빌려 소작을 했다. 그러나 소작에서 나오는 소출로는 품값 대기에도 벅찼다. 그래서 아내까지 '방적공장'에 나갔지만 살기 힘든 것은 마찬가지였다. 말하자면 조선 땅에서는 도저히 먹고살 수 없어 만주로 이민을 가게 되었다는 것이다. 이는 결국 일제의 농업 정책이 총체적으로 실

---

17) 이태준, 「농군」, 『문장』, 1939년 7월, 220면.

패했음을 암시하는 것에 다름 아니다.[18] 토착민들의 폭력에 맞서 "덤벼라! 우린 여기서 못 살면 죽긴 마찬가지다"라고 외치는 창권의 절규는 그런 맥락에서 나온 최후의 몸부림이다. 말하자면 조선에 돌아가더라도 살아남을 수 없다는 백척간두의 위기감이 중국인들에게 끝까지 저항하도록 한 심리적 원동력이었던 셈이다. 더구나 윤창권의 진술이 형사의 검문과정에서 나온 것이라는 점도 중요하다. 당시 형사란 조선의 민중들에게는 일제 권력의 상징 아닌가. 그런 점에서 형사와 윤창권의 대화는 일제와 조선 민중의 대립각을 여실히 드러낸다.

이처럼 기차간 장면은 형사와 윤창권의 긴장 어린 대화를 통해 일제와 조선 민중의 대립상을 은밀히 환기하고 있다. 이 대목을 작품의 첫 부분에 넣은 의도는 자명하다. 식민주의의 허구성을 우회적으로 비판하기 위해서이다. 이 장면이 없었다면, 「농군」은 조선 농민들이 만주에 이민을 가야 했던 역사적 연원에 대한 해명이 생략되면서 제국주의와 조선 민중의 모순을 다룰 수 없었을 터이다. 또 그로 말미암아 서사의 축도 조·중 갈등으로 단선화되면서 만주 지역을 중심으로 한 동아시아 삼국 주민의 복잡 미묘한 관계도 형상화하기 어려웠을 것이고, 그에 따라 「농군」이 그리려 한 민족적 저항의 서사는 심각한 훼손을 입은 채 자민족 중심주의의 늪에서 허우적댔을 것이다. 그런 점에서 기차간 장면이 작품에서 갖는 의미는 각별하다고 하지 않을 수 없다. 이 장면 덕분에 조선인 이주민들이 보여준 자민족 중심적 행태가 일제의 식민주의적 착취와 무관하지 않음을, 즉 억압과 수탈로부터 자신을 지키고 생존을 도모하기 위한 불가피한 선택이었음을 이해할 수 있게 되기 때문이다. 따라서 우리는 첫 대목만 보더라도 「농군」이 국책소설이기는커녕 그와는 정반대되는 주제를 담고 있는 작품임을 어렵지 않게 감지하게 된다. 「농군」의 서사 진행은 일제의 수탈적 농업 정책으로 인해 생존의 위기에 처

---

18) 1920년대 식민지 조선경제의 피폐한 실상에 대한 간략한 설명으로는 김인호, 『식민지 조선경제의 종말』, 신서원, 2000, 43~52면 참조.

한 조선 농민들이 어쩔 수 없이 만주로 이민을 가게 되었고, 만주 이민 후에는 일제의 방관 속에서 중국인들의 지배와 억압을 받았으며, 이러한 이중의 억압에 맞서 조선인 이주민들은 최후의 선택으로 '저항'을 택할 수밖에 없었다는 순서로 진행되고 있다. 이러한 서사 구조는 만주국 건국 이전 조선 민중의 만주 이민에 담긴 역사의 본질적 동향을 제대로 반영하고 있다. 「농군」을 민족적 저항의 서사로 해석하는 것이 보다 온당하다고 보는 연유가 여기에 있다.

5. 결론

본고는 「패강랭」, 「토끼 이야기」, 「농군」에 대한 고찰을 통해 1930년대 후반의 이태준 문학이 식민주의를 외부적인 것인 동시에 내부적인 것으로 인식해가는 과정을 추적해 보았다. 그 과정에서 내부 식민주의에 대한 성찰에 바탕해 외부 식민주의에 대한 비판으로까지 나아간 것이야말로 이 시기 이태준 문학의 중요한 소설적 성취임을 확인할 수 있었다.

그와 함께 내부 식민주의에 대한 성찰이 식민주의에 포섭되거나 그것과 유착하는 것을 막아준 원동력이 되었다는 사실도 드러났는데, 이로써 식민주의를 주체의 실존적 문제로 자각하는 것이 식민주의의 온전한 극복에 관건이 된다는 사실도 좀더 분명해졌다. 이것이 1930년대 후반의 이태준 문학이 탈식민을 여전한 과제로 안고 있는 우리들에게 던져주는 소중한 교훈이다.

또한 「농군」 읽기를 통해 맥락을 중시하는 수행적 독서가 식민주의와의 유착 여부를 정확하게 가늠하기 위한 필수불가결한 독법임을 재확인할 수 있었다. 특히 담론의 구조에만 주목하는 텍스트주의적 독법이 식민지시대의 문학작품을 올바로 해석하는 데 얼마나 심각한 장애물인가도 그 과정에서 드러났다. 감시와 억압이 일상의 구석구석까지 침투함에 따라 저항의 방식이 보다 은밀해지고 간접화될 수밖에 없었던 일제 말기의 상황에서는 더더욱 그러하다.

물론 1930년대 후반 이태준의 소설들이 오리엔탈리즘적 요소라든가 자민족 중심적 시각을 때때로 보여주는 것은 사실이다. 이 점은 이 시기 이태준 문학의 한계임에 틀림없다. 그러나 이 한계는 그야말로 부분적인 한계일 뿐이다. 전체적으로 보면, 1930년대 후반의 이태준 문학은 내부 식민주의에 대한 성찰에 바탕해 식민주의의 안과 밖을 깊이 있게 비판하는 경지를 보여준다. 오리엔탈리즘이나 자민족 중심주의가 하나의 일관된 이데올로기로까지 나아가지 않고 '부분적인 요소'의 수준에서 멈춘 것도 이 덕분이었다. 그런 점에서 내부 식민주의에 대한 성찰이 이 시기의 이태준 문학에서 갖는 의의는 아무리 강조해도 지나치지 않을 것이다.

월북 이후 이태준의 문학활동과 「먼지」의 문제성

김재용

1. 이태준 문학 연구의 사각지대

월북 작가에 대한 해금이 이루어졌던 시기를 전후하여 가장 많이 연구된 작가 중의 한 사람이 이태준임에도 불구하고 월북 이후의 그의 문학활동은 본격적인 연구의 대상이 되지 못하고 있는 듯 하다. 해방 직후의 작품인 「해방전후」를 비중 있게 다루면서도 월북한 이후에 발표한 작품에 대해서는 일관된 시각으로 설명하는 경우가 거의 없다. 다룬다 하더라도 당시의 시대적 현실과 밀접한 연관 위에서 나온 이태준 개인의 내면적 논리 속에서 따지기보다는 북한의 국가적 억압에 모든 탓을 돌려버리거나 아니면 이태준의 지적 체계가 갑자기 붕괴한 것처럼 설명하는 것이다. 당시의 전변하는 이남과 이북의 민족현실 속에서 나름대로 치열한 고민을 하면서 엄연히 작가 활동을 했던 이태준의 면모를 없애

버리고 허수아비에 불과한 존재로 만들어 버리기 일쑤이다. 이 시기 이태준 문학이 갖는 긍정적 부정적 의미는 일단 이태준이란 한 작가의 일관된 지향을 전제한 자리에서 가능한 것이다. 그렇지 않을 경우 그 어떠한 평가도 결실을 얻기 어려울 것은 불문가지다.

그런데 월북 이후의 이태준의 문학활동에 대한 연구가 제대로 이루어지지 않고 있는 것은 단순히 이 시기 그의 문학과 활동에 대한 무지에 그치는 것이 아니고 일제시대 이후 지속된 그의 문학활동을 온전하게 파악하는 데 중대한 장애를 초래할 수 있다는 점에서 더욱 심각한 것이다. 그런 점에서 월북 후 이태준의 문학활동에 대한 본격적인 연구는 이태준 문학 연구를 위해서 미룰 수 없는 과제이다.

그러면 이러한 중요성에도 불구하고 그 동안 연구가 제대로 이루어지지 않았던 것은 어떤 이유일까? 필자가 보기에 가장 중요한 원인은 이 시기의 북한문학 전반에 대한 연구가 없다는 점이다. 월북후의 이태준의 문학활동은 삼팔선 이남의 조선문학가동맹의 문학활동과도 간접적으로 연결되어 있지만 가장 기본적으로는 이 시기 북한의 문학적 흐름과 어떤 방식으로든지 직접적으로 연관되어 있다. 그렇기 때문에 이 시기 북한의 사회와 문학 나아가서는 당시 남북한의 사회와 문학의 전체적 흐름에 대한 파악 없이 이 시기의 이태준의 문학활동을 규명한다는 것은 현실적으로 어려울 수밖에 없다.

월북 후 이태준의 문학활동의 전모를 밝혀줄 자료가 아직 제대로 구비되어 있지 않다는 점도 연구의 어려움을 가중시킨다. 월북 후 이태준의 작품을 모은 작품집으로 우리에게 알려져 있는 것은 중편소설 『농토』를 비롯하여 『첫전투』·『고향길』이다. 그런데 이들 작품집에는 실려져 있지 않은 작품들도 있고, 당시 이태준의 지향을 알려주는 데 매우 중요한 역할을 할 수 있는 정론 형태의 여러 글들도 제대로 알려져 있지 않은 것이다. 이런 실정에서 월북 후 이태준의 문학활동에 대한 연구는 물론이고 이를 바탕으로 한 이태준 문학의 전반적 면모에 대한 평가란 것은 기대하기 어렵다.

이 글에서는 이태준의 작품집에는 실려 있지 않은, 그리하여 남한의 연구자에게는 전혀 알려져 있지 않았지만 월북 이후의 이태준 문학활동을 이해하는 데 있어 매우 중요한 의미를 가지고 있다고 판단되는 「먼지」를 중심으로 하여 월북 후 이태준의 문학활동 전반에 대해 알아보고자 한다. 월북 후 그가 쓴 일련의 산문도 이 시기 이태준 문학의 성격을 해명하는 데 매우 중요하기 때문에 아울러 논의하도록 하겠다.

2. 월북 배경과 북조선문예총과의 관계

월북 후 이태준의 문학과 그것이 갖는 의미를 파악하기 앞서 먼저 해결해야 점들이 있다. 그것은 그 동안 어렴풋하게 알려져 왔던 그리하여 온갖 억측이 난무하였던 그의 월북 배경이다. 그 동안 이태준 연구자들이 이 부분에 대해 많은 관심을 가졌으나 제대로 해명하지를 못하였다. 다른 하나는 북조선문예총과의 관계이다. 이태준은 조선문학가동맹원으로 월북 이전에도 자신의 입장과 노선을 분명하게 밝혔을 뿐 아니라 월북 후에도 그러한 입장을 견지하였기 때문에 북한의 문학가조직이었던 북조선문예총과는 어떤 관계를 유지하고 있었는가 하는 것이 이 시기 이태준 문학을 연구하는 데 있어 매우 중요한 문제이다. 이 두 가지 문제를 먼저 해결하고 난 다음 이 시기 이태준이 창작한 작품의 전반적인 경향과 그 의미를 파악하도록 하겠다.

월북 후 이태준의 문학 연구에서 가장 먼저 부닥치는 문제는 그가 어떤 과정을 통하여 월북하게 되었는가 하는 점이다. 그가 소련으로 가는 북한의 문화사절단의 일원으로 참가했고 이후 북한에 머물렀다고 하는 사실은 이미 잘 알려져 있지만 그가 어떤 과정을 거쳐 이러한 선택을 하게 되었는가 하는 것과 이와 관련하여 이 시기 그의 구체적 행동의 궤적에 대해서는 거의 알려져 있지 않다. 그가 연재하던 소설마저 중도에 그만두고 갈 정도로 급박하게 북한으로 올라가 소련을 다녀왔고 이후 그곳에 머물렀던 사정을 밝혀볼 필요가 있다.

당시 그가 이북으로 올라가게 되었을 때의 긴박한 상황을 잘 보여주는 자료가 『예술통신』에 실려 있다. 이태준이 소련을 다녀와서 북한에 머물면서 조선문학가동맹에 보낸 편지 「서울문학동맹 벗님들에게」와 이를 해설한 기사이다. 이 편지는 신문은 물론 조선문학가동맹 기관지인 『문학』에도 실려 우리들에게 잘 알려져 있는 글이다. 그런데 흥미로운 점은 이 편지를 신문에 공개하면서 덧붙인 신문사측의 해설기사인데 이를 이태준의 편지와 같이 읽어보면 그의 월북 배경을 파악할 수 있다.

지난 7월 상순경 소개해갔던 삼팔 이북 안협에 정리할 것이 있다고 서울을 떠난 문학가동맹 부위원장 상허 이태준씨는 그 동안 소식이 묘연하여 일반의 궁금의 대상이 되어 오던 중 지난달 막부통신으로 씨가 북조선문화사절단으로 소련에 가 있는 것이 알려져서 그 귀환이 기대되던 바 요즘 이씨가 동사절단 일행과 함께 평양에 들어와서 체류중이라는 기별이 왔다. 최초의 씨의 소식은 문학동맹원에게 보내는 메시지로 씨의 소련관은 과거가 과거인 만큼 퍽 흥미를 끄는 것인데 동맹원이 공개한 서한은 다음과 같다. "서울문학동맹 여러 벗님에게, 본의는 아니나 여러분에게까지 기이고 떠날 때에는 돌아와 만나는 즐거움과 일에 더 충실함으로써 갚으려 했던 노릇이 그만 여기서 걸음을 멎게 되었습니다. 여러분의 비분한 얼굴들이 선합니다. 어떤 난국이든 돌파하실 줄 압니다. 쏘베트는 무엇보다도 인간들이 부러웠습니다. 그전 문학에서 보던 사람들은 없었습니다. 자연으로 돌아가라 마음이 가난한 자는 복받느니라 아무리 외치어도 잃어버리기만 하던 인간성의 최고의 것이 유물론의 사회에서 소생되어 있는 것은 얼마나 놀라운 사실이리까! 제도의 개혁이 없이는 백천번 외어대야 미사려구에 불과함으로 예술이 인간에 보다 크게 기여하려면 인간을 바르게 못살게 하는 제도개혁에부터 받쳐야 할 것을 절실히 느꼈습니다. 여러분의 오늘 분투는 어둡고 구석진 듯하나 세계의 민주 정신의 태양이 여러분의 무대를 쏘아 비치고 있는 것입니다. 영웅적으로 일하십시오 우리의 악수할 날도 그리 머지 않을 겁니다. 10월 20일 아침 평양에서"[1]

이태준이 북한으로 올라간 것은 1946년 7월 상순인데 당시 이태준은 그의 주위 사람들에게 일제 말에 그가 소개하여 살았던 지역인 안협에 정리할 것이 있어 간다고 말하고 올라갔음을 알 수 있다. 같은 조선문학가동맹의 동맹원들에게까지 이렇게 거짓으로 말하고 갔음을 알 수 있는데 그만큼 공개적으로 말하기에는 대단히 위험한 그리하여 비밀을 요하는 일이 있었음을 알 수 있다. 그것은 이미 당시 북한의 문학가들과 소련의 문화사절로 같이 가는 것과 관련하여 모종의 연락이 이미 있었고 이것은 당시 상황에서 공표할 수 없는 사안이었기 때문에 조선문학가동맹원들마저 속여가면서 갔던 것으로 보인다. 그러니까 그는 안협에 일이 있어서 올라갔다가 거기서 우연히 이 사절단에 합류한 것이 아니라 이미 물밑에서 이야기되고 있던 것을 감추기 위해서 안협에 정리할 것이 있어 간다고 내세웠던 것으로 짐작된다. 이것이 당시 일반인들에게 잘못 알려져 이태준은 자기 고향에 올라갔다고 삼팔선 때문에 내려오지 못한 것이라는 속설이 생겼다.[2]

그러나 이태준이 북한으로 갈 때에는 거기에 머물려고 한 것은 아닌 듯하고 소련 방문을 마치고 다시 삼팔선 이남으로 내려오려고 원래 계획했던 것으로 보인다. 이점은 "본의는 아니나 여러분에게까지 기이고

---

1) 『예술통신』, 1946.11.8.
2) 남한에서 출간된 해방 후 북한의 문학계를 회고하는 책 중에서 사실 차원에서 근거를 가지고 있는 유일한 책이라 할 수 있는, 그런 점에서 조심스럽게 참고할 수 있는 현수의 『적치하 6년의 북한문단』에서는 이 시기의 사정에 대해 다음과 같이 이야기하고 있다. "그 당시 항간에는 이태준이 일제 말기에 강원도 철원에 소개하였던 가재를 가지러 온 것이라는 소문이 돌았다. 어쩌면 그럴는지도 모를 일이라고들 생각했으며 또 그러기를 은근히 기원하는 것이었다. 그러나 이태준이 평양에 나타나자 얼마하지 않아서 방쏘문화사절단의 한 사람으로 모쓰크바에 갈 것이란 말이 떠돌았고 과연 얼마 후에 그는 쏘련으로 갔다."

떠날 때에는 돌아와 만나는 즐거움과 일에 더 충실함으로써 갚으려 했던 노릇이 그만 여기서 걸음을 멎게 되었습니다"라는 편지의 대목에서 읽을 수 있다. 그가 1946년 8월 10일 소련을 방문하여 그 해 10월 7일에 귀국하였는데 이때는 서울에서 이른바 10월 인민항쟁이 일어나 한창일 때로 대단히 어수선한 상태였고 당시 많은 지식인들이 월북하거나 지하에서의 도피 생활을 할 수밖에 없는 상황이었기에 그로서는 원래 계획한 대로 다시 삼팔선을 넘어서 남하한다는 것이 의미가 없는 일로 생각하였을 것이다. 그리하여 그는 여러 가지를 검토한 끝에 결국 남행을 포기하고 삼팔선 이북에서 자신이 할 수 있는 일을 하자고 결심을 했던 것 같다. 이후 생각이 정리된 후 미안한 마음을 가지면서 조선문학가동맹원들에게 이런 편지를 보내었던 것으로 짐작된다.

월북 후 이태준의 활동을 이해하는 데 있어 그의 월북 배경과 더불어 또 하나의 중요 관심사는 조선문학가동맹과 북조선문예총 사이에서 그가 어떤 입장을 취했는가 하는 점이다. 그 동안의 이태준 연구에서는 사실 별로 관심을 기울이지 않았던 부분이지만 이 시기 이태준의 문학과 문학활동을 파악하는데 있어 넘겨버리기 어려운 중요성을 띠고 있는 대목이다.

1946년 11월 8일 조선문학가동맹은 임원을 개선하였는데 이북에 있는 관계로 활동할 수 없어서 사의를 표하였다고 되어 있는 이기영·한설야·안함광 등을 중앙위원에서 빼고 그 대신에 염상섭 등을 넣었다. 이때 이태준은 이북에 있음에도 빠지지 않고 그대로 명단에 남아있다. 이남으로 갈 수 없어 이북에 그냥 있겠다는 의사를 표시한 편지가 이미 전달되었기 때문에 이태준이 이북에 계속하여 머물 수밖에 없음을 잘 알고 있으면서도 이렇게 빼지 않고 넣어두고 있는 것은 이태준 스스로 조선문학가동맹의 일원으로 자신을 생각하면서 비록 몸은 이북에 있다 하더라도 자신의 마음은 이남에 있으려고 했다는 데서 연유하는 것이다. 그렇기 때문에 이태준은 이북에 머물고 있음에도 불구하고 이남의 조선문학가동맹의 일원으로 활동한다는 생각을 계속 했음을 알 수 있다. 이러한 사실은 이 시기에 북조선문예총에 그가 가담하지 않고 있다는 데서 더욱 분명하게 드러나고 있다. 1946년 10월 13, 14일 양일간에 열렸던 북조선예술총연맹 제2차 전체대회에서 결의된 조직개편 때 이태준은 아무런 직책을 맡지 않는다.

그러면 이 시기에 이태준은 어떤 생각으로 이러한 태도를 견지했는가 하는 점이다. 이를 파악하기 위해서는 이 시기 이태준이 쓴 글들이 더욱 많이 나와야만이 가능할 텐데 우선 1947년 중반에 임화에게 보낸 편지를 통해서 어느 정도 짐작할 수 있다. 남한의 이태준 연구자에게 전혀 알려져 있지 않았던 글이라 주변 설명과 더불어 이야기하도록 하겠다. 이태준은 이북에 머물면서 당시 북한에서 이루어진 토지개혁을 소재로 하여 작품 『농토』를 발표하였다. 제도가 바뀜에 따라 그 속에 사는 사람들의 운명이 어떻게 전환되게 되는가를 그린 이 작품의 초고를 마친 다음 당시 이남에서 도피생활을 하면서 지내던 임화에게 자신의 생활과 생각을 적어 보낸 편지이다. 이 글에서는 당시 이태준이 북조선문예총과 관련하여 어떻게 자신을 규정하고 있었는가 하는 점이 비교적 잘 드러난다.

임형, 『문학』『문학평론』『년간조선시집』차례차례 받을 때마다 형들의 손을 잡는 듯 했소 새로 읽는 이용악씨의 「노한눈들」에서는 눈시울이 뜨거워 졌소이다. 저무는 거리에 걸상 책상을 걸머지고 헤매면서도 일은 일대로 줄기차게 해내는 형들의 타는 얼굴이 거룩해 보이오 바람마저 네거리에서 와 어두운 지하에서이기 때문에 오늘 형들이야말로 자신들이 일찍이 골끼가 역설한 전형성의 주인공들이며 적극적 로맨티시즘의 몸소 표현들인 것이오 지금의 작품들은 약하나 오늘 형들을 기리 영광스럽게 할 이 앞으로의 대작들의 토대가 될 줄 믿소이다. 우리가 정치에 적극 관여하는 것이 객기가 아니라 바로 우리의 생활 민족문화 문학에의 성실이었음은 이제와서는 널리 이해되었으리라. 그래도 냉담한 자들 체온없이 살려는 그들 자신의 비극임도 차츰 보여질 때가 되었소이다. 형의 이번 『문학』에 실린 논문은 시의를 얻은 역사적 발언이었소 여천도 대작 한편을 썼는데 형의 논문과 이울러 우리 「민족문학」의 도표를 밝힐 뿐아니라 '비판자'들에게 준렬한 선고가 되겠습니다. 나는 요즈음 너무나 편히 앉아서 (미안하오) 토지문제를 테마로 한 『농토』 중편 하나를 썼소이다. 어서 형들의 엄정한 비평을 받고싶소 토지문제는 오늘 조선의 가장 현실적이요 가장 중요한 문학테마인 줄은 알면서도 쓰려고 대들어보니 내힘 겨웠고 너무 준비가 부족했소이다. 요즘 정독한 골끼의 『문학론』에서 절대한 시사를 받았고 작가 골끼가 세기적 거인인 것은 그 작품들에서보다도 이 『문학론』에서 절실히 느꼈소이다. 이 새 문학도들의 유일한 경전을 어서 보급시킵시다. 그리고 발표전 원고의 합평 이것은 절대로 필요한 과업입니다. 이미 졸작 『농토』는 다행히 소련서 나온 당신의 「네거리의 순이」를 창가 부르듯 하면 자랐다는 조선문학인 몇 분과 소련 군인중 문학도 몇 분의 강밀엄정한 비평을 받아 내힘 이상을 쏟을 수 있는 것은 참말 감사한 일이었습니다.[3]

이 글에서 중요하게 볼 대목은 임화가 1947년 4월 『문학』에 발표한 「이념과 문학운동의 사상적 통일을 위하여」를 이태준이 읽고 이에 대해 논평하는 부분이다. 조선문학가동맹과 북조선문예총 사이에 민족문학론을 둘러싸고 논쟁[4]이 한창 벌어지고 있는 이 시기에 이태준은 임화의 글을 읽었고 이에 대해 지지를 표하는 것으로 미루어 보아 당시 이 논쟁에 상당한 관심을 가졌던 것으로 보이며 양자 중에서 조선문학가동맹의 입장에 지지를 보냈고 있음을 알 수 있다. 그런데 이태준이 보았던 북조선문예총의 글은 주로 윤세평과 안막의 글이었음을 것으로 짐작되며 조선문학가동맹 뿐만 아니라 북조선문예총 내부의 윤세평과 안막의 글에 대해서도 비판을 가하였던 안함광의 글에 대해서는 아직 보지 못한 것으로 생각된다. 이태준이 이 편지에서 언급한 바 있는 여천 이원조의 민족문학론에 대한 글이 발표된 것은 1948년 중반 무렵이나 이미 1947년 중반

---

3) 이태준, 「조선문학 건설을 위하여」, 『문화일보』, 1947.6.25.
4) 조선문학가동맹과 북조선문예총 사이에 벌어졌던 이 논쟁에 대해서는 김재용, 「8·15 직후의 민족문학론」(『북한문학의 역사적 이해』, 문학과지성사, 1994)을 참조할 수 있다.

이전에 완성되었음을 알 수 있다. 그런데 이원조의 이 글에서 윤세평과 안막만 다루어지고 안함광이 다루어지지 않고 있는 것을 미루어볼 때 이 무렵 이태준 역시 아직 안함광의 민족문학론은 아직 보지 못했던 것으로 여겨진다.

이북에 머물고 있으면서도 그의 지향은 항상 조선문학가동맹의 민족문학론의 노선이었으니 이는 『해방전후』의 작품에 부분적으로 드러나기도 했던 그의 해방 후 입장을 떠올려 보면 결코 갑작스러운 일은 아니다. 이런 상태이기 때문에 이 무렵에 그가 북한의 문단에서 좀 어정쩡한 상태에 놓여 있을 수 있었다. 실제로 위의 편지에서도 잘 드러나고 있는 것처럼 작품에 대한 합평회에 참석했던 사람들이 주로 과거 소련에서 활동하다 이북으로 온 사람들이라는 점은 이를 간접적으로 이야기해주고 있다.

그러나 그가 이북에서 활동하면서 주로 이남의 조선문학가동맹에의 지향을 계속해서 가지고 있었던 것은 아니다. 차츰 시간이 지나면서 북조선문예총의 노선에 참여한다. 그리하여 1949년 2월 27, 28일 양일간에 열렸던 북조선문예총 3차 대회에서 그는 부위원장으로 선출된다. 이렇게 될 수 있었던 데에는 당시 이남의 조선문학가동맹과 북조선문예총 사이의 노선이 큰 줄기에서 합치되고 있었던 현실이 영향을 미쳤던 것으로 판단된다. 1947년 무렵에 북조선문예총의 대표적 이론가였던 안함광의 「민족문학재론」이 발표되고 같은 무렵에 조선문학가동맹의 대표적 이론가인 임화의 「민족문학 이념과 문학운동의 사상적 통일을 위하여」라는 글이 발표되었는데 그 둘은 근접하고 있었다. 노선상의 합치만에 그치는 것은 아니었다. 실제 작품 평가에서도 합쳐져 가고 있었다. 이태준이 『농토』를 출판하였을 때(『농토』가 북한에서는 발표되지 않고 남한에서만 발표되었다고 하는 이야기는 사실무근한 것이다) 당시 북조선문예총의 대표적인 비평가였던 안함광이 극찬을 아끼고 있지 않다는 데서 엿볼 수 있다. 안함광은 이 작품이 단행본으로 나온 이후 이 작품에 대한 본격적인 비평인 「중

편 『농토』의 형상—상허 이태준씨를 말함」[5]을 발표하는데 여기서 안함
광은 그 부분적 문제점에도 불구하고 이 작품을 훌륭한 성취를 보인 작
품이라고 고평한다. 북조선문예총의 대표적 비평가 안함광이 이렇게 고
평한다는 것은 당시 이북의 문학계 내에서 이태준과 북조선문예총 사이
의 거리가 점점 좁혀 들어가고 있음을 말해준다 할 것이다.

3. 월북 이후 이태준의 작품경향과 민주기지론

월북 배경과 북조선문예총과의 관계가 어느 정도 해명되었기에 이제
월북 이후의 작품에 대한 분석으로 넘어가자. 필자가 보기에 월북 후 전
쟁 이전까지의 이태준의 문학은 1949년 중반을 전후하여 달라진다고 생
각한다. 1947년 중반에 낸 『농토』부터 1949년 전반기에 『호랑이 할머니』
가 나오기까지의 시기에 그가 보여준 경향과 1949년 중반 넘어 발표한
「38선 어느 지구에서」부터 이 글의 분석 대상의 초점이 되고 있는 「먼지」
를 발표하던 전쟁 직전까지의 경향 사이에는 커다란 차이가 존재한다.
앞 시기에 발표된 작품으로는 북한의 현실을 그린 『농토』와 「호랑이 할
머니」가 있고 남한의 현실을 다룬 것으로는 「아버지의 모시옷」과 「첫전
투」가 있다. 둘째시기에 발표한 작품으로는 「38선 어느 지구에서」와 「먼
지」가 있다. 월북 후 이태준 문학에 대한 연구는 물론이고 이 글에서 가
장 중요하게 보고 있는 「먼지」를 분석하기 위해서는 이 두 시기의 작품
을 일단 나누어 살펴볼 필요가 있다. 우선 월북 후부터 남북한 사이에
냉전적 적대가 전쟁을 예견케 하는 파국적 상황으로 치닫는 시기였던

---

5) 1947년 10월에 쓰여진 이 글은 이후 안함광의 저서 『문학과 현실』(문화전선사, 1950)
  에 실린다.

1949년 중반 이전까지의 시기에 이태준이 창작한 작품을 먼저 살펴보자.

당시 삼팔선 이남에서 벌어졌던 억압적 상황으로 인해 본의 아니게 이북에 남게 되었던 이태준으로서는 언제까지 될지는 모르지만 여기에 머무는 동안에 자기 방식으로 작업을 해야 할 필요성을 느꼈을 것이다. 소련을 다녀온 이후 삼팔선 이남과 이북을 차분히 비교하였을 때 이태준은 이 두 사회 사이에는 현저한 차이가 존재한다고 판단하였다. 토지개혁을 비롯한 일련의 민주개혁을 마친 이북의 경우 민주주의적으로 제도가 개혁되어 나가고 그에 따라 민중의 삶이 나아지고 있는 반면, 이남의 경우는 과거와 별반 달라지지 않았고 따라서 그 사회 속에 살고 있는 사람들의 처지가 별로 나아지지 않았다고 이해하였다. 그렇기 때문에 이북을 민주주의의 기지로 삼고 이를 토대로 이남을 혁명해야 한다는 이른바 민주기지론이 이태준에게도 설득력 있게 받아들여졌던 것이다. 그 자신이 얼마 전까지만 해도 이남에서 살았고 현재는 이북의 현실을 직접 겪으면서 비교한 것이기에 한층 더 강한 확신을 갖게 되었던 것이다.

이 시기 이태준이 우리 민족의 현실을 인식하는 기본적인 태도가 민주기지론인데 이는 다음과 같은 두 가지 요인에 의해 한층 강화되었다. 우선 제도의 변화가 갖는 의미에 대한 새로운 인식이다. 그는 제도의 변화가 얼마나 중요한 것인가를 절실하게 체험하면서 제도를 떼어놓고 인간의 삶을 논하는 것 자체가 별로 설득력을 갖지 못함을 구체적으로 인식하게 되었다. 이것의 결정적 계기는 소련 방문이다. 물론 이전부터 이태준은 이러한 인식을 조금씩 했기에 해방 후에 민주주의적 변혁이 얼마나 중요한가를 역설했던 것이며 그런 점에서 이러한 인식이 비단 소련을 방문해서 갑자기 얻어진 것이라 할 수는 없을 것이다. 그러나 이 방문을 계기로 하여 과거와는 다른 차원에서 제도의 중요성을 파악할 수 있게 된 것만은 분명하다. "자연으로 돌아가라 마음이 가난한 자는 복받느니라 아무리 외치어도 잃어버리기만 하던 인간성의 최고의 것이 유물론의 사회에서 소생되어 있는 것은 얼마나 놀라운 사실이리까! 제도

의 개혁이 없이는 백천번 외어대야 미사려구에 불과함으로 예술이 인간
에 보다 크게 기여하려면 인간을 바르게 못살게 하는 제도개혁에부터
받쳐야 할 것을 절실히 느꼈습니다"라는 그의 길지 않은 고백에서 잘 드
러나고 있는 것처럼 제도의 개혁이야말로 인간의 삶을 바꿀 수 있으며
이를 통해 바람직한 인간의 삶이 가능할 수 있으며 그러한 제도의 변화
를 위해 노력하는 것이야말로 지식인의 올바른 태도라고 보고 있는 것
이다. 이러한 점은 이후 이태준의 문학에서 매우 중요한 현실 인식의 원
천으로 작용함을 알 수 있다. 이처럼 제도의 변화가 갖는 중요성을 잘
알고 있었기에 그는 당시 이남과 이북 사이에 현저하게 차이를 띠고 있
는 제도에 대해서 그냥 넘길 수 없었을 것이다.

제도의 변화가 갖는 의미 못지 않게 이 시기 이태준의 민주기지론을
강화시켜 준 것으로는 부채의식을 들 수 있다. 그의 짧은 편지에서도 잘
드러나고 있는 것처럼 불가피한 사정으로 인하여 내려가지 못하게 되었
지만 이남에서 그의 동지들이 어려운 환경 속에서 싸워나가는 것을 생
각할 때 이북에서 편안하게 글을 쓰고 있는 자신에 대해 부담감을 가졌
을 것이다. 이 시기 그의 글 여러 군데서 이러한 미안함을 표현하는 대
목을 발견할 수 있는 데 이는 단순히 의례적인 표현의 문제가 아니고 실
제로 자신의 현재 상태와는 비교가 되지 않을 정도로 험악한 상황에서
살면서 글을 쓰고 있는 이남의 조선문학가동맹의 벗들에 대한 진정으로
우러나오는 감정이었을 것이다. 그렇기 때문에 그로서는 비록 떨어져 있
기는 하지만 이남에서 벌어지는 투쟁에 어떤 도움을 줄 수 있을 것인가
를 생각하였고 그것의 일환으로 남한에서 일어나는 투쟁을 다룬 작품을
창작하는 것이라고 생각하였을 것이다. 이러한 부채의식으로 인하여 이
민주기지론에 쉽게 빠져들 수 있었을 것이다.

민주기지론의 인식을 강하게 가지게 되었던 이태준으로서는 이전의
자신의 현실 인식과는 상당한 거리를 두게 되었다. 그가 이북으로 올라
가기 전에 썼던 한 글에서는 그는 정열 못지 않게 현실을 냉정하게 판단

할 수 있는 지성을 요구하였는데 이때의 모습과 월북 이후의 북한에서의 그것 사이에는 상당한 차이가 발견된다.

> 세계에서 사회주의의 대표국가인 소련은 그 의미에서 가장 실제적인 나라이며 세계에서 자본주의의 대표국가인 미국은 역시 그 의미에서 가장 실제적인 국가다. 이 실제의 이 주반(珠盤)의 두 군대의 군정 혹은 반군정 하에 있는 우리가 비실제적이고 어떻게 될 것인가? 우리는 먼저 모든 환상을, 즉 국내 자체에서부터 인공에고 임정에고, 우익에고 좌익에고 자편도취의 환상, 감상, 이런 것을 깨끗이 청산하고 실제적인 견해와 행동을 하자. 여기에 일치되지 않고는 우리의 독립이란 실제적으로는 불가능한 것이다.[6]

미국과 소련이 이남과 이북을 실제적으로 운영하고 있는 현실을 인정하는 냉철한 지성에서부터 일을 시작해야 한다고 외쳤던, 그리하여 일부 사람들이 이러한 지성은 갖지 못하고 단지 정열만을 내세우는 것에 따끔한 일침을 놓았던 월북이전 시기의 이태준의 모습과 민주기지론에 입각하여 작품을 쓰기 시작한 이때를 비교하여 보면 그 사이에 현저한 거리를 확인할 수 있다.

이태준이 월북한 1946년 7월부터 남북한의 새로운 국면이 조성되면서 이태준의 작품경향이 변하는 1949년 6월 이전까지의 시기에 창작된 작품은 크게 두 갈래로 나누어진다. 하나는 당시 자신이 몸담고 있던 북한의 현실을 무대로 한 작품이고 다른 하나는 삼팔선 이남의 현실을 배경으로 한 작품이다. 전자에 속하는 것으로는 중편『농토』와 단편「호랑이 할머니」가 있고 후자에 속하는 것으로는「아버지의 모시옷」과「첫전투」가 있다.

우선 전자에 속하는 작품들이 갖는 의미부터 살펴보자. 이태준이 월북한 후 앞서 보았던 것처럼 처음에는 북한의 현실과 일정한 거리를 두고

---

6) 이태준,「정열과 지성」,『민성』, 1946년 5월.

보려는 경향이 있었지만 차츰 시간이 지나면서 북한의 현실에 밀착하여 지내게 된다. 그렇기 때문에 그는 차츰 북한의 현실을 다룬 작품들을 발표하기 시작하는데 1947년 중반에 발표한 『농토』의 경우 그 과도기의 모습을 잘 보여주는 작품이다. 아직 북조선문예총에 참가하지는 않았지만 당시 급전하는 북한의 현실 특히 토지개혁이 이루어지고 있는 북한의 당대 현실에서 살고 있는 인간의 운명에 대해 관심을 가지기 시작하였기에 이런 작품을 쓸 수 있었던 것이다.

『농토』를 창작하고 발표하던 무렵은 북한문학계 내부에서 변화가 일기 시작하던 무렵이다. 이른바 고상한 리얼리즘의 이름으로 나온 창작방법론은 작가들에게 영웅적인 긍정적 주인공을 창조할 것을 요구하였다. 이러한 흐름에 대해 이태준은 일정한 거리를 두고 작품을 창조하였다. 그렇기 때문에 이 작품에서는 머슴 출신인 억쇠가 과거의 자신을 사로잡았던 낙후한 의식이 흔들리면서 동요하는 것으로부터 시작하여 그곳으로부터 간신히 벗어나 세상을 새로운 눈으로 보기 시작하는 데까지 그려져 있다. 이후 변모한 그가 어떻게 나아가고 새로운 혁신을 이룩하는가 하는 것은 이태준에게는 별로 중요하지 않았던 것이다.[7]

이러한 이태준의 태도는 『농토』가 발표된 후 한참 지난 후에 나온 「호랑이 할머니」에서 한층 뚜렷하게 드러난다. 이 작품은 1949년 4월에 북조선농민동맹중앙위원회 군중문화부에서 발간한 『농민소설집』에 수록되어 발표된 작품이다. 이 작품이 발표될 무렵에는 당시 북한문학계를 규정하기 시작하던 고상한 리얼리즘이 압도하기 시작할 무렵임에도 불구하고 영웅적 긍정적 주인공을 그리는 것보다 호랑이 할머니라는 한 인물이 내적으로 겪는 변화의 과정을 중시하여 그리고 있다. 그렇기 때문에 문맹퇴치운동에 참가하여 열성적으로 일하는 과정보다는 새로운 현

---

7) 이 점에서 당시 고상한 리얼리즘에 입각하여 토지개혁을 다룬 이기영과 뚜렷한 차이가 난다. 이 점에 대해서는 필자의 글 「북한의 토지개혁과 그 소설적 형상화」(『민족문학운동의 역사와 이론』 1, 한길사, 1990)를 참조할 수 있다.

실의 변화 속에서 한 인물이 내부적으로 겪는 진통의 과정을 중시하는
것이다.

『농토』와 「호랑이 할머니」의 이같은 특징은 영웅적 긍정적 주인공을
요구하던 당시의 고상한 리얼리즘론과는 일정한 거리가 있는 것으로 작
가 이태준이 당시의 격동하는 시대적 분위기에 흥분되지 않고 스스로
현실의 구석구석을 따지면서 낡은 것과 새로운 것의 진정한 총체성의
교체를 보려고 하는 태도에서 비롯된 것임을 알 수 있다.8)

그런데 삼팔선 이북의 새로운 현실의 변화를 그린 일련의 작품에서
그가 보여 주었던 이러한 신중한 시각은 이 시기 삼팔선 이남의 현실을
다룬 작품에서는 찾기 어렵다. 「아버지의 모시옷」뿐만 아니라 빨치산들
의 투쟁을 그린 「첫전투」에서도 당시 남한 현실의 복잡다단한 면모를 예
리하게 드러내 보이기보다는 단지 투쟁하는 민중의 형상을 단순하게 추
구하는 데 그치고 만다. 그렇기 때문에 「아버지의 모시옷」이라든가 「첫
전투」와 같은 작품들에서는 『농토』와 「호랑이 할머니」에서 보여주었던
작가적 치밀성을 찾기 어려워지는 것이다.

이러한 현상은 이미 그 자신이 이북으로 몸을 옮겨놓은 상태이기 때
문에 당시 하루가 다르게 변해 가는 이남의 현실을 직접 체험할 수 없었
던 상태에서 신문에서 본 것이나 풍문으로 들은 것을 바탕으로 하여 작
품을 썼기 때문에 비롯된 점도 있겠지만, 자신은 이북에서 책상 위에서
작품이나 쓰고 있고 과거의 자신의 동지들을 포함한 많은 이들은 현재
이남에서 온갖 수난을 당하면서 싸우고 있다는 것에 대한 미안한 감정
으로 인한 부채의식과 이로 인해 한층 강화된 민주기지론의 인식 때문
에 이런 과도함이 나왔던 것이 아닌가 하는 추측을 해볼 수 있다. 월북
후 이태준의 문학적 경향은 한편으로는 삼팔선 이북의 제반 민주주의의
성과를 그리는 것이고 다른 한편에서는 삼팔선 이남에서의 민중투쟁을

---

8) 이태준은 이 시기에 이론적으로도 고상한 리얼리즘과는 다른 '현대적 사실주의'를
　주장한 것으로 알려져 있다.

그리는 것인데 이 두 흐름을 전체적으로 떠받쳐 주고 있는 것은 민주기지론이다. 그런데 1949년 6월을 넘어서면서 남북한의 냉전적 대결국면이 조성되면서 그 동안 한 치의 의심도 없이 확신을 가졌던 이러한 민주기지론에 대해 점차 회의적인 시각을 가지게 되었고 이로써 이태준 문학은 새로운 변모를 겪게 된다.

4. 남북한 대립의 새로운 정세와 「먼지」의 문제성

1949년 6월에 이르면 남북한 모두 냉전적 대결국면으로 흘러가기 시작한다. 남한에서는 김구의 죽음에서 가장 극적으로 드러나고 있는 것처럼 분단이 점차 이루어져 나가는 상황에서 민족문제를 고민하던 우파 민족주의자마저 발 디딜 땅이 없을 정도로 극우화되기 시작하였다. 그렇기 때문에 미국과 밀접하게 연관되어 진행되던 당시의 이승만 정권은 국가보안법의 제정에 이어 국민보도연맹을 만들어 철저하게 사상의 자유를 억압하였으며 북진통일을 말하면서 북한에 대한 강한 적대감을 노골적으로 표시하였다.

북한에서는 1949년 6월에 조국통일민주주의민족전선이 결성된다. 삼팔선 이남에 존재하였던 남조선 민주주의민족전선과의 합동의 형식을 띠면서 나온 이 조직은 남북한에 평화통일의 어떤 가능성도 점차 희박해질 정도로 냉전적 적대감이 강해질 무렵에 만들어진 것이다. 그리하여 이 조직에서는 한편으로는 평화통일을 위한 여러 가지 제안을 하였지만 다른 한편으로는 국토완정의 불가피성을 역설하면서 전쟁을 예비하였다.

이러한 남북한 사이의 냉전적 적대감이 고조되고 있을 이 무렵은 이전의 대치와는 성격을 달리하는 것이었다. 이전에는 평화통일을 비롯하여 여러 가지의 문제 해결의 길이 열려져 있는 상태였으나 이 무렵에는 냉전적 적대감의 상승작용으로 인하여 동족상쟁의 길로 점차 접어들고 있는 상태였다. 그렇기 때문에 1949년 중반을 전후한 시기부터는 예고되는 이러한 위험으로부터 우리 민족의 삶을 건져내어야 한다는 절박감이 점점 강해지기 시작하였다.

동족상쟁이라는 민족적 위기의 상황을 앞에 둔 이 시기에 이태준이 보여준 현실인식을 가장 잘 보여주는 작품은 「먼지」이다. 그런데 이 작품에 대한 본격적인 분석에 들어가기 전에 우선 그러한 문제의식의 단초를 보여주고 있는 작품인 「삼팔선 어느 지구에서」라는 작품을 보자. 1949년 11월에 발간된 이태준의 단편집 『첫전투』에 실린 이 작품의 말미에 1949년 10월이라고 기록되어 있는 것을 미루어 보아 이 작품은 1949년 6월 이후 새로운 정세 하에서 창작된 작품임을 알 수 있다. 이러한 점은 이 작품의 중간에 '조국전선'의 선언서가 언급되는 것을 미루어 볼 때 조국전선이 결성된 1949년 6월 이후의 작품임이 확실하다.

이 작품은 당시 삼팔선 주변에서 흔히 일어나던 남북한 군인간의 충돌을 다룬 것으로 당시 냉전적 적대감이 점차 상승작용을 하면서 결국은 유혈충돌로 끝나고 마는 것에 대한 비판을 담고 있다. 상갑은 빈번한 충돌로 인해 폐허가 된 삼팔선 경계에 위치해 있는 자기 마을을 떠나 다른 마을에 임시로 대피해 생활하고 있으나 소동이 뜸한 틈을 타서 옛 자기 마을에 갔다가 부상당한 경비대원 유경환을 발견하고는 구출해 온다. 한편으로는 당시의 충돌과정에서 끝까지 자기의 사명을 다하고 오는 경비대원을 긍정적으로 그리고 있는 것처럼 보이기도 하지만 다른 한편으로는 이러한 충돌 속에서 당사자 군인은 물론이고 이로 인해 피해를 받는 일반 농민들의 참상을 증언하고 있는 것이다. 이런 점은 부상당한 경비대원 유경환이 남쪽 진영으로 내려가 국방군을 기습하는 임무를 마치고 돌아온 인물이라는 점을 고려할 때 한층 더 분명해진다. 이태준이 보기에 설령 남쪽에서 먼저 도발을 했다 하더라도 결국은 이에 맞서 반격하게 되고 그러다 보면 걷잡을 수 없는 충돌로 빠져들 수밖에 없음을 우려하고 있는 것이다.

「먼지」는 그런 점에서 이 작품과는 일정한 차이를 갖고 있다. 이 작품에 대한 분석에 앞서 이 작품이 발표된 정황과 그 동안 연구자에게 이 작품이 제대로 주목받지 못한 이유에 대하여 간단히 살펴보자. 이 작품은 북한의 북조선문학예술총동맹의 기관지로 계간으로 나오다가 월간으로 바뀌어 발행되어 오던 잡지인 『문학예술』 1950년 3월호에 발표된 작품이다. 해방이후 북한에서 발표하였던 이태준의 작품이 1949년 11월에 『첫전투』라는 단편집으로 이미 묶여 나온 상태이기 때문에 이 작품은 작품집에는 실릴 수가 없었다. 그리고 전쟁이 나면서 발표한 작품들은 전쟁 중에 『고향길』이라는 작품집에 묶여 실렸기 때문에 이 작품은 작품집에 실릴 기회가 없었다. 그 후 이태준이 작품집은 고사하고 발표도 할 수 없는 처지에 빠졌기 때문에 이 작품은 영영 작품집에 실릴 수 없었던 것이다. 그렇기 때문에 그 동안 이태준을 연구하는 사람들이 주로 두 작품집인 『첫전투』와 『고향길』만을 보았기 때문에 「먼지」는 볼 수 없었던 것이다. 그런데 북한에서는 이태준을 비판할 때 예외 없이 이 작품을 언급하고 있었기 때문에 이 작품의 제목은 그렇게 낯선 것만은 아니라고 할 수 있다.

이 작품의 주인공 한뫼선생은 삼팔선 이북에 살다가 이남의 현실이 어떠한 가를 자기 눈으로 직접 확인하기 위하여 큰딸이 살고 있는 서울로 내려온다. 고서화 수집가이기도 한 그는 서울에 머물면서 다양한 경험을 하게 된 후 다시 이북으로 올라가려고 하다가 강이 곧바로 삼팔선 경계선인 곳에서 총탄을 맞고 쓰러진다.

이 작품의 많은 부분은 주인공 한뫼선생이 서울에서 겪는 이야기로 이루어져 있다. 통역정치로 한몫을 챙기려고 하는 모리배들이 설치는 세태부터 시작하여 어려운 환경 속에서도 싸워나가는 사람들에 이르기까지 당시 남한의 현실을 광범위하게 그려나가고 있다. 월북해서 쓴 남한의 현실을 다룬 이태준의 작품이 부분에 치우쳐 과장된 반면에 여기서 묘사되고 있는 서울의 현실은 당시의 현실을 방불케 하는 점이 있다. 한 뫼선생의 눈을 통하여 이남의 현실이 얼마나 열악한가를 비판적으로 그려내고 있는 것이다.

만약에 여기에 그쳤다면 당시 북한의 일부 작품들은 물론이고 이전에 남한의 현실을 그린 이태준 자신의 작품에 비해 별로 나아간 바가 없어 우리의 주목을 끌지 못하였을 것이다. 한뫼선생이 이북에 있을 때부터 항상 생각해온 것은 설령 이북이 앞서 나아간다 하더라도 이남과 격차가 나 서로 합치지 못해 우리 민족이 통일되지 못한다면 그게 무슨 의미가 있는가였다. 그렇기 때문에 그는 이북이 진전되어가고 이남이 그렇지 못하다는 선전을 들었을 때에도 이 의문이 풀리지 않는 것이다. 그런데 그는 이남의 현실이 그가 들어 왔던 것처럼 낙후되어 있다는 것을 확인했을 때에도 그리하여 백문이 불여일견이라는 그의 소신대로 이제 이남과 이북의 현실 사이에 벌어진 엄연한 차이를 인식하였을 때에도 이 문제에 대해서는 여전히 풀지 못하는 것이다. 민족의 통일을 빼놓고 하는 어떤 논의나 일도 그 온전한 의미를 갖기 어렵다는 것이 그의 생각인 것이다. 이 점은 이 작품의 시간적 배경이 남한에서는 5·10 선거를 마치고 단독정부를 수립하려고 하는 중이고 북한은 이에 맞서 북한만의 정부를 수립하기 위해 남북한의 총선을 위해 분주하게 뛰어다니던 무렵이라는 점에서도 확연하게 드러난다. 아무리 이북과 이남의 차이에도 불구하고 서로 통일되지 못하고 서로 각각의 정부를 세운다면 그것은 결국 분열이며 나아가 새로운 동족상쟁의 씨앗이 될 수밖에 없음을 작가 이태준은 경계하고 있는 것이다. 그렇기 때문에 그는 주인공 한뫼선생이 마지막에 이북으로 올라가 자신이 확인한 사실을 안고 이북으로 온전하게 올라가는 것으로 설정하지 않고 삼팔선 경계선에 해당하는 강 중간에서 총탄을 맞고 죽는 것으로 처리한 것이다.[9]

이것은 당시 남한과 북한의 현실 어느 곳이 더 나은 것인가 하는 문제와는 별도로 이렇게 서로 적대시하다가는 결국 민족상쟁의 비극적 결말만 초래할 수 있다는 불행한 사태를 예감하면서 이를 막아보려고 하는 작가의 강한 의식에서 비롯된 것이라 할 수 있을 것이다. 그러한 문제의식이 없었다면 굳이 이런 식으로 설정하지는 않았을 것이다. 이 작품이 발표되었을 시점이 한국전쟁이 일어나기 불과 석달 전이라는 사실을 감안할 때 이태준의 이러한 예감과 작가의식이 얼마나 귀중한 것이었는가를 쉽게 알 수 있다.

이태준이 「먼지」에서 보여준 태도는 이 작품에 앞서 발표되었던 「삼팔선 어느 지구에서」보다 한층 더 나아간 것임을 알 수 있다. 위에서 말

---

9) 남로당계 작가 비판을 시작하면서 이루어지기 시작한 이태준에 대한 북한의 일부 비평가들의 비판에서 가장 중심되는 표적이 바로 이 작품에서 한뫼선생이 강에서 총탄을 맞고 죽어 가는 대목이다. 이 대목에서 그 총탄이 어느 쪽의 것인가가 알 수 없게끔 한 것이 잘못된 것이라고 하는데 이러한 비판은 작품에 대한 오독이다. 실제로 이태준은 총소리가 카빈총의 것임을 밝혀 놓았기에 그것이 삼팔선 이남에서 날아온 것임을 분명히 하였다. 참고로 이러한 북한의 평가를 소개하면 다음과 같다. 남로당계 작가 숙청이 시작된 직후에 나온 엄호석의 평가와 1990년대의 최근에 나온 장형준의 평가이다.

"만일 이태준이 남반부 정세로서 한뫼선생을 깨우치며 북반부의 인민민주주의 제도에 대한 인식을 고치고 그 품속으로 다시 돌아오게 할 의도 밑에 그를 서울로 끌고 갔다면 그는 백번도 정당하였을 것이다. 그러나 이태준은 한뫼선생으로 하여금 서울 네 거리에서 단선 반대에 서명하기를 거절케 하였으며 북반부로 돌아오는 길에 38선에서 총살당하게 하고 북반부에 다시 돌아오지 못하게 함으로써 그 자신이 북반부에 대한 반대를 표시하였다. 한뫼선생을 쏜 총알이 또한 한뫼선생과 같이 좌도 우도 아닌 중립이며 어느 편에서 쏜 것인지 모르게 되어 있다. 그리고 한뫼선생의 중립이 북반부에 대한 반대의 가면인 것과 마찬가지로 총알의 중립도 북반부편에서 쏘았다는 사실의 음폐에 지나지 않다."(엄호석, 「노동계급의 형상과 미학상의 몇 가지 문제」, 『현대문학 비평자료집』 3, 이선영·김병민·김재용 편, 태학사, 1993, 66면)

"리태준의 반동성은 단편소설 『먼지』에서 더욱 집중적으로 나타났다. 이 작품의 주인공은 해방 후 5년 동안이나 북반부에서 살았는데도 아직 북이 좋은지 남이 좋은지 몰라 백번 듣는 것보다 한번 보는 것이 낫다고 하며 38선을 넘어 서울로 나가는 것이다. 북반부의 인민민주주의제도를 반대하는 작가의 반동적 립장은 주인공이 서울에 갔다 돌아오다가 38분계선 강 복판에서 총에 맞아 죽는 것으로 묘사하고 그것이 어느 쪽에서 쏜 총알인지 모른다는 데서와 시체가 남쪽 기슭에 붙었는지 북쪽 기슭에 붙었는지 모르겠다고 애매몽롱하게 묘사한데서 드러나고 있다."(장형준, 『위대한 수령 김일성 동지 문학령도사』 2, 문학예술종합출판사, 1993)

했던 것처럼 냉전적 적대감으로 인한 남북한의 대결이 동족상잔의 비극으로 내달릴 수 있음에 대해서는 「삼팔선 어느 지구에서」에서 이미 내비친 바 있었지만 「먼지」에 와서 더욱 분명하게 자신의 그러한 지향을 드러내고 있다. 아마 이 시기 남북한 사이에 벌어지고 있는 온갖 성명전과 군사적 충돌을 보면서 그는 1949년 중반 이후 차츰 갖기 시작하였던 불안이 점점 구체화되는 느낌을 가졌을 것이고 이를 막기 위해 작가로서 자신이 해야 할 일을 한다는 더욱 강한 사명감을 가졌던 것이 아닌가 생각한다.

이태준이 「먼지」를 발표한 이후 몇 달되지 않아 그의 우려가 현실로 되었다. 전쟁이 터진 후 이태준이 선택할 수 있는 여지는 거의 없었고 그런 가운데 그는 몇 편의 짧은 소설을 줄줄 써 내려갔다. 그런 점에서 이 시기의 작품들은 월북 이후의 그의 작품과는 비교가 되지 않을 정도의 태작으로 끝나 버렸다. 전쟁이 소강사태에 있었던 1952년 10월에 그는 남로당계 작가 숙청에 말려 더이상 작품을 쓸 수 없게 되었기 때문에 「먼지」는 그런 점에서 그의 작가적 활동의 마지막에 해당하는 셈이 되어 버렸다. 그런 점에서 작품 「먼지」는 당시 이 작품이 갖고 있던 의미는 물론이고 이태준 작품 전체에 있어서도 결코 과소평가할 수 없는 의미를 갖는다 할 수 있다.

『탑』과 『사상의 월야』의 대비를 통해 본 한설야와 이태준의 역사의식

양문규

1. 들어가는 말

일제 말, 구체적으로 1930년대 후반부터 1940년대 초에 걸쳐 풍속소설 또는 가족사 연대기 소설로 부르는 장편 소설들이 유행한다. 기존 연구들은 이 시기 이러한 소설들이 등장하게 되는 이유를, 일제 말 구 카프 계열 작가들이 악화되는 정치 정세에 대응하여 새로운 소설적 모색을 한데서 찾고 있다. 그러나 김남천의 『대하』로부터 시작된 가족사 소설의 창작에는 실제로 구 카프계열의 작가 외에도 다양한 유파의 작가들이 참여하고 있으니 이 시기 가족사 소설이 하나의 큰 유행이었음을 알 수 있다.[1]

---

[1] 이 시기 가족사소설에 해당된다고 볼 수 있는 작품들을 발표 시기 순서로 정리해보면 다음과 같다.

김남천, 『대하』, 인문사, 1939.

한설야와 이태준 역시 이러한 흐름 안에서 각각 『탑』과 『사상의 월야』(이하 『월야』)를 발표한다. 두 작품 모두 가족사 소설의 개념에 꼭 들어맞는 작품들은 아니다. 그러나 일단 이 둘은 개화기에서부터 시작하여 주인공 소년이 청년으로 성장하는 1920년대에 이르기까지 비교적 긴 시간을 작품의 배경으로 하고 있다. 실제 다른 작품들은 시간적 배경이 개화기에 머물다 중단이 되기 때문에 연대기라는 방식을 통해 당대의 현실에 이르기까지 우리 근대가 형성되는 과정을 파악하고자 한 가족사 소설 원래의 의도에 부응하지 못한다.

한편 『탑』과 『월야』는 다른 작품들에 비해 작가의 자전적 성격을 두드러지게 보여 준다. 그리고 『매일신보』라는 같은 지면에 연속적으로 연재되었던 탓인지 소재상의 유사성도 여러 군데 나타나기 때문에 상호 흥미로운 비교거리가 된다. 그러나 이 글에서 정작 두 작품을 비교 대상에 올려 보고자 하는 이유는 한설야는 프로문학의 대표 작가이고 이태준은 이념적으로 그와는 대타적 관계에 놓였던 부르주아 리얼리즘 계열의 대표 작가라는 점 때문이다. 임화 역시 1930년대 이후의 작가군을 이태준·채만식·박태원·안회남 등의 민족적 문학과 이기영·한설야 등의 계급적 문학으로 나눠본 바 있다.2) 어찌 보면 상호 대립적 입장에 놓여있던 한설야와 이태준은 동일한 시기에 비슷한 유형의 장편 소설을 썼던 셈이다. 두 작품이 가족사소설의 개념에 얼마나 맞는가 하는 문제를 떠나서, 일단 연대기적 가족사소설이 개인 및 가족의 삶을 당대의 역사적 현실의 변화와 관련지어 그리고자 하는 장르적 특징을 갖고 있기 때문에 두 작품은 어떠한 형태로든 우리 근대사현실에 대한 나름의 인

김사량, 『낙조』, 『조광』, 1940.2.~1941.1.

이기영, 『봄』, 『동아일보』, 1940.6.11~8.1, 『인문평론』, 1940.10~1941.2.

한설야, 『탑』, 『매일신보』, 1940.8.1~1941.2.14.

이태준, 『사상의 월야』, 『매일신보』, 1941.3.4.~1942.7.5.

채만식, 『어머니』, 『조광』, 1943.3.~1943.10.

2) 임화, 「조선소설에 관한 보고」, 『건설기의 조선문학』, 백양당, 1946, 참조.

식을 보여준다.

따라서 이 글에서는 『탑』과 「월야」라는 이른바 연대기적 형식을 갖춘
두 장편소설을 비교함으로써 부르주아 리얼리즘 작가 이태준과 프로 리
얼리즘 작가 한설야가 우리 근대사 현실을 어떠한 시각에서 바라보는가
하는 역사의식을 비교해보고자 한다. 그리고 이 시기 풍속소설은 이러한
가족사 소설이 발생하는데 중요한 매개 역할을 한다. 『탑』의 경우 풍속
과 소설을 적극적으로 결합하고 있으나, 『월야』의 경우 풍속의 공간이
상대적으로 감소하고 작품에서 갖는 중요성도 현저하게 떨어진다. 이러
한 차이가 두 작가의 이념적 지향과는 어떠한 관련을 맺는가 역시 살펴
보고자 한다.

2. '의병'의 형상화를 통해 본 사상적 입지

주지하다시피 가족사 소설이 출발하는 시기는 개화기이다. 개화기는
근대 조선의 현실적 틀이 주조되기 시작하는 시점이다. 따라서 가족사
소설들은 이로 눈을 돌려 일종의 역사적 고찰을 시도하고자 했다. 개화
기 우리 민족의 가장 중요한 과제는 말할 것도 없이 자주적이고 근대적
인 민족국가 건설이다. 그리하여 이 시기에는 이에 따른 반봉건과 반외
세 운동이 활발하게 전개된다. 특히 1905년 이 땅이 반식민지 상태로 전
락하면서 국권회복 운동 또는 애국계몽운동이 본격적으로 전개된다. 그
리고 그 구체적 운동의 형태가 개화파의 계몽운동과 의병운동이다. 양자
는 상호연대의 가능성을 갖기도 했지만, 때로는 상호 배타적 관계를 갖
기도 한다. 한설야·이태준 두 작가는 『탑』와 『월야』에서 우리 소설사에
서는 특별하게도 의병의 동태와 정황들을 다루고 있는데 이를 형상화하

는 방식을 통해 두 작가의 사상적 입지를 도출해보고자 한다.

한설야·이태준은 자신들의 출생지가 모두 격렬한 의병 투쟁과 관련되어 있던 지역이다. 그리고 실제 가족사도 의병과 관련을 가지고 있어 흥미롭다. 한설야의 고향인 함흥 인근에 위치한 삼수·갑산은 산포수(山砲手) 의병의 근거지로서 함경도 일대가 그들의 활동 지역이 된다. 그리고 이태준의 고향 철원은 노일전쟁 직후 일본 군부에 의해 부설되기 시작한 경원철도 문제로, 공사자인 일본인들이 의병으로부터 자주 습격을 받고 있던 지역이었다.3)

『탑』의 경우 함경도를 무대로 활약했던 차도선(車道善)·홍범도(洪範圖) 의병부대 때문에 주인공(우길)의 아버지인 박진사가 겪게 되는 이야기가 비교적 상세하게 그려진다. 『탑』의 시간적 무대인 1907년 무렵 함경도 "북청 이북 산간에는 폭도라는 것이 들어차서 세월이 다시 소란해졌다. (…중략…) 그래 당시 이 북도에서 인망이 있는 사람 삼십 명을 민간에서 뽑아서 그 진무에 당케했다."4) 그리하여 이 지역의 양반 토호인 박진사는 의병을 해산키 위한 임무를 부여받고 북청읍 수비대 휘하의 선무대로 나간다. 이후 그는 이 일로 우여곡절의 곤경을 치르지만, 결국은 그 공로로 삼수 군수 사령을 받는다. 그러나 박진사는 그 곳에서 계속 암약하고 있는 홍범도 부대가 무서워 군수 직책을 물리고, 오히려 의병으로부터 가해지는 신변의 위험 때문에 고향을 떠나는 인물로 그려져 있다.5)

---

3) 특히 『월야』의 배경이 되는 1907년 일본에게 강제로 해산 당한 대한제국 군인들을 주력으로 하는 의병부대는 경원선이 통과하는 이태준의 고향 인근인 삼방관·철원 등지에서 출몰하면서 철도공사를 강행하는 일본인들을 공격했다(정재정, 『일제침략과 한국철도』, 서울대 출판부, 1999, 141면).

4) 『탑』, 매일신보사 출판국, 1942년 251면

5) 한설야가 아버지의 행적을 단편적으로나마 기술한 대표적 글로는 일제 시대에 쓴 「고난기(나의 이력서)」(『조광』, 1938.10)와 해방 이후 북한에서 쓴 「나의 인간 수업」(『작가수업』, 조선작가동맹 출판사, 1959; 『우리시대의 작가수업』, 역락, 2001, 재간행)이 있다. 한설야는 일제 시대의 기록과 달리 북한 기록에서는 "이조 말의 군수로 상당한 재산을 가졌다"(「고난기」, 76면)는 아버지의 행적은 우정 밝히지 않고 있다. 그러나 소설 『탑』과 두 자료를 비교해보건대 한가지 분명한 사실은 그의 아버지가 의병 선무대

한설야는 『탑』에서 의병들을 당대의 표현법에 따라 "폭도"로 부르지만, 암묵적으로는 의병들의 입장을 지지하고 있음을 짐작해볼 수 있다. 그 가장 중요한 근거가 작품에서 의병을 선무하러 나가는, 즉 의병과 대립적 입장에 놓여 있던 우길의 아버지 박진사가 작품 안에서 대단히 부정적으로 그려지고 있다는 점에서다. 애초 박진사 그리고 그의 아버지 "박급제(及第)"는 관찰사의 앞잡이로 혹은 그에 부동하여 치부와 엽관을 일삼던 지방의 부패한 양반 토호이다. 이러한 계층들이 의병을 선유하러 나갔다는 사실 자체가 비판거리가 될 수 있다.

그리고 『탑』에는 을사의병 훨씬 이전이었던 을미의병 당시(1895) 함흥을 공격해 개화파 관찰사 목유신(睦裕信)을 살해한 의병장 최문환(崔文煥)의 이야기가 삽입되어 있다. 최문환의 난은 이제마(李濟馬, 1838~1900)에 의해 평정된다. 이제마는 당시 함경도 주민들에게 "조선의 의인"으로 숭앙을 받던 자였다. 이제마는 의병을 평정한 이후 포로로 잡은 의병장 최문환을 도타시켜 준다. 그는 "실상 최문환의 본심이 세상을 구하자는데 있었든 것을 잘 알고 있었기"[6] 때문이다. 이후 이제마는 평정의 공으로 나라에서 군수의 직책을 받지만 이를 물리치고 재야로 돌아가는 얘기들을 설정해놓음으로써 의병에 대한 작가의 지지를 간접적으로 보여준다.

소설의 이러한 이야기는 실제 사실과는 다소 틀린다. 가령 이제마가 최문환을 풀어주었다고 했는데, 실제 최문환은 탈옥을 기도하여 이후에도 한동안 군사 활동을 전개하며 내부의 배신으로 암살 당한다. 그리고 이제마가 군수직을 물리쳤다고 했지만 실제 고원 군수의 직위로 17개월간 관직 생활을 하기도 한다.[7] 즉 작가는 함경도 민중들에게 인기가 있던 이제마가 의병들의 활동에 크게 공명하고 있던 것처럼 해놓은 셈이

공작에 이용되었다는 점이다. 이는 당시 그의 아버지가 기득권을 가진 부일적인 토호 또는 지방관 따위였음을 보여 준다.

6) 『탑』, 매일신보사 출판국, 1942, 290면.

7) 김종덕 외, 『이제마 평전』, 한국방송출판, 2002 참조.

다. 당시 최문환의 난을 보는 함흥민중들의 시각은 이중적이었다. 함흥
민중들은 처음에는 일본 및 개화파에 대한 적개심 때문에 의병의 난에
일시 동조한다. 그러나 난이 원산에 와있는 일본군과의 교전으로 확대되
는 것과 더불어 의병이 점차로 비적(匪賊)화 되어 가는 것에 대해 경계심
을 보이기 시작한다. 그러나 한설야는 이 난을 비교적 중립적인 시각으
로 다루면서 오히려 이제마가 의병에 상당히 동조적이었던 것으로 이야
기를 구성하고 있다.

이에 비해 『월야』에서 의병을 보는 이태준의 시선은 다소 복잡하다.
왜냐하면 이 작품의 소년 주인공(송빈)의 아버지인 개화파 '이감리'는 의
병에게 붙들려 혹독한 고초를 겪고 결국은 해외로 망명하여 죽음에 이
르게 되기 때문이다. 송빈의 아버지가 의병에게 희생되는 이유는 작품에
제대로 명시되어 있지는 않다. 단지 의병들이 친일파로 변신한 개화파에
대하여 품고 있던 적개심에서 비롯된 것이 아닌가 추측할 수 있을 뿐이
다. 작품에 나타난 상황에 들어맞게 실제 1907년~1909년에 걸쳐 철원 지
방에서 의병들이 습격한 기록이 상당수 발견되고 있다. 의병들이 공격하
는 주요 대상은 공공기관, 일본인 그리고 일진회 회원이었다. 특히 민간
인 중에서는 일진회 회원들에 대한 공격이 눈에 많이 띈다.

이태준의 아버지(이창하)는 꼭 일진회원은 아니더라도 그와 관련된 경
력을 가졌던 것이 아닌가 하는 생각을 해보게 된다. 이창하는 1904년 경
덕원(德源) 감리서(監理署)의 '주사'를 역임한 것으로 알려졌다.[8] 그러나
『월야』에서는 송빈의 아버지가 주사보다는 훨씬 상위 관직인 '감리'를
맡은 명망가 개화파로 나온다. 어찌했든 개항장 덕원(원산)은 일반 백성들
에게는 일본인들이 왕래하고 그들의 상품이 나돌아 한국의 경제를 파탄
시키는 이른바 일본의 조선 침략의 거점으로 인식되었다. 그리하여 원산
은 자주 의병들의 공격을 받았다. 따라서 일제는 이 지역 일대를 통제하

---

8) 민충환, 「이태준의 전기적 고찰」, 『이태준문학연구』, 깊은샘, 1993, 39면.

기 위하여 부일적(附日的) 한국인을 관리로 활용하는데 그 대상은 주로 일본 망명자나 유학생 그리고 일진회 회원들이었다. 이창하가 바로 이 시기 개항장의 관리직을 수행했다는 사실은 최소한 일본 통치 세력에 협조적인 인물이었음을 짐작하게 한다.[9]

그런데 『월야』에서는 의병에 붙들려 간 이감리를, 집안 사람들이 "의병대장의 속이 흐뭇하도록 막대한 돈을 거둬 바치고" 찾아오게 된다든지, 혹은 "의병패는 한 패만이 아니고 (…중략…) 또 저희끼리 무슨 연락이 있는 것도 아니어서 (…중략…) 다른 패가 몰려들면 다시 똑같은 변을 당해야"[10] 하는 등의 언급이 나오고 있어, 의병들이 거사의 명분과는 달리 사리 횡포를 자행했던 집단이었음을 은근히 암시하고 있다. 그러나 작가는, 이감리가 의병들 때문에 결정적인 피해를 당했음에도 불구하고 의병을 부정적으로만 보지 않는 듯하다. 오히려 아버지의 충직한 가복(家僕) 정서방은 의병대에 뛰어드는 것으로 설정되고 있다.[11] 더욱이 이감리는 정서방에게 "의병 그들이야 욕하지 말라. 그들의 끓는 피야 얼마나 귀한 거냐. 다만 그들을 거느린 사람들이 시세를 분별하지 못하니 ……"라는 말을 남기기까지 한다.[12] 이감리의 이러한 발언은 의병까지 포용코자 했던 그의 국량을 강조하는 것이라고 볼 수도 있다. 그러나 아버지의 발언을 꼼꼼하게 살펴볼 것 같으면 아무 것도 모른 채 오직 끓는 피로

---

9) 조선총독부 경무국 편, 「폭도사 편집 자료」(독립운동사편찬위원회, 『독립운동사자료집』 3, 1971)와 강창일, 『근대일본의 조선침략과 대아시아주의』(역사비평사, 2002) 참조.
10) 『사상의 월야』, 깊은샘, 1996(증보판), 19면.
11) 『월야』에는 의병을 피해 송빈의 아버지가 보개산의 절로 피신을 가는 장면도 있다. 이곳은 실제 장소로 철원(鐵原)에 소재한 보개산(寶蓋山)의 심원사(深原寺)를 이른다. 이곳을 중심으로 토벌대와 의병의 공방전이 상당수 있었다. 그리고 의병대로 간 정서방이 "'돌다리가 어딘지 돌다리 접전에 죽었다는 말도 있고, 거기서는 살았으나 행방을 모른다는 말도 있는 것이다"라는 구절이 나오는데, 『철원군지(하)』(철원군지 증보편찬위원회 편, 강원일보 출판국, 1992, 1188면)에는 1907년 9월 20일 철원 石橋(돌다리)에서 의병 약 100명의 공방전이 있음을 말하고 있어, 정서방 얘기는 실제 사실과 관련돼 있음을 보여준다.
12) 『사상의월야』, 깊은샘, 1996(증보판), 44면.

의병에 참여한 백성들이야 어쩔 수 없다고 하지만 시세를 분별하지 못하고 의병 거사를 주도한 자들을 탓하고 있어, 작가는 의병에 대하여 부정적이거나 적어도 회의적인 속내를 보여준다. 한설야나 이태준이나 공히 의병에 대한 적극적인 평가를 삼가고 있지만 이같이 그 시각의 이면에서 차이점들이 나타난다.

그리고 한설야는 의병과는 대립적 입장에 놓이기도 했던 개화파의 형상화가 전무한데 반해, 이태준은 그의 아버지의 실제 행적과 관련되어 근대화 과정에서 봉건 수구파 또는 의병에게 탄압 당한 개화파의 좌절을 작품 내내 안타까워한다. 사실 한설야가 당시 의병의 활동에 상대적으로 많은 관심을 기울였던 것에 비해 이태준의 주요한 관심은 개화파였던 셈이다. 물론 한설야도 여타의 가족사 소설들과 마찬가지로 새로운 개화의 움직임을 그리고는 있다. 그러나 개화파 인물을 중심으로 그리지 않는다. 대신 개화의 조류에 맞선 수구파 또는 봉건 시대 사람들의 몽매하고 완고한 저항을 박진사나 우길의 할머니들을 통해 실감나게 그릴뿐이다. 가령 박진사는 개화 시절 "세상은 말세"라고 한탄하면서도 근대학교를 설립하고자 하는 제안은 백안시하며 "벼슬사리만 일대중 큰 일로" 알고, 우길의 할머니는 '단발(斷髮)'을 "천주학이나 해먹고", "일진회군"[13] 이나 하는 것으로 사갈시 한다.

한설야가 개화파 대신 의병의 활동을 상대적으로 상세하게 그리고 있고, 이태준은 의병 또는 수구세력에게 희생된 개화파의 좌절에 초점을 맞추고 있는 것은, 식민지 시기 그들 각자가 선택한 사상적 입지 및 문학 세계와도 일정한 관련이 있는 듯하다. 즉 한설야가 봉건세력에 대해 강한 적대감을 보여주면서도 이와 맞선 개화파에 대한 형상화는 전혀 없고 개화 시기를 홍범도 등의 의병운동에 관련된 이야기로 채색하고 있는 것은 그가 민중계급을 주체로 하는 프로문학을 선택한 점과 연결

---

13) 『탑』, 매일신보사 출판국, 1942, 242면.

된다. 이에 반해 이태준이 수구파는 물론 의병 등에 억압받은 개화파에 대하여 안타까워하고 그들에 대한 끊임없는 기대를 보여주는 것은 이태준의 문학적·사상적 근거가 계몽의 정신임을 보여준다.[14]

3. '아버지'의 형상화를 통해 본 역사의식

『탑』은 우길의 할아버지와 아버지를 통해 몰락하는 봉건적 수구파의 모습을 생동감 있게 그린다. 『탑』 전체 13장 중 두 장은 「아버지와 아들」 「아버지」라는 제목 아래 이들을 집중적으로 그리고 있다. 우길의 조부(박급제)와 아버지(박진사)는 양반 토호로 지방 수령과 결탁해 갖은 행민을 부린다. 이러한 모습들이 바로 아들의 시선으로 그려진다는 점에서 이야기는 좀더 구체적인 현실성을 얻는다. 우리 소설사에서 봉건적 세력으로서의 아버지와 진지한 대결을 벌이는 장면은 그렇게 흔하지 않다. 이 점에서 『탑』의 소재 선택은 흥미롭다. 염상섭의 『삼대』에서도 아버지는 희화화되지만, 조덕기는 세대를 건너 할아버지와 연합한다. 「태평천하」에서는 윤직원으로 대변되는 봉건세력에 대한 도전을 보여주기는 하지만, 그 과정이 구체적이지 않다.[15]

그러나 『탑』은 이를 정면으로 그리고 있으며 그것이 구체적 형상화를 통해 드러난다. 우선 수구파로 대변되는 『탑』의 아버지는 살아 있는 인물이다. 즉 아버지라는 인물이 긍정적이든 부정적이든 실감으로 그려진

---

14) 하정일, 「계몽의 정신과 자기확인의 서사」, 『20세기 한국문학과 근대성의 변증법』, 소명출판, 2000, 참조.
15) 최원식, 「여성주의와 아버지 부재의 문학적 의미」, 『생산적 대화를 위하여』, 창작과비평사, 1997, 131면.

다. 어린 시절의 우길은 "누구보다 아버지를 몹시 따랐다. 아마 아버지를 자주 볼 수 없어서 못내 그리워했든 탓인 모양이다."16) 따라서 곰상스럽지도 않고 목자만 부리던 아버지이건만 바깥 일로 출타할 때는 그러한 아버지를 쫓아 가는 우길의 모습이 애틋한 추억으로 그려지기까지 한다. 그러나 가부장적인 아버지는 집안을 보존하고 대를 이어갈 맏아들 수길을 신뢰하고, 수길은 우길과는 달리 이러한 아버지의 기대에 어긋나지 않게 순종한다. 이에 반해 우길은 커가면서 아버지에 실망하고 충돌하기 시작한다. 예컨대 "문명이니 개화니 하는 일에 대해서는 냉담하고 (…중략…) 벼슬사리만 일대중 큰일로 아는"17) 완고한 아버지에 반발하여 단발을 단행하기도 하며, 딸자식을 하찮게 생각하는 가부장적 사고방식에 반발심을 키워간다.

특히 우길의 아버지는 조선 말기에는 봉건 관료와 결탁하여 엽관과 치부를 일삼던 자로, 식민지 자본주의화의 과정에서 지방 토호의 입지를 활용하여 간척사업과 광산에 뛰어들어 기득권을 지속시키려 한다. 그러나 결국은 파산에 이르게 되는 과정이 잘 그려져 있다. 실제 1900년대 후반 토착자본은 대체로 미개간지 개척과 상업적 농업부문에 집중 투자되었고 기타 광산개발권·어업권, 구문징수권 등에 투자되었던 것으로 보이는데, 특히 지방의 미개간지 개척은 지역 사정에 능통한 지방관 출신의 서울 거주 퇴임관료가 주도하는 경우가 많았다.18) 『탑』은 이러한 아버지 세대를 형상화하여 봉건사회에서 근대로의 전환기에서 자본가로 상승하려다가 일제에 보호받지 못한 채 탈락하는 봉건적 수구파의 역사적 행로를 보여주고 있다.

더욱이 이러한 자본주의로의 진행 과정에서 이전의 신분적, 경제적 기득권을 상실한 아버지가 결국 돈의 위력을 좇아 누이의 혼사를 결정하

---

16) 『탑』, 매일신보사 출판국, 1942, 88면.
17) 『탑』, 매일신보사 출판국, 1942, 232면.
18) 오미일, 『한국근대자본가연구』, 한울아카데미, 2002, 57·69면 참조.

는데서 주인공은 격렬하게 반발한다. 즉 『탑』의 아버지는 어린 시절 소년에게는 경원의 대상이었으나, 성장해가면서 점차적으로 부정되기에 이른다. 그리하여 우길은 작품 말미에는 끝내 아버지로 대표되는 봉건세력을 극복하고자 하는 선언을 한다. 우길은 "어지러운 역청(瀝青)과 같은 거믄 그림자를 지질히 끌고 이 땅의 절문 세대(世代)를 짓밟고 나가라는 낡은 역사의 마지막 장을 제손으로 쥐어 찢고 싶었다"[19]고 토로한다. 단행본에서 결락된 3회에 걸친 『매일신보』 연재 분에는 아래와 같은 사건이 설정되니, 우길(상도)은 아버지에 의해 강제 혼인을 당하게 된 동생 이순과 함께 가출하여 상경한다. 그들 남매는 자취를 하면서 이순은 공부를 하고 상도는 사상운동에 뛰어들게 된다. 그리고 상도는 이로 말미암아 경찰서에 잡혀가고 이에 소식을 듣고 찾아온 아버지에게 결별을 선언한다.[20]

이에 반해 『월야』에서 송빈의 아버지는 구체적으로 존재하지 않는다. 『월야』의 이야기는 아예 아버지의 죽음에서 시작된다. 그리고 아버지는 단지 할머니 등의 회상에 의해 간접적으로 전달될 뿐이다. 송빈의 아버지는 송빈에게는 일종의 '상상계의 아버지'로 존재하고 있다. 라캉주의에 입각한 정신분석학을 따르자면 아이가 오이디푸스 콤플렉스 단계가 지나고 초자아가 내면화되는 나이에 이르면, 실제의 아버지를 지워버리고 실제의 아버지를 상상적 아버지로 덮어씌움으로써 은밀히 아버지의 상을 생각해낸다. 그런데 이때의 아버지의 상은 모든 면에서 보통을 넘는 모습이다. 아이는 존경받을 가치가 있는 이 아버지 상을 따르는데 다시 말하자면 아이에게 아버지는 정치나 종교로부터 유래하는 어떤 권위를 체현하는 사람이게 된다.[21]

---

19) 『탑』, 매일신보사 출판국, 1942, 601면.
20) 박헌호, 「30년대 후반 '가족사연대기' 소설의 의미와 구조」, 『민족문학사연구』 4호, 1993 참조..
21) 필리프 쥘리앵, 『노아의 외투』, 한길사, 2000, 79면 참조

송빈에게 아버지는 이를테면 정치적 권위를 체현한 상상계의 존재이다. 아버지 이감리는 "우라지오스도크로 가서는 구라파 직계의 문명을 시찰하면서 사방에 흩어져 잇는 동지들과 연락해 가지고는 서울의 완미한 세력권에서 멀리 떨어져 있는 서북간도 일대(西北間島一帶)를 중심으로 거기 널려 잇는 조선사람들을 모아 가지고 일본의 유신과 상응하는 유신을 일으킬 큰 뜻을 그 품었"22)던 자이다. 그러나 결국 그 뜻을 이루지 못하고 "응혈진 가슴속에 깊이 품은" 채, 35세의 나이로 세상을 떠난 한 많은 우국지사이다. 이태준은 실제의 아버지를 기술할 때도 이와 동일하게 그린다. 가령 "내가 여섯 살 먹던 해에 아버지는 조선을 사랑했기 때문에 이 땅을 버리지 않을 수 없는 운명에서 노국상선(露國商船)에 우리를 싣고 영원히 조선을 뒤로하시던"23) 자이다. 이러한 내용들이 사실이든 아니든 수필에서나 소설에서나 이태준의 아버지는 한결같이 소년의 실제적 아버지이기에 앞서 비극적 우국지사로서 완벽한 아버지이다. 이러한 '상상계의 아버지'는 어린이가 어른으로 성장하는 과정을 통해 실제의 아버지를 통해 다시 극복된다. 그런데 『월야』의 경우 아버지는 부재하며 이러한 과정이 있을 수 없었다. 이에 비해 『탑』은 이른바 '상상계의 아버지'를 지우고 '실제의 아버지'를 발견하게 되는 과정을 소상하게 그리고 있는 셈이다.

『월야』가 아버지를 구체적으로 형상화하지 않는다는 사실은, 아예 이 작품이 역사적 사고를 근거로 한 가족의 운명적인 변천을 형상화하고자 하는 가족사 소설과는 다른 출발점에 놓여 있기 때문이기는 하다. 그러나 개화파 신분의 아버지가 작품 내내 이상화됨에도 불구하고 이를 형상화할 수 없던 이유는 실제 역사 변혁 주체로서 물적 토대가 미약한 개화파의 관념성 때문이기도 하다. 이인직의 「은세계」(1908)의 '최병도'는 정치적으로 김옥균을 추종했던 강원도 지역의 평민 부농층으로 봉건지

---

22) 『사상의 월야』, 매일신보사 출판국, 1942, 19면.
23) 「여정의 하루」, 『무서록』, 깊은샘, 1994, 241면.

배층의 수탈에 항거하다 억울하게 희생당한 인물이다. 그리고 유복자 옥남은 당연히 얼굴도 보지 못한 아버지의 유지를 받들어 미국으로 유학을 떠나 갖가지 고난을 겪지만 공부를 마친 후 문명개화에 힘쓸 것을 다짐하기에 이른다. 그러나 이후 옥남은 귀국하여 의병에게 붙들려 가는 것으로 작품이 중단된다. 최병도의 비극은 구체적이지만 그의 유지를 받든 개화파 옥남은 다른 신소설의 개화파 인물들같이 관념적으로 그려진다. 『월야』의 개화파 아버지는 신소설의 문제의식에서 크게 벗어나 있지 못하다.

특히 『월야』에서 아버지의 정체성을 줄곧 김옥균에게 동일화시키고자 하는 점은 이인직과 곧바로 연결된다. 어떻게 보면 김옥균의 갑신정변은 당시 민중들이 보기에 일본의 계략에 놀아난 하나의 해프닝에 불과할 수도 있다. 그런데 이것이 긍정적인 평가를 받게된 것이 병합 후 일본 낭인 출신들이 추앙사업을 시작하고 친일지식인들이 계속해서 위인 만들기 사업을 벌이는 과정에서[24]이었음을 볼 때 『월야』에서 주인공이 아버지의 정체성을 김옥균에게서 찾으려는 시도는 여러모로 생각해볼 여지를 남긴다. 김동석은 부자의 관계가 본질적으로 "테제와 안티·테에제의 숙명을 지니며 (…중략…) 아버지보다 「나」가 더 위대하고 「나」보다 아들이 더 위대해지는"[25] 것이 발전된 사회임을 얘기한 적이 있다. 이태준 소설에서 이른바 대결하고 극복해야할 아버지가 관념적으로 존재하고 있다는 사실 자체가 이태준에게는 구체적인 역사의식이 부재한다는 사실을 말해준다.

한설야와 이태준에게 아버지 세대가 구체적 체험으로 있었는가 없었는가의 여부는 『탑』과 『월야』에 시간성 혹은 역사성을 입히는데 중요한 밑거름이 되는 듯하다. 실제상으로도 한설야는 지방 토호 집안 출신으로 봉건적인 가족 안에서 성장을 했다. 이에 반해 이태준은 이광수 등과 같

---

24) 이태진, 『고종시대의 재조명』, 태학사, 2000, 190면.
25) 김동석, 『뿌르조아의 人間像』, 탐구당서점, 1949, 13·21면.

이 떠돌이 고아 신세로 성장했다는 점은 역사에 대한 대응양식의 차이를 가져올 법하다. 즉 한설야는 봉건적 제도와 지방 토호 지주적 기반에서 성장하고 이와 결별하면서 어떻게 새로운 근대적 지식인으로 자기 전환을 할 수 있는가를 모색할 체험을 가지고 있었다. 그러나 이광수나 이태준은 조실부모한 상태에서 근대적 지식인으로 나아가기 위해 부정해야 할 구체적 대상이 존재하지 않았다는 점들이 반봉건의 문제에서도 추상적 형태를 띠게 하며 전반적인 역사의식의 부재를 가져오게 한다. 참고로 또 하나의 가족사 소설인 이기영의 『봄』은 오히려 아버지 세대를 중심으로 개화기가 그려진다. 그리고 작가의 체험과 관련되어 과거의 농촌 공동체 사회가 생생하게 재현되고 있다. 그럼에도 불구하고 『봄』의 과거 역사가 풍속의 차원에 머물고 작가의 체험이 경험주의로 떨어지고 있는 것은 『봄』이 『탑』과 달리 아버지로 대변되는 봉건세대에 대한 대결과 극복이라는 주제의식이 결여되어 있기 때문이다.

물론 『월야』는 『탑』 이상으로 개화파와 대비되어 수구파에 대해서는 격렬한 반감을 드러내기는 한다. 예컨대 봉건조선 말 민씨의 척족의 거두로 탐관의 전형이었으나, 이후 W(휘문)학교 교주가 된 민영준(휘)에 대한 적대의식은 결국 송빈의 동맹휴학의 사건으로 구체화된다.26) 그밖에도 합방 후 자작, 후작 등의 작위를 받고 지속적으로 영화를 누리는 구고관 및 대신들에게 극도의 혐오감을 보여주기도 한다. 그런데 대체로

---

26) 당시 휘문학교와 민영휘의 관계를 바라보는 시선이 어떠했는지는 지도급 친일파 인사였던 윤치호의 일기에서조차 상당히 부정적으로 나타나고 있다.
　　"민영휘씨가 자기가 설립한 휘문의숙에 10만원 가량을 내놓기로 했다고 한다. (…중략…) 『조선일보』는 사설을 통해 민씨가 도덕, 명성, 재력 면에서 조선 최고라 평했다. 당치 않은 소리다. 민씨를 두고 도덕적이라고 평가하는건, 아무리 극악무도한 방식으로 돈을 벌더라도 그중 일부를 공익사업에 투자하기만 하면 그것으로 면죄부가 된다라고 조선 청년들에게 가르치는 것이나 조금도 다를 바가 없다. 민영휘와 이용익, 전자는 청일전쟁, 후자는 러일전쟁의 직접적인 원인을 제공한 인간들이다. 학교 하나를 후원한다고 해서, 아니 제 아무리 많은 학교를 후원한다 하더라도 이런 작자들은 절대로 용서받을 수가 없다."(김상태 편역, 『윤치호 일기』, 역사비평사, 2001, 231면)

그러한 반감은, 고학생 신분인 송빈의 처지 때문에 배가된다. 송빈은 그들 집 자제의 가정교사로 더부살이를 하며 가난하지만 명민한 소년이기 때문에 갖게 되는 자존심의 상처를 자주 드러내곤 한다.

따라서 반감의 내용은 약간은 치기 어린 소년의 감상과 반항의식이 그 기조를 이룬다. 예컨대 가난한 고학생 신분이기는 하나 도덕적으로 정당하고 순결한 소년 송빈은 그들의 사치와 도덕적 해이를 맹렬하게 비난한다. 이러다 보니 민영휘로 대변되는 수구세력의 역사적, 정치적 성격은 잘 드러나지 않는다. 『월야』는 과거 민영휘 등이 저지른 행악의 역사적 성격에는 큰 관심은 없는 듯하다.[27] 이미 그들은 시대의 악이다. 따라서 단지 현재에 누리는 그들의 영화에 대한 격렬한 반감만을 드러낼 뿐이다. 세상 사람들이 "평안감사" 시절 그가 어떠했는지를 다 알고 있음에도 불구하고, 지금도 마치 한 "성주(城主)인 양, 효자나 열녀가 나면 으레 상급을 내린다"[28]든지, 학교를 자신의 사리와 명예의 방편으로 이용당한다든지 따위에 대한 울분 등이 그러하다.

요컨대 『월야』에서 수구파는 소년 송빈의 감상적 반발의 대상일 뿐 소설에서 멀리 추상으로 남아있다. 봉건수구세력을 타파하고자 한 개화파인 아버지 역시 신비화된 관념의 형태로 만들어져[29] 있는 것과 동일하다. 이는 『월야』가 근대사의 한 장을 다루고 있음에도 불구하고, 이것이 역사적 현실이라기보다는 주인공이 걸어가며 겪는 수난의 역정의 한낱 배경 장치로만 작용할 수밖에 없게 하며, 이는 당연히 구체적인 역사의식의 부재를 가져온다. 『월야』의 전주 격의 작품이라고 할 수 있는 『불멸의 함성』(1934) 같은 장편도 주인공 청년의 입지전적인 이야기를 다

---

27) 친일 개화파 이인직이 「혈의루」(1906)에서 동학농민전쟁 시 청나라 군대를 끌어들인 민영준에 대하여 격렬한 적대의식을 보여주듯이, 한말의 민영휘는 단순한 수구파가 아닌 친일개화파들과 대결의 입장에 놓여 있던 친청 수구파이다. 주 26)에서 친일개화파 윤치호가 같은 친일파 민영휘를 격렬하게 비난하는 것도 이와 비슷한 맥락이다.
28) 『사상의월야』, 깊은샘, 1996(증보판), 168면.
29) 박헌호, 『이태준과 한국 근대소설의 성격』, 소명출판, 1999, 37면.

루고 있다. 그런데 이 역시 작가의 주요한 관심사는 주인공의 수난의 도정일 뿐 역사적 현실들은 사라져 있다. 설사 나타난다 하더라도 무의미하거나 왜곡되어 있다.

『불멸의 함성』 전반부에서 시대의 풍조를 반영한 듯 굳이 '사회주의자'로 못박은 교원 천오상의 불륜은 사회주의자라는 사실과 구체적 관계를 맺지 못한다. 그밖에도 주인공이 미국으로 가는 중 하와이에 둘러 그곳서 이승만과 그 반대파간의 싸움과 그 때문에 일어난 동포사회의 분열된 모습을 목격하는 장면이 나온다. 그러나 주인공은 이와는 상관없이 곧 이승만이 경영하는 기독학원 교포 학생들의 향학열에 감격한다. 문제는 이 작품이 발표되기 십여 년 전인 1923년 7월 바로 주인공이 감동을 받은 하와이 한인학원의 교사와 학생 23명이 교사 신축비를 모금한다는 명목으로 국내를 방문한 적이 있다는 사실이다. 이들 모국방문단은 2개월 동안 전국 주요 도시를 순회하면서 모금활동을 벌였고 그 결과 공식적으로만 3만여 원의 모금실적을 올리고 하와이로 돌아갈 수 있었다. 이에 대해 재미 한인사회 안에서 비판 여론이 들끓었다. 그 이유는 동기의 순수성을 떠나서 '대한민국 임시정부의 대통령'이 설립하고 운영하는 학교의 교사와 학생들이 합법적으로 국내를 방문하여 순회했다는 것이 사실상 일제의 식민통치를 인정하는 행위였고, 그것은 이승만의 대일 자세가 어떠한 것인가를 잘 보여주는 사건이기 때문이다.[30] 이태준이 이러한 사실에 무지했는지 아니면 그것을 무시했는지 여부는 잘 모르겠지만 어떤 것이든 이태준에게 이것이 중요한 관심사는 아니다.

---

30) 고정휴, 「독립운동기 이승만의 외교 노선과 제국주의」, 『역사비평』, 1995년 겨울, 135면.

4. 민중연대와 부르주아 계몽주의—'풍속'의 문제와 관련하여

이주형은 『대하』·『봄』·『탑』 등의 작품들이 읽기에 따라서는 오히려 과거를 아름다운 추억거리로 파악하는데 머물고 있다는 지적을 한다. 따라서 이 세 편의 가족사·연대기소설은 결국 식민지 말기 '무력의 시대'의 산물에서 그리 벗어나지 못했음을 비판적으로 지적한다. 이에 비해 『월야』는 주인공의 성장 과정과 직접적 관계가 없는 풍속묘사는 피하고 있어[31] 앞의 작품들이 갖고 있는 약점에서는 벗어나 있는 것으로 본다.

위의 지적은 『대하』·『봄』의 경우에는 적용되지만 『탑』의 경우 그렇지 않다. 물론 『탑』도 외형적으로는 주요 플롯과 관계없이 회고의 분위기에서 풍속을 나열하고 있는 듯한 느낌이 있다. 예컨대 『탑』에서 「잔치」라는 제목의 장에서 벌어지는 흥겨운 혼인잔치의 묘사는 회고의 흔적이 역력하다. 옛날 집안의 혼례 잔치 상에 놓인 "국수, 징편 버스리, 인절미, 떡 한목기, 수육한목기, 목과즐, 입과즐" 등 음식들의 나열, 잔치 판에는 항상 끼어 들기 마련인 "고주망태들의 주정질, 투정질 (…중략…) 잔치손님들이 한잔 건아해서 갓을 빗닥하게 기우리고 두루마기 앞섭으로 길바닥을 휩쓸면서 돌아가"며, "동리 어구마다 술 취해 자빠진 사람들""[32]의 풍경이 그려진다. 그럼에도 불구하고 잔칫날은 경사스러운 날이라 이러한 손님들을 "핀잔을 주거나 나무럼하는" 사람은 없다. 즉 이러한 묘사들의 나열 안에서 『탑』의 잔칫날은 단순히 추억의 대상이라기보다는 '카니발'적 분위기 안에서 마을 사람들이 상하 구분 없이 음식을 공유하며 하나가 되는 흥겨운 날임을 말해준다.

특히 그러한 풍속이 단순히 회고의 나열로 그치지 않게 되는 것은 풍속의 중심에 비극적 여주인공인 계집종 게섬의 운명과 이를 통한 소년

---

31) 이주형, 『한국근대소설연구』, 창작과비평사, 1995, 184~185면.
32) 『탑』, 매일신보사 출판국, 1942, 120~121면.

우길의 정신적 성장 과정이 그려지고 있기 때문이다. 이와 관련되어 『탑』에서 흥미로운 점은 우리 근대소설사에서는 보기 드물게 봉건시대 하층계급 여성 또는 가부장주의에 예속된 여성의 운명에 대한 특별한 관심을 보여준다는 점이다. 일제 시대 한국문학에서는 『월야』에서도 당장 보았듯이, 대체로 부권이 부재하거나 상실한 가족의 모습이 줄기차게 등장하며 식민지 민족주의 담론에서 식민화의 일차적 희생의 주체는 남성으로 가정된다.33) 그런데 『탑』에서는 특이하게도 여성의 삶과 희생이 이야기 전개의 중요한 한 축이 되고 있다. 「색시들의 風俗」이라는 제목의 장에서는 여성들의 삶을 다채롭게 그린다. 정월에 "마슬"을 다니며 벌이는 아낙네들의 거리낌없고 상스러운 농담들이 작가의 붓끝을 통해 재현된다. 그리고 그들의 활달한 널뛰기 놀이와 그런가 하면 배뱅이굿 놀이 등을 하며 제 설움에 눈물짓는 여인네들이 상세하게 묘사된다.

『탑』은 결코 그러한 여성들의 웃음과 소란스러움을 변덕스럽고 저열하다는 식이 아니라, 긍정적으로 바라본다. 이는 「잔치」에서 말들도 많고 주책없는 처신들을 하기도 하지만 거리낌없는 마을 백성들에 대한 작가의 태도와도 일맥 통한다. 바흐친 역시 민중적 전통은 여성에 대해 적대적이거나 부정적이지 않았음을 지적한다. 여성을 죄의 화신, 육욕을 일으키는 화신으로 보는 중세 기독교의 금욕적 경향과는 달리 민중적 카니발의 전통은 여성의 이미지가 그와는 대조적인 남자들의 그릇된 영웅주의, 추상적인 관념주의를 쇄신, 극복할 수 있는 것으로 본다.34)

그리하여 『탑』에서 소년 우길은 여종 게섬, 누이들과 한편에 속한다. 그리고 그 반대편에는 권위주의적 엄숙함에 젖어 있는 아버지와 형이 있고 여성이지만 가부장적 척도를 갖고 남성보다 더 남성적인 할머니가 있다. 소년 우길은 이들이 주도하는 집안의 분위기에 본능적으로 반발한

---

33) 최정무, 「민족과 여성 : 혁명의 주변」, 『실천문학』, 2003년 봄, 40면.
34) 미하일 바흐친, 이덕형 외 역, 『프랑수아 라블레의 작품과 중세 및 르네상스의 민중문화』, 아카넷, 2001, 373면 참조.

다. 특히 할머니는 남자 아이, 장손에 집착하는 가부장주의의 화신이며 어떻게 보면 가장 강경한 반여성주의자이다. 우길은 손위 누이이지만 열세 살밖에 안 된 누이가 시집가던 날, 남자형제 때 비하면 너무도 조촐한 잔치에 쓸쓸함을 느낄 정도이며 누이를 시집에 두고 올 때는 "울뜻울뜻하던 누나"의 모습에 서글퍼지기도 한다. 그럼에도 불구하고 이러한 것에 무연해 하는 집안 분위기에 내색조차 못한다. 우길이 이러한 자신의 "서늘한 집"[35]의 분위기로부터 벗어날 수 있는 것이 계집 종 게섬과 집밖에서 동무들과의 장난이다.

특히 작가는 게섬을 통해 하층민 여성에 대하여 강한 연대의식을 보여준다. 주종의 관계를 떠나 우길이 게섬과 허물없이 지냈던 유쾌하고 자유분방한 어린 시절은 단순히 유년시절의 행복한 추억만을 환기하는 것이 아니고, 억압과 차별이 없는 인간 본연의 세상에 대한 바람이다. 우길이는 어린 마음에도 "집안 사람들이 툭 하면 게섬이를 욕하고 발바닥에 불이 나게스리 일을 시키는 (…중략…) 집안사람들을 밉성으로 여기고 그대신 게섬이를 두던하려고"[36] 한다. 우길과 게섬 사이에서 벌어지는 활기에 찬 유희들을 통해 드러나는 당시의 풍속들은 생명력 있는 인간 삶의 살아 있는 육체성의 표징을 드러내게 하는 중요한 매개다. 인간은 모든 계급 제도를 넘어선다. 왜냐하면 계급제도는 오직 고정되고 움직이지 않으며 불변하는 존재만을 규정할 수 있지, 자유로운 생성체를 규정할 수 없기 때문이다. 인간은 닫히고 미리 만들어진 무엇이 아니라 완성되지 않고 열려 있는 존재다.[37]

그러나 나름대로 행복했던 노비 게섬이 정작 한 양반 출신의 남자를 사랑하고 그의 애를 갖지만, 상대 남자가 고아 신분이었음에도 불구하고

---

35) 『탑』, 매일신보사 출판국, 1942, 322면.
36) 『탑』, 매일신보사 출판국, 1942, 456면.
37) 미하일 바흐친, 이덕형 외 역, 『프랑수아 라블레의 작품과 중세 및 르네상스 민중문화』, 아카넷, 563면.

계급적·신분적 차이 때문에 버림을 받고 모진 천대를 당하며 짓밟힌다. 더욱이 봉건적 인습은 게섬이 노비라는 사실 외에 여자이기 때문에 한층 가혹하게 짓누른다. 그리하여 몽매한 인습 때문에 게섬이라는 한 활달한 처녀의 발랄한 생명성이 어떻게 소진되는가를 극적으로 보여준다. 따라서 『탑』의 풍속의 세계는 행복한 과거의 세계만이 아니다. 그곳은 어두운 봉건의 악습이 가득한 세계이기도 하다.

예컨대 완고한 미신 덩어리이자 몽매함으로 가득 찬 할머니와, 상전으로서의 냉담함만을 갖춘 어머니는 게섬을 일시 쓰다 치어버릴 다만 하찮은 존재로 간주한다. 동시에 할머니로 대변되는 음울한 봉건의 세계는 할머니 자신의 직계들 일신의 안일에 대해서는 강한 집착을 보이면서도, 종 게섬은 무자비하게 옭아맨다. 할머니는 귀신도 "양반 귀신"과 "상놈 귀신"이 있는데, "이름 없는 상놈 귀신이 매양 폐단을 내는 법이니 (…중략…) 사람으로 치더라도 제일 성가시고 무서운 것은 이름 성명 없는 백성"38)이라고 생각한다. 할머니의 이러한 생각들 역시 지배계급이 민중에 대해 갖는 공포심과 적대의식을 보여준다.

> 이들은(백성) 무슨 일을 하던지 미쩌야 본전으로 제게 손될것이 없는 것이다. 그래서 때로는 평지풍파로 엄청난 일을 대수롭지 않게스리 해저치는 것이다.
> 다른말은 다 그만 두고라도 지난 김관찰 등내에 민요를 일룬것만해도 이들 무무한 산골백성이 아니었든가. 그래서 그들때믄에 그렇게 성세 놀랍던 김관찰은 결국 파직을 당하고 박진사(우길의 아버지)는 집과 보물을 모조리 치었것만 저들 백성은 아무 앙가픔도 받은일이 없었든 것이다. 또 최문환이 란리때에도 서리관찰사의 목을 잘른 것이 역시 그들 이름없는 백성이 아니었는가 그들은 관찰사의 목을 성문에 높게 효수하고도 제목들은 고시라니 그대로 가지고 제 집으로 돌아갔던 것이다.39)

---

38) 『탑』, 매일신보사 출판국, 1942, 403면.
39) 『탑』, 매일신보사 출판국, 1942, 403~404면

아버지와 형 역시 계집종의 인생은 "신경을 쓰는 것 자체가 체면이 깎이는 하찮은" 일이다. 그리하여 게섬은 남자에게 실연을 당할 뿐만 아니라, 그녀가 낳은 애는 남에게 보내지며 급기야 실성하여 모든 이들의 무관심 속에서 죽어간다. 우길은 게섬이 죽던 날 그녀의 방을 엿보던 중 시체는 이미 치워지고 게섬이 누웠던 자리에 길다란 식도가 꽂힌 가마 뚜껑만이 놓인 것을 발견하고 평생에 지울 수 없는 기억을 갖게 된다. 우길에게 그 광경은 결코 "슬프다니 보다 차라리 무섭고 분하고 절통하다고 할까 도모지 형언할 수 없는 마음"40)을 갖게 한다. 그리하여 『탑』의 풍속의 세계는 게섬이 죽는 시점에서 끝난다. 작품 말미에서 성인이 된 우길 – 상도는 어린 시절의 게섬이 자신에게 어떠한 의미인가를 밝힌다.

> 상도는 이때부터 더욱 호강하는 사람을 경멸하고 근로하는 사람이 신성하다는 막연하나마 한개의 신념을 가지게 되었다. 그것은 그가 일즉 게섬이와 그의 주검을 가장 불쌍히 생각하든 그 생각과 또는 권세 없는 백성들을 혹민해서 세도하든 아버지에게 대한 막연한 반감 속에서 상도 자신도 모르게 자라난 생각이다.41)

『탑』에서 풍속의 세계는 단순히 과거를 장식화 하는 배경이 아니다. 그것은 한 소년의 정신적 성장 과정의 계기가 구체적으로 이뤄지며 민중의 삶과 애환이 실제적으로 펼쳐지는 공간이다. 우길이 성인이 되어 소수적 입장에 처한 민중의 편에 서게 된 데에는 어린 시절 자신과 다를 바 없이 건강하고 활달한 인간이었던 계집 종 게섬이 신분, 계급이라는 장벽 때문에 무지한 인습과 풍속의 세계에서 참혹한 운명에 처하게 되는 것을 체험했기 때문이다.

---

40) 『탑』, 매일신보사 출판국, 1942, 480면.
41) 『탑』, 『매일신보』, 1941.2.11, 155회분, 박헌호, 「30년대 후반 '가족사연대기' 소설의 의미와 구조」에서 재인용.

그러나 『월야』에서 풍속의 세계는 그렇게 중요한 비중을 갖지 않는다. 물론 「월야」도 초반부에서는 「오몽녀」(1925년)에서도 그려졌던 바, 다소 이국적인 함경도 변경의 풍속이 아름다운 문학적 영상으로 그려진다. 북국 변방에 눈이 내려 집으로 돌아오는 길이 막히면서 서당에서 밤참으로 먹는 삶은 도루묵 알 한 함지, 또는 화전(花煎)놀이 등의 풍물이 소년의 아련한 추억 속에 그려지곤 한다. 그러나 그것은 글자 그대로 아름다운 문학적 영상에 그치고 있다. 『월야』는 『탑』에 비해 농촌적 전통 및 농촌공동체 사회에 대한 형상화가 미약하다. 고아나 다름없었던 이광수의 소설에서도 농민적 기억 내지 농민적 원천이 결여되어 있는 것도 이와 관련이 되지 않나 싶다.

오히려 『월야』는 과거 농촌공동체가 유지되던 시절의 추억보다는 근대 초기 문물 세태, 풍속의 변화에 좀더 초점을 맞춰 그리고 있다. 예컨대 당시 지방에 새롭게 세워진 사립학교의 군사훈련과 체육 수업 등의 풍경, 그리고 입학, 졸업의 풍습들이 상세하게 그려진다. 특히 옛날 양반이기는 하지만 개화에 큰 관심을 가진 오촌이 송빈에게 창가를 가르치느라고 진땀을 흘리는 장면은 이태준만이 그릴 수 있는 흥미로운 이야기이다. 이후 상경하여 고학생으로서 겪게 되는 학교와 서울의 풍경 등이 소상하게 그려지고 있다. 즉 『월야』의 풍속은 주인공의 근대 체험과 관련된 것이 주가 되며, 이는 낯설고 새로운 근대적 문물 및 제도에 대한 계몽 주체의 깨달음과 이의 교육화 과정을 그리는 수단이 되고 있다.

그리하여 작품 후반부에 과학, 교육의 진흥을 위해 동경 유학 길에 올라 경부선을 달리는 송빈의 모습은 이광수의 『무정』의 주인공 이형식으로 변화한다. 송빈은 일본유학을 위해 도항하는 과정에서 부산 백산상회의 도움을 받기도 한다. 실제 백산상회의 안희제 등은 3·1 운동 후 '기미(己未)운영회'라는 문화운동단체를 조직하고 매년 수재를 선발하여 해외로 유학 보내는 사업을 벌인다. 그리고 백산상회는 1924년 전후해서는 일본으로 취업하기 위해 전국에서 부산으로 몰려든 노동자들의 도항을 돕기도 하여 이 시기 민족주의 우파의 전형적인 애국적 문화계몽운동을 보여준다.42) 부르주아 계몽주의자로서의 이태준의 모습을 짐작할 수 있는 부분이다.

그리고 송빈은 일본으로 건너가서는 민족에 대한 자모감과 더불어 근대화된 일본의 풍경, 그리고 미국인 선교사를 통한 서구적 근대에 대한 선망을 드러낸다. 작가가 주인공의 동경 유학 생활과 좌절의식 등을 집중적으로 그리는 것은 그 주요한 관심사가 무엇인지 알 수 있게 한다. 물론『월야』의 송빈은, 재산가 김장로의 딸을 운 좋게 얻어 미국 유학 길을 떠나는『무정』의 이형식의 처지와 같을 수는 없다. 이태준이 이광수 등의 계몽주의자들과 다른 것은, 송빈이 미국인 선교사 '베닝호프'와 겪게 되는 이야기를 통해 알 수 있듯이, 서구의 근대를 그대로 추종하며 무력한 민족허무주의에 빠지는 것이 아니고, 궁극적으로는 조선의 비극에 무지할 수밖에 없는 서구에 대한 비판적 시각을 잃지 않고 있다는 점이다. 그러나『월야』에서 이태준이 보여준 미국 등의 서구에 대한 비판적 시각의 배경에는, 당시 일본이, '귀축미영(鬼畜米英)'으로 상징되듯 미국·영국 등의 서구국가와 적대적 관계를 맺고 있던 '대동아전쟁' 시기였음을 떠올리지 않을 수 없다. 이전에 발표된『불멸의 함성』은『월야』와 달리 선교사의 도움으로 미국 유학을 떠나는 것으로 그려지기 때문이다.

끝으로『월야』에서 결정적으로 풍속이 감소되는 것은 이야기의 중심이 주인공 개인의 입지전적 성장 과정에 초점이 맞추어지기 때문이기도 하다.『월야』에서 송빈이 좌우명으로 삼는 "남아입지출향관(男兒立志出鄕關)"43) 운운하는 한시구가 있다. 작중의 송빈은 이를 이등박문(伊藤博文)이 지은 것으로 알고 있는데, 실제 이 구절은 기쿠테이 고스이(菊亭香水)의 소설『세로일기(細路日記)』(1884년)에 등장한다.『세로일기』는, 메이지

---

42) 오미일,『한국근대자본가연구』, 한울아카데미, 2002, 355·364면.
43)『사상의월야』깊은샘, 1996(증보판), 70·83면.

10년대 일본 청년들에게 절대적 영향력을 끼친 후쿠자와 유키치(福澤諭吉)의 『학문을 권함』이나 나카무라 마사오의 『서국입지편』(스마일스의 『자조론』의 일역서)에서 강조한 입신출세적 인간상을 문학적으로 형상화한 작품이다.

세로일기의 '세로'는 험난한 것을 의미하며, 그것은 미지의 세계 한가운데에 자기를 던져, 입신출세의 진로를 개척하는 고독한 투쟁을 의미하는 것으로, 근대초기 일본 청년층 사이에서 상징적 보급력을 가졌다. 그런데 이 '세로'의 기점으로 등장하는 것이 시골에서 유학을 위하여 상경하는 것이다. 이는 메이지 청년들에게 따뜻한 공동체의 세계를 떠나 냉혹한 타인들 세계로 몸을 던지는 시련의 시기였다. 『세로일기』에서 도시로 나온 주인공은 낯선 세상으로부터 자신을 굳게 닫아걸고, 주야로 오로지 면학에 몰두할 뿐, 금욕적인 생활을 한다. 그러나 고향 땅을 떠나온 지 이미 오랜 시간이 지났건만 숙원은 뜻 하나 아직 이룬 게 없고 생각이 여기에 이르자 한층 감정이 북받쳐 올라와 견딜 수가 없다며 입신출세의 목표에 미치지 못하는 비소한 자기를 한탄하기도 한다. 그러나 이러한 고달픈 세로의 현실에서 그것이 귀착하는 곳은 금의환향이며, 세로의 험난함 그 자체는 고향 회귀의 환상을 증폭시키는 계기가 된다.[44]

『월야』 역시 고아나 다름이 없는 한 불우한 소년 송빈이 서울로 상경하여 신산한 삶을 이어나가는 입지전적인 성장 과정이 중요한 뼈대를 이룬다. 송빈은 상경하여 공부하고 싶은 욕망으로 무작정 가출을 단행한다. 그러나 서울에서 험난한 고학생활을 하며 방학이 되어도 돈이 없어 타지에서 유학 온 학생들과 달리 귀향을 하지도 못하고 서울에 홀로 머물고 있어야 한다. 그리하여 작품에서 송빈과 고향 철원에 남아 있는 불쌍한 노인인 그의 외조모가 만나고 이별하는 슬픈 장면이 반복된다. 그리고 송빈은 서울의 부잣집 무남독녀와 이뤄질 수 없는 사랑을 하고 또

---

44) 마에다 아이, 유은경·이원희 역, 『일본근대독지의 성립』, 이륙, 2003, 138~140면.

실연을 당하기도 한다. 그러나 송빈은 이러한 고난 속에서도 "남아입지
출향관……"을 되 뇌이며 현실의 고난에 맞선다.『불멸의 함성』역시 고
난을 헤쳐 가는 한 청년의 역정을 그린 것으로 이들 모두 남성을 주인공
으로 한 이태준의 장편소설의 한 유형이다. 물론 이러한 개인의 입신을
강조하는 소설의 사건들은 대체로 역사로부터 떨어져 있고 역사에 구체
적으로 몸을 입힐 수 있는 풍속의 세계가 중요한 기능을 하지 못하는 것
은 당연한 일이다.

　요컨대『월야』의 풍속의 세계는 자신의 근대체험을 장식하는 배경에
그치고 있으며 따라서 그 중요성이 감소된다. 오히려 작품의 초점은 근
대를 선망하고 추수하는 입지전적인 주인공 개인의 삶을 그리는데 놓여
있다. 그리고『월야』의 주인공은 이미 그 역사적 타당성을 보장받은 개
화파 아버지의 사상과 정신세계를 지향하는 것이기에 그 실제적인 성장
이란 존재하지 않는다. 이미 작품의 자발적 시간 진행은 중단되어 있고
이를 지배하고 있는 작가의 계몽주의적 세계관이 우세하다. 계몽주의적
지식인이 사회에 대하는 방식이란 이미 성장한 어른이 미숙한 어린아이
를 대하는 방식과 같은 것이기 때문이다.45)『월야』가 연대기의 외양을
갖고 있으면서도 '교양소설'로 불리어지는 것은 그러한 이유에 기인한다.

　이에 비해『탑』의 풍속의 세계는 과거를 회고하는 장식적인 것 이상
의 역할을 한다. 그것은 과거 민중의 생활이 녹아들어 있고 한편으론 봉
건적 인습이 뿌리박고 있는 구체적 생활의 세계이다.『탑』은 이러한 풍
속의 세계에서 주인공이 성장해 가는 과정을 그려낸다. 진정한 인간성과
의 관계는 단지 상상력 혹은 추상적 사고의 대상이 아니라, 생생한 물질
적이고 감각적인 접촉 속에서 실제로 실현되고 체험된다.46) 소설에서 풍

---

45) 채호석, 「이태준 장편소설의 소설사적 의미」, 상허문학회, 『이태준문학연구』, 깊은
　　샘, 1993, 306면.
46) 미하일 바흐친, 이건형 외 역『프랑수아 라블레의 작품과 중세 및 르네상스의 민중
　　문화』, 아카넷, 2001, 33면.

속의 세계는 바로 이것이 실현되는 장이라고 볼 수 있다. 『탑』의 물질적
이며 육체적인 풍속의 세계는 작가의 민중연대적 사고와 관련이 된다.
이에 비해『월야』에서 풍속의 세계가 물러 서있고 입신과 추상적 의지를
강조하는 개인주의는 부르주아 계몽주의와 관련되어 있다.

5. 맺음말

　『탑』은 민중주의의 세계관을 획득해가게 되는 한 소년의 체험적 역정
을 그린다. 『월야』는 개화파 아버지의 계몽주의 이념을 실현해가는 한
소년의 신산한 삶의 역정을 그린다. 전자는 주인공의 영혼이 시간의 수
평선을 따라 앞으로 전진하는 운동의 모습을 보여준다. 그리하여 시간과
시간의 흐름이 느껴진다. 후자는 주인공 영혼이 초시간적인 수직선을 따
라 숭고한 영역으로 상승하는 모습을 보여준다. 그리하여 시간의 흔적들
이 지워지며 모든 시간들이 균등하게 된다. 이태준의 역사의식은 완성과
기존이 반영된 역사의식이다. 실제로 구체적인 역사의식은 없는 셈이다.
한설야의 역사의식은 완료되지 않은, 끊임없는 생성이 존재하는 현세적
인 역사의식이다. 그것은 곧 리얼리즘의 시간관[47]과 관련된다.

---

47) 미하일 바흐친, 이건형 외 역『프랑수아 라블레의 작품과 중세 및 르네상스의 민중
　문화』, 아카넷, 2001, 735면.

이태준 문학을 둘러싼 최근의 쟁점들

한국 근대소설 논의의 추이와 이태준

동양주의에서 국제주의로
: 근대 극복의 한 도정

친일의 기준을 어떻게 잡을 것인가
: 이태준을 중심으로

이태준과 신체제
: 식민지배담론의 수용과 저항

한국 근대소설 논의의 추이와 이태준

김재영

1. 머리말

소설의 삼대 요소라는 것이 있다. '주제·구성·문체'다. 또 소설 구성의 삼대 요소라는 것도 있다. '인물·사건·배경'이다. 아마 대한민국에서 중등교육을 받은 사람이라면 누구에게나 친숙할 소설원론이다. 하지만 그에 그치는 것은 아니다. 소설을 체계적 또는 이론적으로 해명하려는 대부분의 소설이론서나 문학이론서에서 채용하고 있는 서술방식이기도 하기 때문이다. 그렇기에 전문적인 소설 논의에서도 이러한 설명틀은 거의 상식이 되어 있다고도 할 수 있다.

이 글은 우리나라에서 이러한 소설 논의틀이 형성되어 가는 과정에 대한 관심에서 시작한다. 이러한 '요소적 접근법'[1] 자체는 우리 안에서 만들어진 것이라기보다는 서구에서 이루어진 것이라고 할 수 있고, 때문

에 형성이라기보다는 이입과정이라고 하는 것이 더 올바를 지도 모르겠
다. 그렇기에 이러한 '요소적 접근법' 자체를 우리 소설 논의의 한 특색
으로 이야기할 수는 없다. 수많은 서구 이론서들이 우리보다 훨씬 일찍
부터 더욱 체계적으로 또 광범위하게 보여주는 것이기 때문이다. 그런
점에서라면 소설에 대한 가장 보편적인 논의틀이라고도 할 수 있을 것
이다. 하지만 그러한 이론틀이 누구에게나 동일한 의미를 갖는다고는 할
수 없을 것이다. 또 비슷한 이론적 접근법이라 할지라도, 각기의 이론들
이 서로 상당한 차이를 갖고 있을 것임은 분명하다. 때문에 이러한 접근
법이 우리 소설 이해의 상식으로 자리잡아 가는 과정은 그 자체로 우리
소설 논의의 특성을 드러내는, 한 특정한 논리의 형성과정이라고 해도
좋을 것이다.

앞으로의 논의를 통해 해명되어야겠지만, 먼저 범박하게 말하면 우리
문학사 내에서 이러한 소설에 대한 요소적 접근법은 형식 강조의 소설
론이나 이른바 '순수문학론'과 밀접하게 연관된 채 진행된 것으로 보인
다. 이론이라는 측면에서 볼 때, 식민지 시기 소설 논의의 주류는 프로문
학 진영의 '리얼리즘론'이 차지하고 있었다고 해도 좋을 것이다. '리얼리
즘론'은 자체가 소설을 중심으로 형성된 것이었기에, '반영', '전형', '총
체성' 등의 주요 개념들을 통해 상당한 정도로 체계적인 소설론을 보여
주고 있다. 이에 반해 비리얼리즘 소설론이라고 할 만한 것들은 프로문
학의 이념지향을 비판하고, 형식·표현·기교를 통한 예술성의 획득을
강조했지만, 원론적 수준에서의 소설론을 형성하지는 못했다고 할 수 있
다. 그런데 그러한 주장의 밑바탕에서 이론적 체계가 되어 주었던 것이
바로 요소적 접근법이었다고 할 수 있다.

그리고 주지하듯이 해방 이후 전쟁과 분단을 겪으며, 식민지 시대 소

---

1) 이러한 설명 방식은 너무나 일반적이기에, 특정한 접근법처럼 보이지 않는다. 이름
붙이기도 쉽지 않은데, 여기서는 잠정적으로 '요소적 접근법' 또는 '요소적 소설론' 등
으로 지칭한다.

설 논의의 한 중심축이었던 프로문학의 리얼리즘 소설론은 한 동안 거의 설자리를 잃게 된다. 적어도 1970년대 후반에서 80년대에 걸쳐 리얼리즘에 대한 본격적인 논의가 있기 전까지 '리얼리즘 소설론'은 소설 논의에서 미미한 존재였다고 할 수 있다. 이 시기 강단과 교육과정을 점유한 주류소설론이 바로 이 '요소적 소설론'이라고 할 수 있다. 정치적 상황에 크게 영향받았던 그 이론은 당연히 30년대 순수문학 지향의 비리얼리즘 소설론과 논리적 연속성을 갖고 있는 것이었다. 그렇게 볼 때, 이태준은 가장 먼저 주목해 볼 만한 인물이라 할 만하다.

그는 현실적으로도 상징적으로도 비프로문학의 대표적 소설가였기 때문이다. 그는 구인회라는 문학적 세력의 중심 인물이었다. 구인회는 30년대 카프세력에 대항하는 가장 의미있는 문학단체였다고도 할 수 있다. 때문에 그는 스스로가 원하든 원하지 않든 이른바 '순수문학 진영'의 상징적 인물이 된다. 또 그는 30년대 『조선중앙일보』 학예부장과 『문장』지의 주재를 통해 문단 권력의 중심에 있었다. 구인회 회원뿐 아니라, 비프로문학 진영의 가장 든든한 후원자 역할을 할 수 있었다는 것을 의미한다. 게다가 그는 한국 근대 단편소설의 완성자라고 불릴 만큼, 1930년대에 가장 완성도 높은(예술적 가치가 있는) 소설들을 써낸 것으로 평가된다. 그리고 그러한 완성도라는 것은 그가 표현 특히 묘사를 강조하였고, 만드는 기술(솜씨)을 중시하는 소설관의 주창자이자 실천자였다는 점과 연관되어 있는 것이다.

물론 이태준은 소설가이지 이론가가 아니었다. 그는 "나는 소설을 학문으로 공부하기는 싫다. 소설을 학문으로 졸업해야만 소설을 쓴다면 나는 차라리 소설을 단념하고 말리라. (…중략…) 나도 소설은 좋아하되 소설학, 예술학은 싫다"[2]고 이야기하고 있듯이, 소설에 대한 이론적 접근에 거부감을 갖고 있기까지 했다. 하지만 이러저런 자리에서 소설 자체

---

2) 이태준, 「신도」, 『학등』 1935.5. 여기서는 『무서록』(깊은샘, 1994)의 257면에서 인용함.

나 당대의 소설 작품들에 대한 상당한 양의 언설을 남기고 있으며, 그럼으로써 나름의 소설관을 피력하고 있다. 그런데 이러한 소설에 대한 언급들은 앞서 이야기한 이태준의 소설사적 위상을 고려한다면 무시할 수 없는 것이다. 체계적이거나 형태를 갖춘 소설론이 아님에도 불구하고, 적어도 영향의 측면에서라면 가장 중요하게 취급될 수도 있는 것이다.

그러므로 이 글은 우리 근대소설 논의의 가장 중요한 한 축이라고 생각되는 '요소적 소설론'의 형성에서 이태준이 하고 있는 역할과 그 논의의 특성을 점검해 보는 것을 목적으로 한다.

2. '예술로서의 소설'과 요소적 접근법

[1]

우리나라에서 이루어진 근대 소설 논의의 첫 주요인물이 이광수임은 의심의 여지가 없다. 1916년에 쓰여지는 「문학이란 何오」란 글은 재래의 〈재담〉이나 〈이야기〉와는 구분되는 '소설'에 대해 이야기하고 있다. 근대전환기에 '소설'은 이미 상당한 의미를 부여받았지만, 그것은 주로 민족 계몽의 가장 좋은 수단이라는 관점에서였지, 예술로서의 소설에 바탕한 논의는 아니었다. 이광수의 이 글은 서구에서 이루어진 하나의 인식 체계를 받아들임으로써, "문학의 개념, 원리, 지식을 생산하는 규칙을 바꾸"[3]는 일이었다. 다시 말해 '시·극·소설·논문 등으로 이루어지는 문학'이라는 새로운 체계를 제시하는 것이었다는 점에서 우리 문학 논의에

---

3) 황종연, 「문학이라는 譯語―「문학이란 何오」 혹은 한국 근대문학론의 성립에 관한 고찰」, 『한국문학과 계몽담론』(문학사와비평연구회 편, 1992), 26면

획기적인 의미를 갖는 것으로 평가되는 것이다. 하지만 '소설'만을 문제로 놓고 볼 때, "人生의 一方面을 正하게, 精하게 描寫"⁴⁾한다는 애매한 규정과 '작자의 상상내의 세계'라는 이전에는 사용되지 않던 용어가 사용되고 있을 뿐, 소설이 '현대문학의 대부분을 점하는 자'가 되는 자질이 특별히 밝혀져 있는 것은 아니다. 예술이며 문학인 소설, 곧 서구소설이 가지는 〈이야기〉와는 다른 특성이 해명되었기 때문이라기보다는, 시·극·논문과 더불어 문학의 체계의 일부로 존재하고 있다는 사실 자체에 의해 소설은 정당화되고 있다.

이러한 소설의 예술성 주장은 김동인의 "小說에 대한 朝鮮 사람의 思想을"(1919)이라는 글로 이어진다. 이 글에 의하면 조선 사람의 소설관은 '흥미 중심의 로만스'를 구하거나, 아니면 '소설은 타락자가 볼 것'이라거나 '소설을 보면 타락자가 된다' 하는 비난 정도에 머물러 있다. 이에 대하여 동인은 '조선에 현금 유행하는 비저한 통속소설가'가 아닌 '참 예술가'라는 전제에서, "소설가 즉 예술가요. 예술은 인생의 정신이요, 사상이요. 자기를 대상으로 한 참 사랑이요, 사회 개량, 神人合一을 수행할 자이오"⁵⁾라는 식으로 '예술로서의 소설'의 의미를 강변하고 있다. 하지만 이 글에서도 참예술로서 소설의 특성, 〈이야기〉나 〈통속소설〉과는 다른 '소설'의 특성이 해명을 얻고 있는 것은 아니다.

2

그런 점에서 1920년에 '소설'이라는 장르 자체만을 포괄적으로 논의하

---

4) 이광수, 「文學이란 何오」, 『매일신보』 1916.11.10~23. 여기서는 『이광수 전집』 1, 삼중당, 1962, 513면에서 인용함.

5) 김동인, 「小說에 대한 朝鮮 사람의 思想을」, 『학지광』 1919.1. 여기서는 『김동인 전집』 16(조선일보사, 1988), 139면에서 인용함.

는 현철의 「소설개요」라는 글은 주목할 만하다.6) 이 글은 소설을 사건(사건의 마련)·인간·배경·문장·내용(목적) 등의 다섯 성분으로 나누어 체계적인 설명을 하고 있는데, 이러한 요소적 접근법에 의한 원론적인 소설 설명으로서는 가장 먼저 쓰여졌으면서도, 식민지 시기를 통틀어 가장 체계적인 소설이론이라고 할 수 있다.7)

이 글은 문학이 '心中의 動機'에 따라 서정시·서사시 그리고 희곡과 소설로 크게 삼분되고 있음을 설명하는 것에서 논의를 시작하고 있다. 근대적 문예학의 장르 체계를 논의의 전제로 하고 있는 것이다. 다섯 요소 하나하나에 대한 논의는 매우 기술적(descriptive)으로 이루어져 있다. 그 구성요소 자체는 '예술로서의 소설'뿐만 아니라, 통속소설이나 이야기 등 모든 서사물에 적용 가능한 것들이다. 때문에 이전의 서사물들도 소설과 대별되는 '이야기'나 '재담'과 같은 가치가 연관된 개념들로 지칭되지 않으며, 소설 자체가 현대소설과 고전소설로 몰가치적으로 구분되어 있다. 그렇기에 "假令 春香傳가튼 것은 簡單한 마련의 줄기로 된 小說이요 三國志나 水滸傳가튼 것은 複雜한 줄기로 된 小說이라 할 수 잇

---

6) 『개벽』 창간호(1920.6)부터 연재가 시작되는 현철의 글들은 2호(1920.7)까지는 「소설개요」라는 제목으로 연재되며, 3호에서부터는 「현당독폐(玄堂獨吠)」라는 큰 제목으로 소설 읽는법(1920.8~9), 희곡의 개요(1920.11~12, 회를 걸른 것이 아니라 발행날짜가 25일에서 1일로 바뀌면서 1920년 10월에 발행된 호수는 없게 된 것임), 문학에 표현되는 감정(1921.2~3, 1921년 1월에는 「현당독폐」는 실리지 않고 「근대문예와 입센」이라는 글만 실림)까지 이어진다. 이 와중에 1920년 12월호에 실리는 「비평을 알고 비평을 하라」와 1921년 2월호에 실리는 「소위 신시형과 몽롱체」는 시에 대한 원론적인 논의를 포함하고 있어, 소설·희곡·시에 대한 논의가 포괄적으로 진행되었다고도 할 수 있다.

7) 식민지 시기에 출간된 소설원론이나 개론서의 성격을 띤 책은 없는 것으로 보인다. 필자가 확인한 바로는 도쿠다 슈세이(德田秋聲)의 「創作講話」라는 글의 번역이 있을 뿐이다. 이 글은 『新文學百科精講(後篇)』(大正 3, 新潮社, 1914)에 실려 있는데, 1918년 같은 출판사에서 『小說の作り方』이라는 제목으로 문고본 형식으로 출간되었다. 번역서는 원서를 밝히지 않은 채 '문학사 최이안 술'(속표지에는 '최용도 역술', 판권지의 '저작 겸 발행자'는 노자영)이라고 표기하여 『문예창작론』이라는 제목으로 靑鳥社에서 1929년 발행되었다. '소설 희곡 작법론'과 '신시작법론'의 두 부분으로 이루어져 있는데, 첫 번째가 「창작강화」의 번역이다.

도다"8)와 같이 춘향전이나 수호전 또한 마련이라는 요소의 설명에 동원
된다.

하지만 그 요소들의 다양한 존재방식 자체가 모두 동일한 가치를 갖
는 것은 아니다. 가령 소설 중의 사건은 "人生의 眞相을 表現함에 價値
가 잇는"9) 것이어야 한다. 또 마련에 있어서는, "다만 事件이 가장 自然
으로 展開하야 讀者로 하여곰 實社會를 보고 잇는 것가티 心理에 展徹
되면 이런 마련이 곧 完全한 小說이라고 할 수 잇도다"10)라고 하고 있
다. 인물에 있어서는, "無論 小說 中의 人物은 吾人이 日常實見하는 人
物과 틀림업는 描寫가 가장 조흔 것"11)이다. 또 "現代小說의 背景粧置
하는 特色은 一般的이 아니고 局部的이며, 普遍的이 아니고 特殊的의
傾向이 現著"12)하다.

여기서 이야기하고 있는 '현대소설'이 바로 서구소설을 가리키고 있음
은 의심의 여지가 없으며, 완전하거나 가장 좋은 방법들이라는 것들이
어디에서 연원한 것인가 또한 분명하다. 그런 점에서 이 글은 객관적 개
념과 기술적(記述的) 설명을 통하여 서구적 보편성을 실현하는, 전형적인
근대학문의 서술방식을 보여주고 있다. 실은 이 글은 "東京藝術座演劇
學校에서 受業한 筆記를 根底하야 曾往에 演藝講習所의 速成敎科書로
가장 簡單히 編述한 바"13)라고 그가 밝히고 있듯이, 자신의 독창적인 견
해라기보다는 번역에 가까운 글이다. 그렇기에 이 글은 "小說의 眞理와
脚本의 妙味를 鑑賞하랴면 먼저 小說과 脚本을 分間하야 그 槪要를 안
뒤에 그 硏究法을 아는 것이 文藝를 嗜好하는 靑年의 一助가 될가 하
야"14)라는 서술의도에서 드러나듯이, 이미 가치 있는 문예로서의 소설을

---

8) 현철, 「小說槪要」, 『개벽』, 1920.6, 135~136면.
9) 현철, 「小說槪要」, 『개벽』, 1920.6, 133면.
10) 현철, 「小說槪要」, 『개벽』, 1920.6, 135면.
11) 현철, 「小說槪要」, 『개벽』, 1920.6, 137면.
12) 현철, 「小說槪要(續)」, 『개벽』, 1920.7, 124~125면.
13) 현철, 「小說槪要」, 『개벽』, 1920.6, 131면.

전제로 하고, 그 소설의 올바른 감상을 위한 안내로서 자리매김되어 있는 것이다.

따라서 예술의 체계, 문학의 체계 내에 안정되어 있는 소설의 예술성을 따로이 해명할 필요가 없다는 점에서, 이광수·김동인이 염두에 두고 있었던 문제적 상황, 소설을 예술이라는 관점에서 의미화해야 한다는 조선적 상황 자체를 이미 넘어서 있는 것이다. 그 때문에 이 글은 한국 문학 논의의 일부가 되어 있지 못한 것이라고 할 수 있고, 이 글이 그 간의 문학사나 비평사 논의에서 거의 주목받지 못했던 이유이기도 하다. 하지만 약간 관점을 바꾼다면 그의 글들은 주목받을 만한 점을 갖고 있다. 10년대에서 20년대에 걸치는 우리 근대문학 초창기 대부분의 문학자들에게 영향을 미쳤을 일본에서의 원론적 수준에서의 문학 논의 바로 그것을 보여준다는 점 때문이다. 물론 그가 동경예술좌 연극학교에서 받았던 수업 내용 자체가 대부분의 일본 유학생 출신 문학자들의 인식에도 영향을 미쳤다고 생각할 수는 없겠지만, 시마무라 호오게츠(島村抱月)가 교장으로 있던 그 학교의 강좌는 당대 일본의 근대문학에 대한 논의 수준을 대변하고 있다고도 할 수 있을 것이다.

하여튼 이글은 김동인이나 이태준이 보여주는 소설에 대한 요소적 접근법을 처음으로 체계화시켜 보여주고 있으며, 그 안에서 작동하고 있는 서구적 보편주의 또한 전형적으로 보여주고 있다.

③

서구소설에 바탕한 보편적 논의체계를 우리 소설과 결합시키는 작업, 그것을 하고 있는 것이 바로 김동인의 「소설작법」(1925)이다. 동인은 이

---

14) 현철, 「小說槪要」, 『개벽』, 1920.6, 131면.

글에서 사건·인물·배경의 세 가지 요소를 '구상'이라는 항목에서, 화자와 시점의 문제를 '문체'라는 항목에서 설명하고 있다. 요소적 서술이라는 점에서 현철의 글과 동일한 접근법이라 할 수 있다. 특히 이 글은 많은 서구 작품들을 통하여, 이러한 소설의 내적 자질을 해명하면서 동시에 「귀의성」「무정」「해바라기」「마음이 옅은 자여」「계집하인」 등의 조선의 '소설'에 대한 분석을 함으로써, 서구소설들과 같은 기반 위에 있는 조선의 '현대소설'을 보여주고 있다. 이러한 논의를 통하여 위의 조선의 소설들은 졸라·로망 롤랑·투르게네프·알치바셰프·다눈치오·톨스토이·도스토예프스키와 같은 평면에 놓이게 되는 것이다.

이 글은 앞부분에서 '소설의 기원 및 역사'라는 항목을 따로 두어 이야기로부터 소설의 발전이라는 관점에서 소설의 발달사를 정리한다, '소설'과 '이야기'를 분리해내는 것으로 서술을 시작하는 것에서 조선적 상황에 대한 대응임을 뚜렷이 드러낸다. '소설'이 당대 대중이 즐기던 '이야기'가 아님을 먼저 표명해야 했던 것이다. 하지만 "모든 작품이 다만 내용의 사건의 흥미뿐으로 독자에게 아첨을 할 때에 '성격이라는 것을 붓끝으로 나타낼 수가 있다'고 우리에게 가르친 처음 작"15)이라는 점에서 「돈키호테」가 근대소설의 祖라는 설명 이외에 '이야기'와 '소설'의 차이가 깊이 있게 해명되는 것은 아니다. 그러나 하여튼 이러한 설명을 통하여 소설은 '이야기'로부터 분리되며, '소설 작법' 안에 더 이상 '이야기'가 끼어 들어올 자리는 없어진다.

이와 관련하여 이 글에서 사용되고 있는 '성격'이란 말은 주의를 요한다. 이 글에서 동인은 '인물'과 '성격'을 혼용하면서, 인물을 설명하는 항목의 제목으로 '성격'을 내세우고 있다. 그리고 "예전의 재미있던 모든 이야기들이 지금은, 돌아보는 사람이 없게 된 것은, 거기는 플로트는 있었으나, 인물에 성격이 없었으므로, 그 인물이 모든 죽은 사람과 마찬가

---

15) 김동인, 「소설작법」, 『조선문단』 7~10호, 1925.4~7. 여기서는 『김동인 전집』 16, 조선일보사, 1988, 160면에서 인용함.

지였음에 있다"16)는 설명을 붙이고 있다. 그러므로 김동인이 「치악산」이나 「동키호테」에서 거론하는 '성격'은 '인물'과는 전혀 다른 의미를 띠게 된다. '성격'은 그 자체로 소설의 근대성을 담보하는 개념으로 기능하기 때문이다. 이러한 전환은 요소적 접근법 자체가 단지 기술적인 것을 넘어 가치와 연관되는 한 방식을 보여준다.

또 하나 현철의 논의와 대비하여 주목되는 점은 동인에게 있어 '사건' 항목은 오로지 이야기의 가음, 플로트의 문제를 서술하는 데 할애된다는 점이다. 현철이 사건의 마련 이전에 '인생의 진상' 또는 '참스런 사실' 등의 개념을 통하여 사건의 성격을 설명하는 것이나, 내용(목적)이라는 항목을 설정하여 주제적 측면을 논하고 있는 것에 비하여, 동인의 소설 작법에는 그러한 주제나 내용을 설명하는 항목이 설정되어 있지 않다. 이 점은 '형식주의자'로서 평가되는 동인의 특성을 잘 드러내고 있는 측면이다.

동인은 이미 『창조』 창간호의 '남은말'에서 "우리는 貴한 藝術의 쟝긔를 가지고 저 언제던 얼굴을 찌푸리고 계신 道學先生의 代言者가 될 수는 업슴니다"17)라고 하여 사상표현으로서의 문학관을 비판하고 있다. 또 다음과 같은 발언은 이른바 기교중심주의의 대표적인 것이다.

> 吾人은 작가의 사상을 검토하려 하지 않는다. 그 사상의 좌우전후임을 논하지 않고 작품 기교에 있어서 어떤 '레벨'까지 도달한 작품을 제작할 만한 능력이 있는 사람이면 족하다. 소설계의 별파라고 자임하든 어떻든 그 작품이 기교상으로서 독자에게 박진력과 讀興奮을 주는 작품이면 그것은 문예로서 인정할 따름이다. (…중략…)
>
> 문예라는 것은 이론으로 제작될 종류의 것이 아니라, 기교의 극치라 하는 것은 그 작가의 천품에 의지하여서만 보일 수 있는 것이요 이론으로써 도달치 못할 천국이다.18)

---

16) 김동인, 「소설작법」 『김동인 전집』 16, 조선일보사, 1988, 163면.
17) 김동인, 『창조』 1919.2, 81면.

그러나 그렇다고 하여 그가 '기교를 위한 기교'를 주장했었던 것은 아니다. 그는 오 헨리나 이태준 소설의 '奇譚師'적 특성뿐만 아니라[19], '기교의 절정'을 보여준다고 스스로 평가하는 현진건의 '사진사'적 특성도 비판하고 있다.[20] 동인은 '진실성', '인생문제의 제시', '인생 도덕' 등의 문제가 소설의 가치에 대단히 중요하다고 하고 있다. 체홉과 톨스토이의 비교에서 드러나듯, 그가 비판한 것은 '인생 문제의 제시' 자체가 아니라, '독자를 강제하려 하는 설교'였다.[21]

그럼에도 불구하고 그의 소설론이 기교나 형식 중심이라고 평가될 수밖에 없는 것은, 그가 이야기하는 소설의 주제, '인생 문제'라는 개념의 무규정적, 비역사적 성격 때문일 것이다. 위의 인용문이 보여주듯, 동인의 '기교'는 내용과 무관하게 가능한 어떤 것이었다. 예술로서의 소설은 형식적 요건만을 충족시킨다면 작품의 세계관, 이념, 사상은 어떤 것이라도 좋은 것이다. 이렇듯 '기교'가 내용과 분리된 채, 예술성의 중요 기준으로 작용하게 된다는 점, 그것이 중요하다. '요소적 접근법' 자체는 단순히 형식 위주의 서술로 이루어지지 않는다. 주제 또한 빠뜨릴 수 없는 중요 요소인 것이다. 하지만 내용과 형식이 기본적으로 분리된다는 것, 그리고 예술성의 해명이 주로 형식적인 요소의 성취에 집중되는 것을 통하여 형식주의적 경향을 내재하고 있다고는 할 수 있을 것이다. 동인은 이 글에서 그러한 '요소론적 접근법'의 형식주의적 경향을 시현하고 있는 것이다.[22]

---

18) 김동인, "소설계의 동향", 『매일신보』 1933.12.21~27. 여기서는 『김동인 전집』 16(조선일보사, 1988), 199~200면에서 인용함.
19) 김동인, 「소설학도의 서재에서」, 『매일신보』, 1934.3.15~17, 21~24. 여기서는 『김동인 전집』 16, 조선일보사, 1988, 209면에서 인용.
20) 김동인, 「朝鮮近代小說考」, 『조선일보』, 1929.7.28~8.26. 여기서는 『김동인 전집』 16, 조선일보사, 1988, 26면에서 인용.
21) 김동인, 「소설학도의 서재에서」, 『김동인 전집』 16, 조선일보사, 1988, 26면, 211~212면.
22) 김동인의 소설관에 대해서는 박헌호의 「한국 근대 단편양식과 김동인 Ⅰ·Ⅱ」(『작가연구』, 1996.10;『광산 구중서 박사 화갑기념 논문집』, 1997) 참조.

3. '표현의 진실성'과 '개성'

☐1

이상으로 이태준이 등단하는 25년까지 이루어지는 소설에 대한 주요 논의를 살펴보았다. 이 시기 이태준은 일본에 유학 중이었고, 별 다른 글도 발표하지 않는다. 그렇기에 이 시기 이태준이 소설에 대해 어떠한 생각을 하고 있었는가를 짐작하기는 쉽지 않다. 하지만 당시의 상황과 관련하여 다음과 같은 글을 남기고 있어 흥미롭다.

> 「五夢女」 卽後에 나는 思想問題에 얼마쯤 苦悶하였다. 루나촬스키ー의 藝術論을 도저히 理解할 수가 없었고 理解하려면 할수록 反感만 커갔다. 當時 周圍의 文學靑年이란 擧皆 루나촬스키ー의 信徒들이였다. 나는 외로운 나머지 畵家인 金瑢俊, 金周經 몇 친구의 正統藝術派란 旗下에 뛰여들기까지 하였다. 이 正統藝術派의 藝術論 은 左翼天下였던 朝鮮의 各新聞雜誌에서 의레 默殺될 것은 定한 理致였다.[23]

그가 루나촬스키로 대변되는 프로문학이론에 공감하지 않았음은 분명하다. 그런데 이에 반대하는 자신의 입장을 '정통예술파'라는 말로 표현하고 있어 흥미롭다. 그것은 예술주의적인 지향, 그런 점에서 뭔가 '순수문학'이라는 말을 상기하는 듯하기 때문이다. 그렇다면 '정통예술파'로 자부했던 그의 관심을 끌만한 소설론은 어떠한 것이었을까? 1925년 등단했지만, 그의 본격적인 활동은 일본에서의 귀국 후인 1929년에 시작되기에, 당시 그의 소설에 대한 생각을 보여주는 자료는 없다. 하지만 31년 이후 쓰여지는 소설에 대한 언설들에서 우리는 이 시기에 그가 벼려왔

---

23) 이태준, "小說의 어려움 이제 깨닷는 듯", 『문장』, 1940.2, 20면.

던 소설에 대한 인식이 어떠한 것이었는지를 짐작할 수 있을 것이다.

이태준의 소설에 대한 견해가 드러나는 최초의 글은 「연작소설 개평」(1930)으로 보인다. 『학생』지에서 마련했던 학교별 연작(집단창작) 소설에 대한 평을 하는 글이다. 이 글은 작가 지망생들의 아마츄어적 작품에 대한 평이다. 때문에 소설의 기본적인 필요조건에 대한 그의 생각이 잘 드러나고 있다.

제일 첫 작품인 「학창후회」에 대한 평을, '먼저 인물들이 살엇나를 보자', '다음엔 사건의 발전을 보자', '문장에 잇서서는……'과 같은 방식으로 차례대로 진행하고 있다. 소설의 가장 기본적인 요소로서 인물, 사건, 문장을 들고 있으며, 다른 작품들도 대개 이 세 요소를 기준으로 평가하고 있다. 그리고 이 세 요소에 대한 판단에 있어 가장 중요하게 논의되는 것은 무엇보다도 '현실성' 또는 '자연스러움'이라는 점이다. 좀 번거롭지만 몇 구절만 인용하면 다음과 같다.24)

> 그러나 일화는 좀 모를 데가 있다. 그는 운동선수다. 그의 살빗은 겨울이라도 검고 써풀이 둑겁게 상상될 것이다. (…중략…) 그런데 이런 말이 웬말인가 「말 긋말긋하게 히고 보드라운 일화의 손목에 ……」 쏘는 「…… 창턱에는 수선화의 화분 두개 …… 라듸오 키타 축음긔 코넷 ……」
> 이것은 일화 한 사람을 가지고 두가지 사람을 맨드른 無理다. (1 : 95)

> 작품의 대체를 보아 진실성이 업다. 과장이 잇기 째문에 實感을 주지 못한다. (1 : 96)

> 명호가 義憤을 니르킬 아모 까닭도 나타나지 안엇다. (1 : 97)

> 여학생인 옥남이가 아모리 온천이기로 오래간만에 오는 집을 쌔ㅡㄴ히 바라

---

24) 이태준, 「連作小說槪評 1」, 『학생』, 1930.2; 「連作小說槪評 2」, 『학생』, 1930.3. 여기서의 인용은 인용문 뒤에 (논문차수 : 면수)의 형태로 표시한다.

보히는 곳에 두고 온천을 하는 것이나 더구나 혼자서 점심 까지 식켜 먹는다는 것은 기상천외다 고지 들니지 안는다. (2 : 84)

대부분의 작품에 대한 평가가 이러한 부자연스러움, 비현실적인 요소, 인물이나 구성에서의 모순 등에 치중되어 있기에, 이 글에서만 인용된 것의 너댓배 되는 예문을 끌어낼 수 있다. 이 글만을 갖고 이야기한다면, 그가 소설 쓰기에 있어 무엇보다도 중요하게 생각한 것은 서구의 19세기 리얼리즘 소설에서 구현되는 것으로 이야기되는, 그럴듯한 가상의 창조, 핍진성의 문제였다고 해도 좋을 것이다.

일종의 심사평이란 점에서 초기의 이 글과 대비하여 볼 만한 것이 『문장』지의 신인추천 과정에서 '小說選後'라는 제목으로 쓰여진 글들이다.25) 이 글들에서도 이태준은 요소적 접근법을 훨씬 원숙한 상태에서 보여주고 있다. 이 글들 또한 소설 지원자들의 습작 수준의 글들을 두고 이루어지는 것이기에, 그 해당 작품들에 따라 그때 결격되어 있는 소설의 요소들이 강조된다. 때문에 일견 모순되는 듯한 언설도 보인다고 할

---

25) 『문장』지는 1939년 2월 창간호에서부터 '추천원고모집규정'을 싣고 있다. 소설은 이태준을 선자로, "일인 일회 일편, 단편에 한하되, 사백자원고지로 삼십매 이내"로 되어 있다. 2호인 3월호까지는 모집 광고만이 실리며, 3호인 4월호에 최태응의 「바보 응칠이」가 소설로서는 처음으로 추천되며, 이태준의 심사평 또한 실린다. 이는 기성 작가 누구나가 추천할 수 있게 되는 '신추천제'의 광고가 실리는 1940년 9월호까지 지속된 형식이었다. 그간 소설에서는 정진업의 「카츄사에게」(39년 5월), 한병각의 「少女」(1939년 6월), 곽하신의 「마냥모」(1939년 7월), 임옥인의 「봉선화」(1939년 8월), 최태응의 「봄」(1939년 9월), 선진수의 「失人記」(1939년 10월), 유운향의 「조갯살」(1939년 11월), 곽하신의 「사공」(1939년 12월), 최태응의 「港口」(1940년 3월), 임옥인의 「孤影」(1940년 5월)이 추천되었으며, 심사평과 추천사라고 할 수 있는 이태준의 글이 모두 11편 실리고 있다.
　신추천제 이후의 추천작은 모두 네 편인데, 임옥인의 「후처기」(1940년 11월─추천인도 추천사도 없음, 편집 후기에서도 아무런 언급이 없음. 이로써 3회추천 완료된 셈), 지하련의 「訣別」(1940년 12월─추천인 백철), 허민의 「魚山琴」(1941년 1월─추천인 이태준), 임서하의 「德性」(1941년 3월─추천인 백철) 등으로 「어산금」의 추천사를 포함하면 이태준의 추천사는 모두 12편이 된다. 그리고 추천작이 없었던 1940년 2월 「作家志望人을 위하야」라는 글을 싣고 있다. 이 글들의 인용은 모두 인용문 뒤에 (연, 월)만 밝히는 형식으로 한다.

수 있다.26)

　①小說은, 더구나 短篇은 첫 한마디부터 우선 事件이고 봐야 한다. 構想하지 않은데, 혹은, 構想이 稀薄한데는 小說은 建築되지 않는다. (39.4)

　② 이것도 약속한다. 먼저 人物을 살려놓고 볼 것이다. 甚한 말로 人物만 살면 풀롯은 없어도 좋다. 人物이란 어떤 것이고 간에 生活을 가진 것이니 人物만 제대로 움직여놓으면 結局 거기에 적거나 크거나 풀롯은 절로 두드러질 것이다. (39.7)

　③ 셋재, 소설기술의 제일장제일과적인 묘사에 무관심들이다. 독자들은 귀는 없고 눈만 있거니 해야 한다. 들려주는 건 이야기책이다. 보여주는 것만이 소설의 표현이다. 도모지 묘사들을 못한다. 아모리 굉장한 주제라도 묘사를 거치지 못하고는 영원히 소재거나 소재해설에 불과한 것이다. (40.2)

　④ 먼저 솜씨다. 絶對로 約束한다. 먼저 솜씨를 갖고 볼 일이다. 小說은 發見이 아니라 制作이란 것이 다시금 느껴진다. (39.6)

①은 사건과 구성, ②는 인물, ③은 묘사의 중요성을 극단적으로 강조하고 있는 문장이다. 이 글들에서도 이 세 요소를 중심으로 모든 평가가 진행된다고 할 수 있다. 하지만 빈도수나 이야기의 강도로 보아 사건보다도 인물이나 묘사의 편이 더 강조되고 있다는 인상을 지울 수는 없다. 특히 인물에 대한 강조가 두드러지며, 묘사는 다음 예문들에서 보듯 종종 인물을 그리는 일과 직접적으로 연관된다.

「無限平行」亦是 보이는 데 鈍하고 들려주는 데만 用意하였다. 그래 人物

---

26) 이는 이태준이 특정한 한 요소만을 중심으로 해서도 단편소설은 가능하다고 생각하고 있기 때문이기도 하다. 이에 대해서는 박헌호의 『이태준과 한국 근대소설의 성격』, 소명출판, 1999, 70~73면 참조.

들의 일 같지 않고 作者의 일로 느껴진다. 人物이 나서야 한다. 작자는, 사건의
責任은 안 저도 좋다. 먼저 人物에 責任을 지라. (39.8)

　　人物을 그리지 못하고는 千萬번 덤벼야 小說은 못쓴다. 아모리 大家라도 人
物을 살리지 못하고 그 小說을 救하는가 보라. 小說을 생각으로나 事件으로
만들거나 할 게 아니라 人物로 만든단 定義를 가짐도 좋다. (39.9)

　　그리고 이 모든 능력, 또는 기술을 포괄하는 말이 ④의 '솜씨'라는 말
이다. 인물성격화, 감각적 묘사뿐만 아니라, 이야기의 자연스런 구성을
해나가는 능력 모두를 포괄하는 말이 이것이다. 그리고 이 솜씨가 궁극
적으로 지향하는 것은 여전히 '자연'의 경지라고 할 수 있다.

　　「姜主事」만이 材料만은 뚜렷했으나 아직 솜씨가 거칠다. 姜主事가 司法室
에서 取調받는 場面, 그 고무신을 왜 取調하는 경관이 한번도 姜主事에게 신
겨보지 않는지 답답했다. 自然과 不自然이란 종이 한 겹새다. 그러니까 여간
緻密히 생각지 않고는 「自然」을 捕捉하지 못한다. (39.10)

　　「意識的」이란 느낌은 바눌만치도 찔러선 안된다. 좋은 作品은 그런 「意識가
시」가 돋혀선 안된다.
　　「退潮前」은 讀者를 興奮시키려는 野心에서 不自然을 犯했고, 「비와 함께」
는 談話術이 無關心狀態, 「茶禮」는 풀롵이 좋와서 한참 만지적거리었으나 아
모래도 朴氏의 性格이 살지 못했다. (39.7)

　　이 『문장』 추천심사평들에서 이루어지는 소설에 대한 논의는 앞의 「
연작소설개평」의 시기보다는 훨씬 체계적이고, 중요 요소들의 의미가 좀
더 분명하게 표현되어 있지만, 소설에 대한 궁극적인 요구로서의 '자연
스러움'에 대한 강조는 일관되어 있음을 알 수 있다. 이는 그가 중요시하
는 솜씨, 또는 제작으로서의 소설, 예술로서의 소설의 지향이 여전히 서
구 19세기 리얼리즘이 창조한 '핍진한 가상'의 세계로 향하고 있다는 것

을 보여주는 것이다. 그의 이런 지향은 적어도 이론의 차원에서 그의 소설관이, 형식을 통해 서구근대 소설의 보편성에 도달하려 했던 김동인과 동궤에 놓여 있음을 보여준다. 그런데 여기서 주의를 기울어야 하는 것은 이태준이 비평에서 실천하고 있는 요소적 접근법, 다시 말해 한 작품을 그 구성요소들로 분해하여 논의하는 것은, '소설'이라는 현상을 설명하기 위해 그 요소들을 추상하여 원론적인 논의를 해나가는 학문적 실천과는 전혀 차원을 달리하는 작업이라는 점이다. 동인이 『소설작법』에서 보여준 이론적 실천이 조선의 근대소설을 서구 근대소설과 같은 평면 안에 놓는 근대적 지향을 시현하는 것이었다면, 이태준식의 비평적 실천은 작품 하나하나의 가치평가에 서구적 근대소설의 형식이라는 척도를 적용하는 훨씬 내면화된 서구적 보편주의의 실천이었다고도 할 수 있다.

그런데 이 『문장』의 신인추천은 1년여의 짧은 기간에 이루어진 것이었지만, 첫 번째 투고작품수가 47편(39.4), 39년 6월호에서는 응모작품이 매월 "곱쟁이씩" 불어나간다고 하고 있는 것처럼, 적어도 매번 50편 이상이 응모되었을 것으로 여겨진다. 적어도 이 시기 최대의 소설가 등용문이었던 것이다. 응모자들 중 극히 일부가 소설가가 되어 문학사에 등장하기 때문에 그 영향을 직접 확인하는 것은 불가능하겠지만, 적어도 소설에 대한 지향을 품고 있던 사람들에게 미친 영향이 적지 않았을 것임은 짐작할 수 있다.

2

최재서에 의해 "短篇作家로서의 李泰俊은 벌서 一家를 이루었다"[27)

---

27) 최재서, 「短篇作家로서의 李泰俊」, 『文學과 知性』, 인문사, 1938, 175면.

고 평가되었던 바로 그 해인 1938년 쓰여지는 「소설독본」이라 이름 붙인 글은 제목만큼 체계적이지는 않지만, 이태준의 소설관을 잘 드러내주고 있다고 생각된다. 이 글은 '조선의 소설들', '소설 읽는 법', '소설 쓰려면'의 3과로 이루어져 있다.[28] '조선의 소설들' 안에 '구식소설'과 '소설'을 가르는 부분이 있다.

> 먼저 舊式小說에서 대강 한마디 말하려는 것은, 그들은 現在 文壇에서 文學으로서 待遇되지 못하는 事實과 그 原因이다. 天佑神助의 妄想을 그대로 手法으로 苦盡甘來, 事必歸正式의 忠孝禮讚과 勸善懲惡을 일삼은 古代小說은 물론이요, 그 時代의 實際人物, 實際生活을 쓰기 시작한 李人稙 前後의 新小說이란 것도, 小說史에서는 取扱이 되되 文學으로, 藝術로 禮遇되지 못하는 것은 마찬가지 運命이다. 「薔花紅蓮傳」, 「興夫傳」, 「春香傳」 같은 작품들이 우리의 古典文學으로 再吟味되며 있기는 하나 現代人의 小說觀念에서는 極히 먼 距離에 떠러저 있는 것이다. 한마디로 말하면 表現에 眞實이 없었던 까닭이다. 人物 하나를 眞實性이 있게 描寫해 놓은 것을 찾기가 어렵다.[29]

'구식소설'이 '현대인의 소설관념'에서 극히 먼 거리에 떨어져 있는 단적인 이유는 '표현에 진실이 없었던 까닭'이라고 하고 있다. 그리고 그것은 그 구식소설들이 문학 또는 예술로 받아들여질 수 없는 이유이기도 하다. 현대인의 소설관념에 들어맞는 소설을 흔히 쓰는 '근대소설'이라는 말로 표현해본다면, 문학·예술의 영역에 들어올 수 있는 것은 근대소설뿐인 것이다. 적어도 이 글에서 이 '표현의 진실성'이라는 개념은 그러므로 예술과 비예술, 구식소설과 근대소설, 문학(예술로서의)과 비문학, 소설(예술로서의)과 비소설을 가르는 기준이다. 그리고 그것은 밑의 인용문이 보여주듯, 내용의 문제라기보다는 문장, 또는 표현 방식의 문제인

---

28) 후에 『무서록』에 실릴 때에는 '조선의 소설들', '소설의 맛', '소설가'라는 별개의 제목을 가진 글로 나뉘어져 있다.
29) 이태준, 「小說讀本―小說에 關心하는 이를 爲하야」, 『여성』, 1938.7, 48면.

것이다.

　　一名 「애기책」인 그 小說들은 이런 聽衆을 爲한 朗讀者의 臺本으로서 發
達된 것으로 볼 수 있다. 內容은 아모리 훌륭하더라도 文章이 먼저 朗讀調가
나지 않으면 읽히지 않었을 것이요, 聽衆들의 單純한 興味에 投合키 위하던
익살과 誇張으로 始終하지 않을 수도 없었을 것이다.
　　그러니까 이런 이야기책 속에도 內容만은 훌륭히 '文學的'인 것이 있다 할
지언정 그 文章, 그 表現, 그대로를 小說이라, 文學이라 할 만한 寬大는 갖일
수가 없다.[30]

이 '표현의 진실성'이라는 말이 정확하게 무엇을 의도하고 있는지는
불명확하지만, 인용문의 내용으로 미루어, 이 말에서 두 가지 지향을 읽
어낼 수 있으리라고 생각된다. 그 하나는 경험적 현실과 어긋나지 않는
다는 것이며, 다른 하나는 그것을 감각적인 형식으로 재현한다는 것이다.
그런 점에서 이는 앞의 비평적 실천을 통하여, 구성, 인물, 묘사의 각 항
목에서 드러냈던 형식적 요구를 집약하고 있는 개념으로 보인다.
　두 번째 과인 '소설 읽는 법'에서 강조되는 것은 독특한 표현의 맛이
다. 그리고 그 표현의 맛은 궁극적으로는 개성의 맛이다. '개성'은 『문장
강화』의 가장 중요한 개념 중의 하나이다.[31] 당연히 그것은 창조적인 글
인 소설에 있어서는 더욱 중요한 의미를 갖는다. 그 개성이 소설에 적용
되었을 때 사용되는 개념이 모파상에게서 빌려온 '기질'이라고 할 수 있
다.[32] 개성의 드러냄에 이르러야만 소설은 창조에 이른다. 다른 말로 하

---

30) 이태준, 「小說讀本－小說에 關心하는 이를 爲하야」, 『여성』, 1938.7, 49면.
31) 한상규, 「『문장강화』를 통해 본 이태준의 문학관」, 『이태준 문학연구』(상허문학회
　　저, 깊은샘, 1993) 참조.
32) 이 기질론에 대해서는 와다 토모미의 「외국문학으로서의 이태준 문학」(『상허학보』,
　　1호, 1999.12)에서, 모파상의 원문과 비교하며 상세히 논의되었다. 이 논문에서 이태준
　　의 '기질'이라는 개념이 '창작활동을 통하여 탐구되어야 할 작가 자신의 내면'으로 설명
　　되고 있는데, 이는 시가 나오야의 '기분'과 연관시키기 위해 행한 무리한 해석으로 보인
　　다. 같은 글의 다음 구절에서 보듯, 이 개념은 작가 특유의 개성과 거의 같은 말이다.

면 예술로서의 가치를 획득할 수 있게 되는 것이다. 그 개성은 물론 내
용과 형식 모두를 통해서만 드러나는 것이다. 하지만 개성적인 표현 또
한 핍진한 가상을 창조하는 솜씨를 전제로 해야 가능한 것임에 반해, 내
용에는 별 규정이 있을 수 없다. 그런 점에서 '그 내용에 그 형식'을 소
설의 이상이라고 말하고 있음에도, 결국 그 또한 동인과 마찬가지로 표
현과 형식 중심의 소설 인식에서 벗어나지 않는다.

> 自己色彩를 意識的으로 强調하는 作家가 작고 늘어가며 있고 그들의 獨特
> 한 一家風이 아닌게 아니라 過去 小說에서 맛볼 수 없는 맛을 내인다. 이 맛
> 이란 흔히 스타일, 文章에 들어 있는 것이다. 文章을 맛볼줄 알아야 現代小說
> 을 完全히 吟味하는 것이라 볼 수 있다.33)

　　결국 이태준에 있어 '예술로서의 소설'의 두 중심축은 바로 '표현의
진실성'과 '개성'이라고 할 수 있다. 그리고 그 둘은 모두 우선적으로 표
현, 스타일, 문장을 통해서 드러나는 것이다. 그러므로 당연히 제3과인
'소설 쓰려면'에서 강조되는 것은 관찰과 묘사의 중요성이다. 특히 '들려
주는 이야기가 아닌 보여주는 이야기'와 '천연스러움'에 대한 지향이 두
드러진다.

　　이러한 형식 중심 소설관의 흥미로운 점 중의 하나는 그 포용성이다.
김동인에서도 보았듯이 예술성의 충족이 거의 형식적인 측면에서 해명
되기 때문에, 이러한 소설론은 대단한 포용력을 발휘할 수 있다. 이태준
은 "散文의 呼吸 아닌 것이 不知其數"34)인 이효석의 「산」을 바로 그 때
문에 의의 부여할 수 있으며, 스스로 항상 대척적인 것으로 의식하고 있

"裕貞이나 李箱은 다 自己氣質에 맞는 種目을 띈 사람이다. 그래서 그들 作品에는
白信이 있다. 氣質에 맞는 것을 쓴 作家에게는 常識 或은 學問以上의 創造가 잇다.
그러나 氣質에 맞지안는 것을 쓴 作家에게는 기껏해야 常識요 學問 程度다."
33) 이태준, 「小說讀本—小說에 關心하는 이를 爲하야」, 『여성』, 1938.7 중 「소설 읽는 법」.
34) 이태준, 「新春創作界槪觀—簡單한 讀後感」, 『조선중앙일보』, 1936.1.23.

었던 프로문학조차 포용할 수 있다.

原文을 못 읽으니까 이것도 確實히는 모르거니와 아모턴 『母』를 읽어보며 느껴지는 것은, 꼴─키─도 作家이기 전에 아니 훌륭한 作家가 되기 爲해 먼저 훌륭한 文章家였구나 생각되는 點이었다. 첫머리의 工場街의 描寫를 보라. 飜譯이지만 原文의 文章을 아조 떠나서 된 修辭는 아닐 것이다. 꼴─키─이게 그렇지만 일 朝鮮의 作家가 그처럼 描寫에 힘드린 것이라면 대뜸 技巧派라는 辱을 먹을른지도 모를 만하다.[35]

이 글은 물론 문장에 무심한 조선의 프로문학에 대한 항의를 의도하고 있지만, 역으로 '솜씨' 있는 프로문학을 거부할 아무런 논리도 그의 소설론이 갖고 있지 않음을 보여주고 있는 것이기도 하다. 이러한 논리적 포용성은 이들의 논리가 특정한 형식이나 내용을 강조하는 것이 아니라, 단지 예술성이라는 기준을 객관적으로 적용하고 있다는 환상을 만들어 낸다. 실은 이러한 것이 이른바 우리문학사의 '순수문학론'이 지속적으로 생산해 내는 이데올로기라고 할 수 있다.

이러한 요소적 접근법과 형식에 대한 강조의 결합이 특정한 이념적 지향과 맞설 이유는 별로 없다. 소설의 예술됨이 형식을 통하여 해명될 것이라면, 그 작품의 이념이 사회주의든 친일이든 별 문제가 될 이유는 없는 것이다. 그러므로 이러한 소설론이 상대로서 맞서고 있는 것은, 특정한 소설의 이념과 같은 것이라기보다는, 19세기 서구소설이라는 특정한 소설의 역사성이다. 서구 근대소설을 가능하게 했던 특정 형식이라는 것이, 마찬가지로 그 소설을 가능하게 했던 특정한 세계인식과 불가분의 관계에 있었다는 사실이 은폐되어야 하는 것이다.[36] 그럼으로써 특정 형

---

35) 이태준, 「그의 苦難 앞에 敬禮한다」, 『조선중앙일보』 1936.6.22.
36) 세계인식의 문제와 연관 없이 소설의 형식을 사유한다면, 장·단편의 차이라는 문제는 그리 중요할 수 없다. 때문에 김동인과 이태준이 단편소설을 중시할 때, 그것은 다분히 상황의 논리에서였다. 그들에게 예술로서의 장편과 단편은 당대 존재하고 있던 '신문소설'과는 거의 다른 장르였다. 김동인은 시대적 진전의 과정으로서 장편에서 단

식적 요소들이 역사적 문맥에서 이탈하여, 어떠한 지역적 또는 역사적 소재와도 결합가능한 보편적인 것이 된다. 그럼으로써 그 서구 근대소설은 역사화하여 제자리로 돌아가지 못하고, 끊임없이 보편적 이상으로 호출되게 되는 것이다.

3

이후 이러한 요소론적 소설론은 전후 남한 사회 소설 인식의 주류가 된다고 할 수 있다. 아마도 이를 가장 잘 보여주는 것은 해방 이후 중등교육과 대학교육에서 소설에 대한 원론적 논의의 주교재가 되고 있는 개론서 성격의 책들일 것이다.[37] 일단 해방 이후 60년대 정도까지도 출간된 소설 이론서는 없는 것으로 보인다. 해방 이후 원론적 소설 논의의 전개는 우선적으로 작가들의 소설창작론의 형태로 이루어졌다. 1949년 출간된 정비석과 이무영의 『소설작법』이 가장 먼저였으며, 대표적이라고 할 수 있다.[38]

편으로의 변화를 파악하기도 했지만, 그들의 '소설' 인식에서, 예술로서의 소설이라면 장편보다 단편을 더 중시할 수 있는 근거는 별로 없다.

37) '해방 이후 남한 사회의 주류적 소설 인식'과 같은 개념이 가능할까 하는 의문이 든다. 너무도 다양한 '소설' 개념이 각축하고 혼융하고 있기 때문이다. 하지만 분명히 소설에 대한 특정한 이론적 설명과 접근법이 적어도 1970년대까지 중등교육과 대학교육 과정을 점유하고 있었다고는 할 수 있는 것으로 보인다. 여기서 이야기하는 '주류적 소설 인식'이 주로 염두에 두고 있는 것은 그것이다.

38) 정비석, 『소설작법』, 신대한도서주식회사, 1949. 이무영, 『소설작법』, 계진문화사, 1949.
정비석의 책은 1946년, 이무영의 책은 1947년 출간된 것을 보여주는 서지가 있다. 정비석 책의 초판본은 판권지에 1946년 발행된 것으로 되어 있으나, 그 책의 서문이 쓰인 날은 1949년 7월로 되어 있으며, 출판등록일 또한 1949년 4월로 되어 있다. 그러므로 판권지의 발행일이 오기된 것이 확실하다. 이무영의 책은 같은 시기, 동진문화사, 계진문화사, 영문사 등 여러 곳에서 출판된 것으로 보인다. 아직 다 확인하지 못했으므로, 일단 필자가 확인한 판본을 갖고 논의를 진행한다.

정비석의 『소설작법』은 '제1장 작가 이전의 준비'와 '제2장 소설의 본질'에 대한 논의 이후, 각 장별로 주제·구성·시점·인물묘사·성격묘사·심리묘사·환경·자연묘사를 차례대로 논하고 있다. 묘사를 세분하여 상술하고 있는 점이 눈에 띈다. 대부분의 예문은 이광수·김동인·이태준 박태원·채만식·계용묵·박노갑·홍명희·허준·이상 등 식민지 시기 소설을 이용하고 있다. 이무영의 『소설작법』도 전체적인 구성에 있어서는 큰 차이가 없다. '제1장 서설'과 '제2장 소설의 본질', '제3장 작가의 자격'을 거쳐, 4장부터 테마, 플롯, 표현법, 인물 등을 차례로 논하고, 8장 '소설의 4형식'에서는 掌, 短, 中, 長篇에 대한 장르적 고찰을 하고 있다. 이 책은 작자가 서문에서 "서울大學에서 講義한 노ー트를 中心으로 이것을 體系化해 본 것"이라고 밝히고 있듯이, 직접적으로 해방 이후 형성되기 시작하는 대학 교육과정과 연관되어 있는 것이다. 이 책은 앞의 정비석의 책과는 달리, 한국 소설이 예문으로 거의 사용되지 않고 있으며, 대신에 서구소설론으로 대부분의 내용이 채워져 있다. 같은 시기에 출간된 이 두 저작은 이후의 소설논의의 추이를 상징적으로 보여주고 있는 것으로 보인다. 한 편으로는 서구의 체계화된 요소론적 접근법을 받아들여, 논의의 틀을 정교하게 다듬어 나간다는 것이며, 다른 편으로는 우리 근대소설을 실례로 하여 이론의 구체적이고 체계적인 설명이 이루어지게 된다는 점이다.

또 이와는 별도로 문학 개론이나 원론 성격의 저서는 상당량 나왔던 것으로 보이는데, 60년까지 나온 주요 저작을 연도순으로 나열하면 다음과 같다.

> 김기림, 『문학개론』, 문우인서관, 1946
> 백철, 『문학개론』, 동방문화사, 1947
> 홍효민, 『문학개론』, 일성당서점, 1949
> 김동리, 『문학개론』, 정음사, 1952

조연현, 『문학개론』, 고려출판사, 1953
조용만, 『문학개론』, 탐구당, 1954
최재서, 『문학원론』, 춘조사, 1957
김덕환, 『문학개론 上』, 정연사, 1959

이 책들은 문학 전반의 문제를 다루고 있어, '소설'에 대한 설명은 대부분 소략하다고 할 수 있다. 하지만 대부분이 강의 교재를 염두에 두고 쓴 것이기에, 특히 교육과정과 밀접하게 연관된다. 그러나 이런 문학개론류의 서적들에서 요소론적 접근법이 본격적으로 전개되는 것은 60년대 이후의 일로 보인다. 앞의 서적들에서 확인할 수 있는 것은 이들 서적에 본격적으로 작용하기 시작하는 서구적 이론의 모습이다. '문협정통파'로 이후 남한소설에 다대한 영향을 미치는 김동리, 조연현의 『문학개론』은 모두 그 기본적인 설명틀을 몰튼의 책에서 가져오고 있기에, 상당히 유사하다. 특히 소설의 특질을 '인생의 서사시'라는 몰튼의 개념에 기대어 설명하고 있으며, 이를 허드슨의 '성장의 서사시'와 '예술의 서사시'에 대한 논의와 연관하여 이해하고 있는 점도 동일하다. '테마(주제)'와 '플롯(구성)'을 축으로 소설의 특성에 대한 구체적인 기술을 하고 있는 점 또한 마찬가지이다. 조용만의 책은 허드슨의 책의 번역에 가깝다. 몰튼이나 허드슨의 책[39]이 모두 기본적으로 소설에 대한 요소적 접근법을 근간으로 하고 있다는 점에서, 새롭게 전개되는 서구적 이론과의 교섭을

---

39) 이 두 책은 당시 특히 개론서들에 반복해서 등장하는 것으로 보아 상당한 영향을 미치고 있었던 것으로 보인다. 서지는 다음과 같다.

Hudson, William Henry, *An introduction to the study of literature*, London : George G. Harrap, 1913.

일어 역은 益田道三 譯, 『文學槪論』, 聚芳閣, 大正14(1925).

한국어역은 김용호 역, 『문학원론』, 대문사, 1949.

Moulton, Richard Green, *The Modern study of literature : an introduction to literary theory and interpretation* , Chicago : University of Chicago, 1924.

일어 역은 本多顯彰 譯, 『文學の近代的硏究 : 文學の理論及び解釋の序論』, 東京 : 岩波書店, 昭和 7(1932).

확인할 수 있다. 64년에 나오는 『문학개론—새 理論과 새 作法의 입문』
(박목월·김춘수·정한모·문덕수 공저, 청운출판사)은 상당히 체계적인 이론틀
과 우리 근대소설 작품들을 실례로 이용한 적절한 설명이 이루어지고
있다. 76년에 나오는 구인환·구창환 공저의 『문학개론』(삼영사)는 그 시
기까지의 문학의 원론적 논의에 영향을 미치고 있는 서구와 일본의 참
고서적들이 거의 총망라된 채로, 소설에 있어서의 '요소적 접근법'의 한
정리가 이루어진 모습을 보여주고 있다.

위에서 간략하게 소묘해본 해방 이후 '요소적 소설론'의 전개과정을
살펴보는 데는 고려해야 할 다양한 문제들이 있다. 몰튼이나 허드슨에서
퍼시 러복과 르네 웰렉으로 이어지는 서구적 이론이 미치고 있는 영향
의 문제, 또 현대문학사나 고전문학사의 전개과정에서 이루어지는 '소설'
개념과의 관계 문제, 실제로 대학이나 중등 교육의 문학교육이 제도화되
어 가는 실상에 대한 파악과 이러한 소설론과의 관계 문제 등, 어느 것
하나 소홀히 해서는 곤란한 문제들이 겹쳐 있는 것이다. 이들 문제들 하
나하나에 대한 깊이 있는 탐색을 통해서 해방 이후 요소적 소설론의 의
미를 따져보는 것은 과제로 남겨둔다.

4. 결론을 대신하여

이로써 우리 근대소설 논의의 중심축 중의 하나인 '요소적 소설론'의
형성과정과 그 특수성을 주로 식민지 시대의 논의, 특히 이태준의 소설
논의를 중심으로 살펴보았다. 너무 일반적이서 그야말로 보편적인 소설
기술론(記述論)으로 보이는 '요소적 소설론'이라는 하나의 특정한 접근법
은 우리나라에서 형식주의적 경향과 긴밀하게 연결된 채로 진행되어 왔

다. 또 그러한 논의 전개는 우리의 소설 인식에서, 형식을 매개로 하여 서구 근대소설의 보편성을 내면화하는 과정과 연결되어 있는 것이었다. 그러므로 '요소적 소설론' 자체를 하나의 특정한 소설론으로 자리매김하고, 그 의미를 따져보는 일은 '노벨'이 아닌 '소설'의 이해를 위해서는 꼭 필요한 일이라고 할 수 있다.

이와 관련하여 언급해 두어야 할 것은 이태준의 소설 인식에 대한 이러한 담론 차원에서의 논의가 그대로 창작행위에 적용되는 것은 아니라는 점이다. 이는 김동인이나 김동리 등에 있어서도 마찬가지이다. 물론 이태준은 자신의 소설관을 작품으로 실천하려고 노력했다. 특히 뛰어난 묘사를 통해 선명한 인물을 형상화해내는 대부분의 그의 소설들은 '솜씨'를 중시하는 그의 소설관의 표현이라고 할 수 있다. 하지만 이태준의 작품은 여러 면에서 이른바 19세기 서구 리얼리즘과는 판연히 다르다. 이태준의 본격적인 창작이 주로 단편에 집중되었다는 사정과도 연관되어 있겠지만, 이는 무엇보다도 서구소설의 형식과 지역적 소재를 매끄럽게 결합시켜내려는 그들의 지향 자체가 항상 어그러지는 '불가능한 프로그램'이기 때문일 것이다.40) 다음 글은 이태준의 그러한 느낌이 표현되고 있는 것으로 보인다.

東洋小說에서는 三國志類의 武勇傳이기 前에는 西洋小說에서처럼 高層建物과 가튼 立體的 設計는 어렵다. 生活形式이 저들은 動的인데 우리는 靜的이요 저들은 立體的인데 우리는 平面的이다. 젊잔흔 人物이면 저들과 가티 決鬪를 請하거나 競馬나 골프를 하지 안코 亭子에 누어 反省하고 낙시질이나 바둑을 둔다. 이러케 조용한 人物과 生活을 가지고 變化를 부린댓자 作者의 뒤스럭만 보히기가 十常八九다. 왜 私小說이 만흐냐 이것은 無氣力에서 나온다—이러케 斷定하는 것은 그의 不足이다. 東洋畵에서 立體感을 찾는 소리나 비슷하다. 構想 이것은 東洋小說家들이 밧는 最大의 苦痛일 것이다.41)

---

40) 프랑코 모레티, 「세계문학에 대한 몇 가지 단상」, 『세계의 문학』, 1999년 가을 참조.
41) 이태준, 「生活樣式과 立體的構成」, 『조선일보』, 1937.7.5

이 글은 단순히 동·서양 소설을 비교하기 위해 쓰여진 것이 아니다. 제목에서 드러나듯 자신의 '창작의 고심'을 토로하는 과정인 것이다. 그렇기에 이 글은 자신의 '소설'이 서양소설과는 다름에 대한 인식이며, 한편으로는 그 다름에 대한 변명이기도 하다. 동양과 서양이라는 허구적 인식틀, '구상'이라는 한 요소 중심의 인식, 생활양식의 입체성과 평면성이라는 어찌 보면 유치한 발상 등, 이 글 자체는 다양한 문제를 노정하고 있다. 하지만 여기에는 창작자로서 이태준이 느끼고 있었던 서구적 근대소설의 보편성에 대한 회의가 묻어나 있다. 그 회의를 논리화하는 것, 그것은 소설가 이태준의 몫은 아닐 것이다.

동양주의에서 국제주의로

근대 극복의 한 도정

김재용

1. 이태준 문학 다시 읽기

그 동안 이태준 문학에 대한 연구가 많이 이루어졌지만 제한적일 수밖에 없었던 것은 월북 이후 문학의 전체 면모가 제대로 드러나지 않은 데에 중요한 원인이 있다고 생각한다. 1988년 해금 이후 월북후의 문학적 행적이 조금씩 드러나기 시작하였지만 공식적 글쓰기가 마감되기 이전까지의 그의 문학 전체가 드러난 것은 아니었기 때문에 그 한계를 넘어서기가 쉽지 않았다. 이태준이 남긴 마지막 저서로 추정되는 『위대한 새중국』이 발굴되어[1] 이제 이태준 문학 전체에 대한 접근이 가능해지게

---

1) 미군이 한국전쟁 기간에 평양에서 노획하여 현재 미국 국립문서보관소에 보관되어 있는 이 책이 이태준 문학 전반에서 갖는 의미를 밝히기 위하여 필자는 최근 「한국전쟁기의 이태준—『위대한 새중국』을 중심으로」(『상허학보』 13집, 2004년 8월)를 발표한

되었다. 이태준 문학 전반에 대해 거리낌 없이 연구할 수 있는 조건이 구비된 셈이다.

이태준 문학의 전모가 드러나게 됨으로써 가능해지게 된 것 중의 하나가 이태준 문학 전반을 관철하고 있는 사유의 흐름에 대한 파악이다. 그 동안 여러 차례 이태준론이 시도된 바 있지만 작품이 제한되었기 때문에 이태준 문학 전반을 흐르고 있는 지적 궤적에 대한 천착을 자신 있게 할 수 없었다. 1951년 10월 중화인민공화국 건국 두 돌 행사의 초청을 받아 중국의 주요 지역을 방문하고 난 다음 귀국하여 1952년 4월에 출판한 기행문 『위대한 새중국』을 보면 국제주의로 일관되어 있음을 확인할 수 있다. 그런데 잘 알려져 있는 것처럼 이태준 문학은 동양주의로 시작되었다. 어떤 과정을 통하여 그가 동양주의에서 국제주의로 나아갔는가 하는 점은 그의 문학 전체를 해명함에 있어 빼놓을 수 없는 관건이다. 동양주의에서 시작하여 국제주의로 끝을 맺는 이태준 문학 전반을 관찰하고 그 내적 흐름을 이해하는 것은 이태준 문학은 물론이고 한국 근대문학의 해명을 위해서 긴요한 과제 중의 하나이다.

이 글은 이러한 시도의 일환으로 이루어진 것이다. 동양주의자로 시작하여 국제주의에 이르기까지의 그의 사상적 행로는 결코 간단하게 넘어갈 수 있는 문제가 아니다. 이태준은 서구 근대의 가파른 파고 속에서 대부분 식민지의 지식인이 서구를 무비판적으로 추종할 때(근대의 추수는 물론이고 근대 극복의 방식 또한 그러하였다) 매우 특이하게 동양에 대한 남다른 관심을 갖고 이를 추구한 바 있는 인물이다. 그러한 이태준이 마지막에 국제주의자로서의 면모를 물씬 풍기는 것을 보고 있으면 그 사상적 변모의 과정이 복잡다단한 사유의 곡절 속에서 이루어졌음을 알 수 있다. 또한 이러한 과정은 근대를 극복하기 위한 지적 투쟁의 도정과 맞물려 있기 때문에 한층 흥미롭다. 동양주의자에서 국제주의자로의 이태준

바 있다.

의 이러한 변모를 설명하기 위해서는 처녀작 「오몽녀」를 발표한 직후 카프문학을 둘러싼 논쟁이 한창일 무렵을 거슬러 올라갈 필요가 있다.

2. 서구 근대 비판으로서의 정신적 동양주의

이태준이 카프 결성 후 이루어진 프로문학 논쟁에 대해 어떤 태도를 가졌는가 하는 점은 그 동안 별반 관심을 끌지 못하였다. 이태준을 구인회에 연관시켜 이해하는 것이 일반적으로 널리 받아들여지는 것과는 달리 1920년대 중반 특히 프로문학에 대해 어떤 태도를 가졌는가 하는 것은 관심의 대상이 되지 못하였다. 이태준이 구인회에 깊이 관여했던 반면, 카프에는 가입을 하지 않았을 뿐만 아니라 일정한 거리를 두고 있었다는 사실을 감안하면 이러한 접근 태도는 낯선 것이 아니다. 하지만 이태준 문학 전반을 검토하려면 그가 문학을 처음 시작할 무렵의 태도를 이해하는 것이 대단히 중요하고 특히 이태준이 창작활동을 시작할 무렵에 문단을 휩쓸었던 카프문학에 대한 그의 태도를 이해한다는 것은 매우 중요하다고 할 수 있다. 특히 국제주의자로서의 이태준의 면모가 형성된 것을 이해하기 위해서는 국제주의를 표방한 당시의 프로문학에 대해 이태준이 어떤 태도를 가지고 출발하게 되었는가를 이해하지 않고서는 핵심에 닿을 수 없다. 그런 점에서 이태준의 다음 회고는 이 시기 지향을 밝혀줄 수 있는 중요한 자료이다.

> 「오몽녀」 직후에 나는 사상문제에 얼마쯤 고민하였다. 루나찰스키의 예술론을 도저히 이해할 수가 없었고 이해하려면 할수록 반감만 커갔다. 당시 주위의 문학청년이란 거개 루나찰스키의 신도들이었다. 나는 외로운 나머지 화가인 김

용준,김주경 및 친구의 정통예술파란 기하에 뛰어들기까지 하였다. 이 정통예
술파의 예술론은 좌익천하였던 조선의 각 신문잡지에서 의례 묵살될 것은 정
한 이치였다. 이방인과 같은 고독이었으나 이제와 돌아보면 수긋하고 내 신념
으로만 살 수 있었음은 다행한 일이다.[2]

이 회고에서 드러나고 있는 것처럼 그는 분명 카프 문학에 대해 비판
적인 태도를 가졌다. 이것은 그 이후의 활동을 보아서도 짐작할 수 있는
일이기는 하지만 이러한 회고에서 더욱 분명하게 읽을 수 있다. 그런데
중요한 것은 당시 어떤 입장에서 이러한 태도를 가졌는가 하는 것이다.
그런 점에서 그가 언급하고 있는 김용준이 1927년 무렵 임화와 더불어
나누었던 논쟁은 이태준의 이해에 있어 중요한 참고가 된다.

김용준은 『조선일보』 지상에 「프롤레타리아 미술비판」(1927.9.18~9.30)을
발표하면서 당시 프로문화 전체에 대한 비판을 가했다. 이에 대해 임화는
같은 신문에 「미술 영역에 재한 주체이론의 확립」(1927.11.20~24)을 발표하
여 반박을 하였다. 이 논쟁은 그 자체로 보면 당시 있을 수 있는 흔한 논
쟁 중의 하나에 불과하다고 할 수 있겠지만 앞서 보았던 이태준의 회고
를 참고하게 되면 이 논쟁이 당시 이태준이 프로문학에 대해 어떤 태도
를 가졌는가 하는 것을 엿볼 수 있는 매우 중요한 글임을 알 수 있다.

김용준은 기본적으로 부르조아 근대 사회가 지닌 문제에 대해 신랄하
게 비판하면서 자본주의 사회의 문제점을 극복할 수 있는 주체로서의
프롤레타리아를 상정한다. 또한 예술의 경향성을 부정하고 순수예술을
주장하는 것에 대해서도 ,프롤레타리아 예술가들과 마찬가지로, 심도 있
게 비판한다. 그런데 김용준이 프로예술을 비판하는 것은 예술을 도구화
하는 관점이다. 문학예술을 혁명의 도구로만 생각하고 그 독자성을 부정
하는 일련의 사고에 대해 동의할 수 없음을 표명하면서 이러한 것이야
말로 프롤레타리아의 실감을 무시하는 것으로 프로예술과는 무관하다고

---

2) 이태준, 「소설의 어려움 이세 깨닫는 듯」, 『문장』, 1940.2.

비판하고 있는 것이다.

> 예술적 요소를 구비치 못한 '비' 예술품은 비프로예술품이요 프로예술품은
> 아니다. 계급해방을 촉진하는 수단에 불과하다면 그것이 도저히 예술이란 경지
> 에 들어올 수 없는 것이다. 씨의 예술관은 아니 일반적 맑스주의자들의 예술이
> 론은 모두 그 근거가 박약해 보인다. 예술이란 문구는 언제든지 멸망하기까지
> 는 변하지 못한다. 즉 예술의 본질적 가치는 부인할 수 없다. 예술적 요소가 미
> 를 본위로 한 이상 미의 표준과 미의식에 있어서는 시대와 사상—즉 환경을 따
> 라 변환할지나 미의식을 부인하고는 예술이란 대명사는 붙일 수 없는 것이다.
> 예술품 그 물건이 실감에서 직감에서 감흥에서 이 세 가지 조건하에 창조되는
> 것이다. 그러면 예술은 결코 이용될 수 없고 지배될 수 없으며 구성될 수도 없
> 다. 또한 예술품 그것은 결코 도구화 할 수 없고 오직 경건한 정신이 낳는 창조
> 물인 것이다. 그러므로 예술은 결코 과학적이어서는 아니되며 순연히 유물론적
> 견지에서 출발하여서도 아니될 것이다. '볼세비키'의 예술이론은 나와 정반대
> 된다. 그들은 예술을 선동과 선전수단에 이용하기 위하여 도구시하고 있다. 그
> 들은 이러한 예술을 훌륭한 프로예술 혹은 민중예술이라 한다. 그러나 그것은
> 큰 오류로 볼 수밖에 없다.[3]

윤기정을 비롯한 카프 지도부의 예술관을 비판한 김용준의 이 글에서
확인할 수 있는 것 중의 하나는 그가 예술적 특수성을 강조하고 있지만
결코 순수예술을 옹호하는 것은 아니라는 점이다. 그가 예술을 도구화시
키는 것에 대해 비판하고 있는 것이지 결코 예술의 현실연관성을 무시
하지 않았다. 이 점은 이태준과 관련하여 매우 중요한 의미를 던져 주고
있다. 김용준과 이태준을 직접적으로 동일화시킬 수는 없지만 이태준의
회고를 비롯하여 당시의 여러 작품을 근거로 할 때 이태준도 이러한 입
장을 갖고 있었던 것으로 보인다. 이태준이 당시 카프문학에 대해 어떤
태도를 가졌는가 하는 것은 앞으로 더욱 더 연구되어야 할 대목이지만

---

3) 김용준, 「프롤레타리아 미술비판」, 『조선일보』, 1927.9.25.

김용준의 입장에 공감했다는 회고를 통해서 볼 때 그가 카프문학에 대해 비판한 것 역시 문학의 도구화였지 문학의 현실연관성에 대한 것이 아닌 것이다. 그렇기 때문에 흔히 이태준의 초기문학을 문학의 현실연관성을 부정하는 순수문학으로 바라보는 것은 매우 잘못된 일이다. 이태준이 이후 구인회를 조직하여 그 좌장 역할을 하면서 카프문학을 비판한 것은 문학예술을 도구화하는 관점에 대한 것이지 결코 순수문학을 옹호하는 것이 아님은 분명하다.

이태준은 프로문학과는 다른 방식으로 근대에 대한 강한 비판의식을 가지고 있었던 것으로 보인다. 이태준은 서구 근대 자본주의에 편입된 이후 겪고 있는 식민지의 근대에 대해 대단히 부정적인 태도를 가지고 있었고 이를 극복할 수 있는 대안을 찾고자 했다. 서구 근대에 대한 부정적 사고는 전근대 동양의 교양과 문화를 존중하는 경향으로 이어졌다. 그런 점에서 이 시기 그의 상고주의는 복고주의와는 다른 것이다. 식민지의 근대에 대한 성찰 없이 즉자적으로 과거로 돌아가려고 하는 복고주의와 달리 근대를 극복하기 위한 대안으로서의 전근대의 과거를 반추하는 상고주의인 것이다. 그렇기 때문에 이태준의 상고주의는 그 속에 이미 근대에 대한 문제의식과 이를 넘어서려고 하는 지향이 들어 있었다고 볼 수 있다. 그 동안 거의 주목을 받지 못하고 있던 이태준의 「예술의 동서」는 이러한 점에서 이 시기 의식을 잘 보여주고 있다.

　돌을 생각하고 나체를 생각하니 돌풍의 동양인의 예술과 나체풍의 서양인의 예술로 비교되어 생각된다. (…중략…) 오늘 우리가 아무리 양관에 드나들고 버터를 먹을지언정 그래서 생리학상 혈청은 다소의 이변이 생길지언정 우리의 오랜 전통의 심경 우리의 정신적 생활의식 생활 이상은 영원히 바뀌지 않을 것이라 믿어진다. 적어도 불교철학과 노장의 도를 가진 우수한 인종 동양인이어든 일시 경제적 난관에 처했다기로 그들의 오랜 전래의 문화를 일개 외래사조 때문에 터무니 없이 부서드릴 리는 만무할 듯하다. (…중략…) 서양인은 언제든지 나체를 그리라 동양인은 탄할 바 없이 언제든지 돌을 그릴 것이다.[4]

이 글에서 그가 강조하는 것은 서구 근대와는 다른 동양의 세계이며 이것을 통해 서구 근대를 넘어설 수 있다는 것이다. 서양과 동양의 이항 대립 위에서 나온 이러한 생각은 당시 이태준이 서구 근대에 의해 점점 물화되어가는 현실에 대해 얼마나 강한 증오를 가지고 있었는가를 잘 보여준다. 그리고 이를 넘어설 수 있는 것으로 동양의 정신에 기대를 걸고 있음을 확인할 수 있다.

물질적 서양에 대비한 정신적 동양의 우위라는 이태준의 세계관은 자칫 일본과 조선을 동양이란 틀 속에서 동일화함으로써 조선적 특수성에 대한 인식을 간과하고 있는 것처럼 보일 수도 있다. 동양 내에서 중국 일본과 다른 조선의 특수성을 인식하고 있었는가 아닌가 하는 점은 당시 일제의 식민지라는 현실을 고려할 때 매우 중요한 문제였다. 이 점을 해명하는 데 그의 작품은 그렇게 큰 도움을 주지 못한다. 하지만 이 시기에 쓴 미술 관련 글들은 사태를 훨씬 명징하게 보여주고 있다.

1929년에 열린 서화협회 전시회를 본 후에 발표한 「제10회 서화협전을 보고」는 서양과 동양의 구분뿐만 아니라 동양 내에서 중국 일본과 다른 조선에 대한 이태준의 분명한 인식을 보여주고 있어 흥미롭다.

> 이번 협전의 '제10회'라는 관사는 회장을 들어서기 전부터 우리에게 커다란 감격으로 가슴을 채워 주었다. 오늘까지도 그림을 '환'이라고 일러주는 우리 사회니 지금으로부터 10수년 전이라면 더 말할 것이 없다. 협전은 마치 이단자의 무리처럼 고독한 길을 걸어왔을 것이다. 그처럼 몰이해하고 무감각한 민중 속에서 그래도 일굴(一屈)이 없이 부단히 싸워와서 오늘에 제10회의 전람회를 공개하는 것은 협전 제씨에게 있어 그 얼마나 거대한 영광이랴. 우리는 모든 이론과 비판의 입을 열기 전에 먼저 협전 제씨에게 묵묵히 감사하지 않을 수 없는 일이다. 협전은 금년이 10회요 총독부전은 금년이 9회였던 것을 보아 협전은 제2회전 때부터 벌써 치명상에 가까운 위압을 받으며 기를 펴지 못하고 자랐을 것은 우리의 짐작하기에 넉넉한 사실이다. 총독부전엔 일본에서 대가가

---

4) 이태준, 「예술의 동서」, 『조선일보』, 1933.8.31~9.1.

나와 심사한다는 바람에 일가(一家)의 주관이 서지 못한 너무도 자존심이 박약한 신진들은 협전을 알기를 헌신짝처럼 구박해서는 제9회의 작년까지도 협전의 양화부란 얼마나 빈약했었는가. 그 기억이 아직도 새롭거든 겨우 일년을 지난 금년의 협전 양화부는 질로나 양으로나 오히려 동양화부를 압도하는 기세이니 여기서 우리는 협전의 승리를 또한 말하지 않을 수 없는 것이다. 조선의 미술가들은 우연이 아닌 이 세력을 근거로 어디까지든지 협전을 지지하여 조선인 미술의 유일한 민간 협동단체로써 권위를 빛내라. 남들은 밖에서 주은 깨어진 기와장 한 조각으로도 훌륭한 미술관의 한 자리를 점령하지 않는가. 예술적 천품과 유전을 남달리 받은 이 나라의 자손들로 어찌 그다지 예술가로서의 자존심이 없으리요. 어떠한 시대에 가서든지 그가 만일 자아를 잊어버리고 화필을 놀릴 때에는 역시 일개 '환쟁이'에 불과할 것이다. 조선의 미술가들은 흙구덩에서 나오는 엽전 한푼을 보더래도 자존심을 지키기에는 부끄럽지 않은 위대한 예술가들의 후예들이다. 협전은 그네들의 전당이 아닌가? 어찌 다른 전람회에 눌릴 것인가?5)

총독부 주최의 조선미전과 달리 조선인들이 민간 차원에서 독자적으로 주도한 서화협회의 10회 미술전에 출품된 작품을 평하는 글의 앞머리에 해당하는 이 대목을 통하여 이태준이 서양과 다른 동양뿐만 아니라 동양 내에서도 일본과 다른 조선의 특수성을 강조하고 있음을 알 수 있다. 특히 그가 이 글에서 사군자를 강조하는 것 역시 이와 무관하지 않다. 이 시기의 이러한 인식이 우연적인 것이 아니고 내면화된 것이라는 점은 동 시기에 발표된 다른 미술론(「녹향회 화랑에서」,『동아일보』, 1929.5.28~30, 「조선화단의 회고와 전망」,『매일신보』, 1931.1.1~2, 「제13회 협전 관후기」,『조선중앙일보』, 1934.10.24~30)에서도 확인할 수 있다.

---

5) 『동아일보』, 1930.10.22.

3. 동서양 이분법의 해체와 국제주의의 단초

1937년 중일전쟁은 문학계에 큰 충격을 주었다. 문학적 입장과 개성에 따라 반응은 천차만별이었지만 그 사건이 준 영향을 고려하지 않고 이 시기의 문학을 파악한다는 것은 거의 불가능할 정도이다. 프로문학을 했던 사람들이 받았던 것과는 다른 방향에서 이태준은 새롭게 자신의 지향을 가다듬어 나갔다. 이러한 면은 그의 작품과 수필 전반에 걸쳐 확인할 수 있는데 그 요체는 단일한 동양에 대한 거부를 통한 동양 서양 이분법의 해체이다.[6]

서구의 것이 근대의 이름으로 모든 사물의 척도가 되는 유럽 중심주의의 현실에서 과거의 것은 그것이 인간을 억압하는 것인가 아닌가에 관계없이 모두 버려져야 하는 운명에 처했던 시대적 현실에서 나온 것이 이태준의 상고주의였다. 서구중심주의의 폭력과 이를 아무런 생각 없이 앞장서서 받아들이는 사람들에 대한 저항이 상허에게는 사라져 가는 것에 대한 집착으로 이어졌던 것이다. 식민지 조선에서 서구의 근대가

---

6) 중일전쟁을 계기로 이태준의 사상적 변모가 이루어진 것 중의 다른 하나는 개인주의에 대한 비판이다. 카프에 대한 비판적 거리를 줄곧 두었던 그의 자취에서 분명하게 느낄 수 있는 것이 바로 집단주의에 대한 강한 비판이었고 이는 그가 카프에 가담하지 않고 이에 대한 대타의식적 차원에서 만들었던 구인회에 참가하면서도 개인의 자율성을 강조하고 그 이상으로 나아가지 않았던 데서도 잘 드러난다. 그런데 중일전쟁을 계기로 하여 그는 집단적 주체에 대해 새로운 탐구를 하기 시작하였다. 크다란 폭력 앞에서 개인의 자율성이라는 것이 무력한 것이라는 것을 느껴졌던 것이기에 집단적 주체에 대한 각별한 관심을 가지기 시작하였다. 그런 점에서 중일전쟁 개시 이후 전개된 동아시아의 상황은 그에게 매우 큰 전기가 되었던 것이다. 집단적 주체에 대한 그의 관심이 한 단계에 올랐음을 보여주는 것은 「농군」이다. 만주의 척박한 환경 속에서 농민들이 개인이 아닌 집단으로서 생존의 길을 찾아가는 과정을 다룬 이 작품은 이태준이 이미 과거의 그가 아님을 잘 보여주고 있다. 그런데 이 시기 이태준의 이러한 지향은 결코 일시적인 것이 아님을 잘 보여주는 것이 문제의 일본어 소설 「제1호 선박의 삽화」이다. 일부에서 이태준의 친일 행위의 근거로 이야기하기도 하는 이 작품에서 그가 집단적 주체에 대해 얼마나 큰 관심을 가지고 있었는가 하는 것을 확인할 수 있다.

빚어내는 이 살풍경을 예사롭게 보지 않았던 그가 사라져 가는 고귀한 가치들을 잡으려고 하였고 이는 아(雅)와 속(俗)의 긴장으로 드러났다.

<blockquote>
서구 사람들은 방 속에서 미인의 나체를 그리고 있을 때 동양 사람은 정원에 나와 괴석을 사생하고 있지 않았는가? 이런 취미는 미술에뿐이 아니다. 동양의 교양인들은 시(詩), 서(書), 화(畵)를 일원의 것으로 여겼다. 한 사람의 기술로서 이 세가지를 다 가졌을 뿐 아니라 정신으로 괴석을 시,서,화에 다 신봉하였다. 나체를 생각하고 생활을 구상하는 것은, 즉 아(雅)가 아니요 속(俗)인 모든 것은 결코 예술일 수 없었다. …… 그러나 현대의 승리는 서구 저들에게 있다. 하시(下視)는 하면서도 저들의 뒤를 슬금슬금 따라야 하는 데 동방의 탄식이 있는 것이다.[7]
</blockquote>

서양을 속으로 간주하고 동양의 아를 견지하는 것에 서구 근대 및 식민지 근대를 극복하는 것이라고 믿어왔던 그가 이렇게 변화하는 동북아와 세계의 현실을 목격하면서 그 동안 지켜온 자신의 사고를 반성하게 된다. 서양은 나체만 그리라고 하면서 동양은 계속 돌을 그리겠다고 하던 이전의 태도와는 다른 것이다. 동양의 탄식에서 이전에 견지하였던 동양에 대한 당당함이 많이 사라진 것을 확인할 수 있다. 서구는 속이요 동양은 아라고 하면서 아가 속보다 한길 위라고 보았던 이태준으로서는 이 동양의 깊은 교양의 세계가 서구 근대의 위력에 밀려 사라지는 것을 결코 앉아서 볼 수만은 없었던 것이다. 서구 근대가 들어오기 이전에 존재했던 조선의 세계에서 교양인의 마음을 사로잡았던 것들을 널리 소개하면서 계승하려고 했던 것이 사람들에게 상고적 취미로 인식되기도 하

---

7) 이태준, 「탄식하는 동방정취」, 『조선일보』, 1938.8.5.
　　이 글은 『조선일보』가 기획한 '서구정신과 동방정취'라는 시리즈 중의 한 편으로서 연재 당시의 부제인 「탄식하는 동방정취」가 이태준 글의 제목에 해당한다. 그렇기 때문에 흔히 이 글의 제목을 「서구 정신과 동방정취」라고 하곤 하는 데 여기서는 시리즈 제목이 아닌 이태준 글의 제목을 취하였다. 당시 이 시리즈에 글을 쓴 사람은 최재서, 이병기,이효석이다.

고 때로는 낭만적 복고주의자로까지 비쳐지기도 했던 것이다. 그런데 그는 더 이상 이러한 세계에 고착될 수 없음을 깨닫게 되고 이는 서양과 동양이란 이분법의 해체로 이어졌다. 서구와 동양의 이분법이 범하는 또 다른 인식론적 폭력의 위험을 이태준은 눈치채기 시작하였다. 서구가 동양보다 앞선다는 제국주의적 이항대립도 문제지만 이것에 맞서 세운 도식인 동양이 서구보다 윗길이라는 인식 역시 서구를 타자화할 수 있는 위험에 노출되어 있기 때문이다.

이제 탄식하는 것에 머무르는 것이 아니라 동양으로부터 적극적으로 탈피할 것을 주문하고 나아가 서구의 것을 배워야 한다는 데까지 나아간다.

> 요즘 '신식'에 멀미난 사람들이 청년층에도 늘어간다. 이 일종 고전열은 고완품가에도 나타난다. 4,5년 전만 하여도 고물점에서 우리 젊은패는 만나기가 힘들었다. 일세기나 쓴 듯한 퇴색한 '나까오리'를 벗어놓고는 의례 허리부터 쉬여 가지고 돋보기를 꺼내 쓰고서야 물건을 보기 시작하는 노인들이 대부분이었다. 그런데 요즘은 양품점에서나 만나던 젊은 신사들을 고물점에서 만나기가 그리 어렵지 않다. 고물점을 신선케하는 좋은 기풍이다. 노인에게라고 생 예찬의 생활이 없는 것은 아니나 노인이 고기를 사는 것을 보면 어쩐지 상포(喪布) 홍정과 같은 우울을 맛보는 것이 사실이었다. 젊은 사람이 너머 고완에 묻히는 것도 반성해야 할 것이다. 그렇지 않아도 각 방면으로 조로하는 동양인에게 있어서는 청년과 고완이란 오히려 경계할 필요부터 있을는지 모른다.8)

청년들이 골동품 취미를 갖고 거기에 파묻히는 것을 비판하고 있는 이 대목은 이미 스러져 가는 동양에 대한 탄식을 넘어서 이로부터 적극적으로 탈피할 것을 주문하고 있는 것이다. 그런 점에서 서구 근대의 저항으로서의 동양의 아를 견지하려고 하였던 시절이나 혹은 이것에 절망하면서 탄식을 하던 때와는 분명 다른 입장이다. 실제로 이러한 지향은

----

8) 이태준, 「고완품과 생활」, 『문장』, 1940.10.

비단 수필에만 그치는 것이 아니고 작품에서도 여실하게 드러나고 있다.
다음은 「영월영감」 중의 한 대목으로 그가 얼마나 동양의 정취로부터 벗
어나려고 노력하고 있는가 하는 점을 다시 한번 여실하게 보여준다.

> "해석입니다. 충남 어느 섬에서 온 거라는데 파는 걸 사왔습니다."
> "넌 너의 아버닐 너무 닮는구나! 전에 너의 아버니께서 고석을 좋아하셔서
> 늘 안협으루 사람을 보내 구해 오셨지. …… 그런데 난 이런 처사 취민 대 반대
> 다."
> "왜 그러십니까?"
> "더구나 젊은이들이 …… 우리 동양 사람은 그 중에두 우리 조선 사람이지.
> 자연에들 너무 돌아와 걱정이야."
> "글쎄올시다"
> "자연으루 돌아와야 할 건 서양 사람들이지. 우린 반대야. 문명으루, 도회지루,
> 역사가 만들어지는 데루 자꾸 나가야 돼"

조선을 위시한 동양 사람들이 자연에 너무 깊이 빠져 있는 것을 걱정
하면서 오히려 역사를 만들어나가는 데로 나아가야 함을 역설하고 있는
영월영감의 발언은 단순히 한 작중인물의 목소리에 그치는 것이 아니고
작가 이태준의 목소리가 깊이 배어 있는 것이라 할 수 있다.
이 점은 중일전쟁 이전 동양의 교양과 정취에 푹 빠져 있을 때 나온 「
복덕방」과 중일전쟁 이후의 작품인 「영월영감」을 비교하여 보면 금방
확인할 수 있다. 「복덕방」에서는 이해관계로 점철되어 있는 서구 근대의
질서에 적응하지 못하고 죽어가는 안초시에 대하여 대단히 안타까운 마
음으로 바라보는 것과는 달리 「영월영감」에서는 나이는 많지만 생활 속
에서 현실을 타개하려고 하는 영월영감이 그렇지 못한 젊은 세대들을
탓하는 것으로 설정되어 있다. 이것이야말로 이태준이 중일전쟁을 겪으
면서 서양과 동양의 문제를 달리 보고 있는 점을 잘 말해주고 있다.
서구 근대에 대한 대안으로서 자리잡았던 동양의 교양과 정취에 대

한 반성이 일기 시작하는 과정에서 빠뜨려서는 안 될 것 중의 하나가 소설관의 변천이다. 이태준은 서구 소설의 영향 속에서 소설 창작을 하였지만 세태를 반영하는 것을 기본으로 삼고 있는 서구의 소설에 대해 항상 거리를 두고 있었다. 그렇기 때문에 항상 스스로 모순에 사로잡혀 있었다. 속(俗)의 세계에 기반을 두고 있는 서구의 소설이란 형식 속에서 어떻게 아(雅)라는 동양의 정신을 집어넣을 것인가 하는 점이다. 그런 점에서 일본의 사소설을 독특하게 관찰하고 있다. 서구의 소설이란 장치 속에서라도 동양의 정신을 구현하려고 노력한 것이 바로 일본의 사소설이라고 보았기 때문이다. 동양의 아와 서구의 속이란 대립 속에서 소설을 이해하던 그가 이 이분법으로부터 자유로워지기 시작하면서 소설의 통속성을 새롭게 이해하기 시작하였다.

> 통속성이란 곧 사회성이다. 결코 무시될 수 없는 개인과 개인 간의 각각도로의 유기성을 의미하는 것이다. 통속성 없이 인류는 아무런 사회적 행동도 결성도 가질 수 없는 것이다. 소설뿐 아니라 통틀어 위대한 예술이란 위대한 통속성의 제약 밑에서만 가능한 자일 것이다. 이것을 생각지 않고 통속성을 떠나는 것만이 새로운 예술인줄 여기는 전혀 객관성이 희박한 소설들이 더러 보이는 것은 딱한 현상의 하나다. 이런 이들로 말미암아 '통속성'이란 말은 '저급'이라는 말로 방하(放下)되려는 위기에 있음을 가끔 느끼는 것이다. 정말 작품에 있어 하대될 소위 통속성이란 공통만속(共通萬俗)하는 그 통속이 아니라 작가가 대상을 영혼으로 통제하지 못하고 흥미만으로 농하는 데서 생기는 불진실미 그것인 것이다. 연애가 나온다고 통속이라 하면 인식 부족이다. 나체보다 더한 것이 나오더라도 작자가 열변의 태도면 그만이다. 아무리 성현열사만을 취급하였더라도 작자가 좌담식 농변의 태도라면 그건 소위 농속 즉 '불진실'이다.[9]

나체를 그리는 서양의 예술을 속의 세계라고 이야기하고 성현을 그리는 것을 아의 세계라고 했던 그가 이제 나체를 그리든 성현열사를 그리

---

9) 「통속성이라는 것」, 『무서록』, 박문서관, 1944, 131~132면.

든 중요한 것은 진실의 문제라는 것이다. 또한 그는 흥미만을 위주로 하는 통속적인 것과 공통만속(共通萬俗)하면서 개인과 개인 사이의 사회성을 다루는 통속적인 것 사이의 차이를 분명히 하면서 후자를 강조한다. 이제 이태준에게 있어 통속성은 아와 대비되는 속의 세계가 아니라 사회성으로 자리잡게 되었던 것이다.

이러한 입장을 갖고 있기에 과거에 자신이 했던 고민 즉 속의 세계인 서양의 소설 양식에 어떻게 아의 세계인 동양의 정신을 넣을 것인가의 문제로부터 자유롭게 되는 것이다. 통속성이 단순히 아와 대비되는 세계가 아니라 사회성이기 때문에 이러한 대립은 자연스럽게 해체되어 간다. 따라서 소설관도 이전과는 현저하게 달라지게 된다. 이 무렵에 그가 반고의 한서에 나오는 '가담항설' 혹은 '도청도설'을 새롭게 해석하는 대목은 그런 점에서 흥미롭다.

> 문학의 왕좌를 점령해 놓은 서양 소설의 덕이 아니었던들, 오늘 동양에서 특히 조선 같은 데서 소위 도청도설(道聽塗說)로 더불어 떳떳이 그 천직을 삼으려는 자 과연 몇 명이나 되었을꼬 나는 이 '도청도설' 혹은 '가담항설'(街談巷設)이란 말에 몹시 불쾌를 느꼈었다. 소설이라고 반드시 먼지가 일고, 가래침이 튀고,비린내가 나고, 비명이 일어나야만 한다는 조건은 어데 있는가? 될 수 있는 대로 먼지를 피하고 가래침을 안 보고 비린내를 안 맡고 비명을 안 들으며 써보려 하였다. 이것은 틀림없이 그 소설 천시에 대한 반감에서 일어난 나의 '소설'에의 약간의 인식 부족이었다. 소설을 가리켜 '가담항설'이라 '도청도설'이라 했음은 멀리 창창한 한서의 고전이거니와 그때 이미 얼마나 정시(正視)한 소설관인가! 소설은 진화까지는 하지 않는다. 한서가 해놓은 정의를 오늘 소설이 꼼짝 벗지 못하는 것이다.[10]

이분법에서 벗어나 서양과 동양을 보게 보니 동양의 것 중에서 새롭게 인식하게 되는 것이 생기게 되고 그 중의 하나가 바로 소설에 대한

---

10) 이태준, 「소설」, 『문장』, 1941.3.

한서의 정의이다. 동양을 더 이상 아로만 보지 않게 되자 한서에서 소설을 가리켜 가담항어니 도청도설이라고 하는 것이 새롭게 인식되기 시작한 것이다.

이러한 그의 지적 작업은 자전적 소설인 『사상의 월야』에서도 잘 드러난다. 이 작품의 마지막에 나오는 동경 유학 대목에서 서양인 베닝호프와 주인공과의 만남은 그런 점에서 매우 흥미롭다. 미국 유학 후 기독교의 전도사가 되기를 바라는 베닝호프의 요청을 거절하면서도 베닝호프가 보여주는 사람들 사이의 평등의식에 대해서는 깊이 감복한다. 그가 베닝호프와 같이 길을 걸을 때 '동양'의 관습대로 항상 어른인 베닝호프보다 한 발자국 뒤로 처져 있었다. 이것을 본 베닝호프가 '당신은 노예가 아니요(You are not servant)'라고 하는 것을 보면서 서구인이 동양인보다 평등의식에서 앞서 있음을 인정하고 이를 받아들여야 함을 강조하고 있다. 이런 것을 고려할 때 이태준이 이전에 가졌던 동양주의에서 분명 벗어나고 있음을 알 수 있다.

이태준의 이러한 사상적 변모는 중일전쟁 이후의 친일 협력 문학인들의 지적 도정과 비교할 만하다. 중일전쟁 이후 조선의 문학인들은 친일 협력과 저항으로 나누어지는데 친일 협력을 한 작가들의 경우 공통적으로 드러나는 것이 동양주의에의 함몰이다. 내선일체의 황민화를 추종하여 친일 협력의 길에 들어섰든, 대동아공영권의 전쟁동원에 포섭되었던 이들이 공통적으로 드러내는 것은 서양에 맞선 동양의 옹호이다. 특히 이들 작가들은 그 동안 서양의 틀 속에서 사유를 하였는데 친일 협력의 길에 들어서면서 동양을 발견하고 이것을 절대화시키는 논리적 함정에 빠져들게 된다.11) 이러한 과정과 달리 이태준은 동양주의에 깊이 심취하였다가 일본이 중국을 침략하는 현실을 목격하면서 오히려 그 동안 견지하였던 동양주의로부터 거리를 두게 된다. 이태준의 이러한 사유

---

11) 이 과정에 대해서는 필자의 『협력과 저항』(소명출판, 2004)을 참고.

의 변화를 제대로 읽어내지 못할 때 중일전쟁 이후 이태준의 글을 당시 친일 협력의 길을 걸었던 문학인들의 동양주의와 혼동하게 될 가능성이 높다.

4. 해방과 국제주의자의 길

자종족중심주의와 동양주의에서 벗어난 있던 이태준에게 해방은 하나의 가능성이었다. 민족적 자율성을 지키면서 모든 종족이 공존할 수 있는 세계를 염두에 두었기 때문에 한반도를 둘러싼 국제적 현실에 대해 냉정하게 접근할 것을 주문하였다. 민족적 자율성은 지키되 배외주의는 아닌 새로운 세계를 염원하였는데 그의 이러한 생각은 신탁통치를 둘러싸고 벌어진 좌우의 투쟁을 보면서 쓴 다음 글에서 잘 드러난다.

> 세계에서 사회주의 대표국가인 소련은 그 의미에서 가장 실제적인 나라이며 자본주의의 대표국가인 미국은 역시 그 의미에서 가장 실제적인 국가다. 이 실제의 이 주반(珠盤)의 두 군대의 군정 혹은 반군정하에 있는 우리가 비실제적이고서야 어떻게 될 것인가? 우리는 먼저 모든 환상을, 즉 국내 자체에서부터 인공이고 임정이고, 우익이고 좌익이고 자편도취의 환상,감상, 이런 것을 깨끗이 청산하고 실제적인 견해와 행동을 하자. 여기에 일치되지 않고는 우리의 독립이란 실제적으로는 불가능한 것이다.[12]

그가 독립을 바라봄에 있어 중요하게 고려하고 있는 것은 해방이 우리 자신의 손에 이루어진 것이 아니고 미국과 소련을 비롯한 연합군에

의해서 얻어진 것이기 때문에 미소의 역할을 인정하지 않고 이루어지는 모든 행위는 결국 주관적인 도취에 지나지 않고 이는 결국 우리 민족의 독립을 방해하는 것에 지나지 않게 된다는 점이다. 한반도의 현실이 더 이상 고립되어서 진행될 수 없는 것이기 때문에 국제적 관계를 충분히 고려하여 그 속에서 한반도의 주민이 나아가야 할 최선의 길을 모색해야 한다는 그의 이러한 인식은 그가 더 이상 자종족중심주의자가 아님을 보여주는 것이다. 이제 그는 국제주의자의 길을 걷게 된다. 해방은 그로 하여금 국제주의의 이상이 과연 무엇인가에 대해 인식하는 큰 계기로 작용한 것으로 보인다. 그렇기 때문에 그는 소련을 보고 싶었을 것이고 이는 소련 기행으로 이어졌다.

소련 여행은 이태준이 국제주의자의 길을 걷는 데 있어 결정적인 계기를 마련했던 것으로 보인다. 소련을 여행하면서 본 것 중에서 가장 인상적이었던 것은 여러 종족들이 조화롭게 살아가고 있는 풍경과 또한 자신과 그들이 어떤 제약 없이 서로 소통하고 존중하면서 살아갈 수 있는 가능성의 발견이었다. 그는 이미 서양과 동양의 대립을 넘어서 있었지만 막상 소련에서 피부가 다르고 언어가 다르고 문화가 다른 그러한 서양인을 실제로 만나 이야기를 나누고 그들의 생활을 관찰하면서 소통을 했을 때 그는 비로소 국제주의를 확신할 수 있었던 것이다. 그가 이 문제에 큰 관심을 가졌음은 소련에서 겪은 다음의 일화를 보면 쉽게 알 수 있다.

우리는 이 환락경을 얼마 걷다가 아이스크림을 먹으려 어느 기니네나무 그늘로 갔다. 가보니 웬 동양청년 하나가 아이스크림 판 돈을 테이블 위에 쏟아놓고 지전은 지전대로 각전은 각전대로 같이 가려주고 있었다. 자세히 보니 우리 일행의 청년이었다. 웬일인가 물은즉 자기도 아이스크림을 먹으려 오니까 손짓으로 다 팔고 없다고 하면서 종이 상자에 수북한 돈을 쏟으며 이것이나 좀 같이 가려달라는 형용이기에 그러마 하고 같이 가리는 중이라 하였다. 나는 여기

서 깊은 인상을 받았다. 얼굴 생긴 것이 다르고 말도 못 통하고 어디서 온 어떤
사람인지도 모르면서 같은 사람이란 한가지로 이웃사람 믿듯 하는 이 신뢰감,
더구나 전쟁직후 세계는 살벌한 배타사상의 암운이 그저 저회하고 있는 때 이
인류의 가장 숭고한 감정이 한낱 아이스크림 파는 처녀들에게 어떻게 생겨난
것일까? 나는 소련에서 본 여러 가지 고귀한 것 중에 가장 고귀한 것으로 깊은
인상을 받았다.13)

　그가 이 소련의 처녀로부터 받은 감동은 바로 배외주의로부터의 자유
로움이다. 동양 청년과 서양 처녀 사이의 이 신뢰야말로 자종족중심주의
와 배외주의로부터 자유롭지 않다면 불가능한 것이다. 이태준은 바로 이
러한 장면에서 그토록 자신이 소망하였던 국제주의의 희망을 읽었다. 동
양과 서양의 이분법에서 벗어나 이를 극복한 새로운 보편성을 머리 속
에서 그려보았던 그가, 이 소련의 여행에서, 같은 사람이기 때문에 서로
믿고 정을 나누는 태도에서 받았을 흥분을 충분히 짐작할 수 있다. 그
자신이 소련에서 얻은 것 중에서 가장 고귀한 것이라고 말한 것을 보더
라도 이 일화가 그에게 얼마나 큰 충격을 주었는가를 알 수 있으며 소련
여행의 핵심이 어디에 있었는가를 알 수 있다.
　소련에서 국제주의를 확인했다고 해서 당시 소련은 물론이고 북한에
널리 퍼져 있던 냉전적 사고인 프롤레타리아 국제주의와 부르조아 내셔
날리즘의 대립을 그대로 답습하고 있는 것은 아니다. 물론 부분적으로
그러한 영향이 스며들고 있음을 부정할 수는 없지만 기본적으로 그러한
틀과 거리가 두고 있음을 그의 작품 「먼지」를 통해 확인할 수 있다. 만
약 그가 냉전적 사고 형태의 프롤레타리아 국제주의에 침잠되어 있었다
면 이러한 작품은 나올 수 없었을 것이기 때문이다.

---

13) 이태준, 「스흠의 처녀」, 『조선여성』, 1949.10.

5. 아시아의 발견과 지구적 시각

이태준이 중국을 방문한 것은 『위대한 새 중국』을 쓸 무렵이 처음이 아니다. 일제하 동경 유학 시절인 1926년에 상해를 방문하여 그 곳에서 손문 1주기 행사를 참관한 적도 있다. 당시 이 여행에서 그가 보았던 중국은 무력하기 짝이 없는 곳이었다. 아편 전쟁 이후 서구의 근대 자본주의의 물살 속에서 정신을 차리지 못하고 허우적거리고 있을 때이다. 중국의 젊은이들은 사회적 문제에 관심이 없이 오로지 출세만을 염두에 두고 산다고 이태준 자신이 말할 정도로 그가 본 중국의 현실은 암담하였다. 동양 문명의 중요한 축이었던 중국이 이렇게 서구의 근대 속에서 사정없이 침몰하는 것을 보면서도 그는 희망을 잃지 않았다. 서양이 동양을 앞선 것은 어디까지나 경제적인 것에 지나지 않는 것이기 때문에 동양의 오랜 교양의 축적으로 이를 언젠가는 넘어설 수 있다고 보았던 것이다.

이 정도로 동양에 대한 자부심으로 가득 찼던 그가 1951년의 여행에서 오로지 인민이 주인이 되어 움직이려고 하는 새로운 중국 사회를 보면서 이에 대해서만 적고 있는 것은 동양과 서양의 이분법을 해체하던 그의 지적 도정에 대한 이해가 있을 때만이 제대로 파악될 수 있는 성질의 것이다. 그에게 중국은 동양의 중심으로서의 중국이 더 이상 아닌 것이다. 중국은 이제 근대 자본주의의 물결 속에서 헤어나 새롭게 탄생하고 있는 나라인 것이다. 또한 그것은 자종족중심주의의 고립된 세계에서 사는 것도 아니며 국제주의의 이상 속에서 새로운 모색을 하는 나라인 것이다. 그렇기 때문에 그는 더 이상 동양과 서양의 대립에 연연하지 않고 국제주의의 이상을 설파하게 되는 것이다. 그가 이 행사에 참가한 세계 각국의 문화인들에게 한 다음의 연설 대목은 그 자신이 이 시기에 국제주의를 어떻게 내면화하고 있었는가를 잘 보여주고 있다.

나는 위대한 중국 인민의 승리와 건설에서 느낀 바를 말하였다. 이 동방에서 새로 출현한 정치적으로 경제적으로 문화적으로 지역으로 인구로 공고광대한 새 세계는 우리 조선 해방전쟁에서 우리 조선 지역과 다름 없는 후방이며 아세아 약소민족 해방의 불패의 기지로 되며 위대한 소련과 함께 세계평화의 또 하나의 거대한 보루가 되리라 하였다.[14]

냉전적 질서 위에 구축된 당시의 세계질서의 이면을 보지 못했던 이 태준의 한계를 말하는 것은 매우 쉬운 일이다. 중요한 것은 중국을 바라보는 관점이다. 중국을 동양이 아닌 아시아의 일원으로 봄과 동시에 세계사적 시각에서 읽어내는 점에서 이 시기에 가졌던 국제주의의 이상을 확인할 수 있다.

흥미로운 것은 이 책에서 그가 이렇게 강하게 국제주의를 제창하고 있고 그 속에서 중국과 한반도의 운명을 보고 있지만 그렇다고 해서 중국을 비롯한 동북아시아 지역이 갖는 특수성을 잊지 않고 있다는 점이다. 동양의 일원으로서의 중국이 아니라 아시아의 일원으로서 의 중국을 본 것이다. 다음은 그가 북경의 이화원을 방문한 감상을 적고 있는 대목인데 프랑스의 베르사이유 궁전과의 비교하는 시각이 이 점과 관련하여 매우 시사적이다.

이 이화원에서도 우리는 영제국주의자들의 야만성을 분개하지 않을 수 없는 것이다. 이 이화원에는 금전옥루라고 할 18기의 화려한 전각이 있었고 저마다 특이한 풍경으로 40가지 경치가 꾸며져 있었다 한다. 평지에다 경치 좋은 풍경을 만들자니 가산을 쌓고 연당을 파며 변화많은 괴석들을 이용하게 되었다. 그래 이 중국의 풍경식 건축식 정원술은 불란서의 건축식 정원술과 대비되는 것이며 파리 베르사이유 궁원이 건축식 정원술의 극치라면 이 북경 이 이화원은 풍경식 정원술의 극치로 세계정원사상 2대 위관으로 일컬어 오던 것이다.[15]

---

14) 이태준, 『위대한 새중국』, 국립출판사, 1952, 127면.
15) 이태준, 위의 책, 46면.

서구 근대의 물결 속에서 모든 것이 서구의 잣대로 재단되는 폭력에
맞서 동양의 교양을 지키면서 인간다움을 지키려고 노력하였던 이태준
이 서양과 동양의 이분법을 해체하고 나아가 아시아의 특수성을 견지한
국제주의의 유토피아를 꿈꾸었던 것이다. 이태준의 사유에서 아시아가
동양을 대신하게 된다는 것은 세계 인식에서 매우 큰 전환의 의미를 갖
는다. 동양에 가두어져 있을 때 유럽과 아시아 이외의 지역 즉 남미나
아프리카와 같은 지역은 시야에 들어오지 않았다. 오로지 동양으로서의
아시아와 서양으로서의 구미만이 존재할 뿐이다. 하지만 동양 대신에 아
시아를 상정하게 될 때에는 구미 이외의 지역 남미나 아프리카가 들어
오게 되는 것이다. 이런 점을 잘 보여주는 것이 아시아 작가대회에서의
칠레 작가 네루다에 대한 묘사이다. 이태준은 아시아 지역에서 참가한
작가들이 모여 간담회를 가지는데 남미의 작가 네루다가 옵서버 자격으
로 참여하고 있음을 힘주어 강조하고 있다. 이는 이 모임이 동양이 아닌
아시아에 기초하고 있다는 것을 말해주는 것이다.

정신적 동양을 통하여 물질적 서양을 극복할 수 있다고 믿었던 초기
의 동양주의적 인식에서 아시아의 특수성을 간직한 국제주의자의 인식
으로 바뀌어져 나간 이태준의 지적 도정은 그 자체로 세계자본주의의
주변부의 지식인이 근대를 극복하려고 하는 사유 과정의 소산으로서 지
구화가 이전에 비해 한층 급진적으로 진행되고 있는 오늘의 현실에 비
추어 볼 때 그 현재적 의미는 작지 않다.

친일의 기준을 어떻게 잡을 것인가

이태준을 중심으로

하정일

1. 친일과 탈식민

일제 말기 우리 문인들의 친일 여부를 따지는 작업은 참으로 곤혹스러운 일이다. 그럼에도 불구하고 이 작업이 필수 불가결한 것은 문학사의 공백을 메우거나 부끄러운 과거를 청산하기 위해서만은 아니다. 이것들도 중요한 이유이기는 하지만 본질적인 이유는 되지 못한다. 공백을 메우거나 과거를 청산하는 일이 반드시 바람직한 미래의 건설로 이어지지는 않기 때문이다. 오히려 이러한 작업이 정치적 목적으로 악용되거나 이데올로기적 폭력으로 변질되는 경우를 우리는 적지 않게 보아왔다. 그래서 '어떻게'라는 문제가 관건적(關鍵的) 사안이 된다. 말하자면 어떤 기준으로, 어떤 관점에서, 어떤 방향으로 역사의 공백을 메우고 과거를 청산하느냐에 따라 그것이 바람직한 미래의 건설을 위한 초석이 될 수도 있고, 끔찍한 마녀사냥으로의 초대장이 될 수도 있는 것이다.

탈식민이라는 명제가 긴요한 것은 이런 연유에서이다. 친일 규명은 탈식민을 기준으로, 탈식민의 관점에서, 탈식민의 방향으로 이루어져야 한다. 친일 문제가 지금도 생생한 현안인 까닭은 현재의 한국사회에서 식민성이 지배 구조화되어 있고, 그 구조적 식민성 — 곧 내부 식민주의 — 의 역사적 연원이 친일과 맞닿아 있기 때문이다. 이것은 단순히 친일파라는 인맥 차원의 문제가 아니라 친일의 논리와 이념이 현재의 구조적 식민성과 맺고 있는 역사적 관계의 문제이다. 그런 점에서 친일 규명은 현재의 한국사회에서 지배 구조화되어 있는 식민주의를 극복하기 위한 노력의 일환이어야 한다.

이를 위해서는 무엇보다 친일과 저항의 경계를 올바로 설정해야 한다. 탈식민이라는 과제와의 관계를 생각하면, 보다 본질적인 것은 저항의 다양한 스펙트럼을 규명하는 일이다. 저항의 제반 양상을 규명할 때 비로소 탈식민의 가능성과 경로를 가늠할 수 있기 때문이다. 일제 말기 저항의 방식은 대단히 다채로웠다. 당시의 정황상 적극적이고 직접적인 저항은 어려웠지만, 대신 간접적이고 우회적인 비판이라든가 냉소나 조소, 사보타지, 거리 두기, 의도적 무관심, 되받아치기 등 다양한 방식으로 식민주의에 저항하는 모습을 일제 말기의 한국문학은 보여준다. 이를 통해 모방 속의 차이, 반복 속의 단절, 지배 속의 저항이 이루어지면서 일제의 제국주의적 지배에 작지만 의미 있는 균열들이 새겨졌다. 친일의 기준을 제대로 잡기 위해서는 먼저 여기에 주목해야 한다.

이와 함께 친일과 식민주의의 관계도 엄밀하게 따져야 한다. 친일이 식민주의와 연관되어 있는 것은 분명하지만, 모든 식민주의적 논리가 친일 행위로 이어지지는 않는다. 따라서 친일과 식민주의를 동일시하는 범주 혼동에 빠져서는 곤란하다. 식민주의는 기본적으로 다른 민족이나 인종에 대한 착취와 지배와 침략을 정당화하는 담론이다. 그러므로 그것은 언제나 지배/피지배의 역관계를 전제로 한다. 담론상으로는 똑같은 민족주의가 식민국에서는 제국주의로, 피식민국에서는 반(反)제국주의로 기능하는 것은 그래서이다. 요컨대 맥락이 중요하다는 말이다. 식민주의적 담론에 포섭되었음에도 불구하고 친일로 나아가지 않을 수 있는 것도 맥락의 차이 때문이다. 식민주의의 진정한 극복을 위해서는 식민주의 일반에 대한 경각심을 잃지 말아야 하겠지만, 친일과 식민주의의 분별 없는 동일시는 '누구도 친일로부터 자유롭지 못하다'는 식으로 사태의 본질을 호도함으로써 거꾸로 친일에 면죄부를 주는 역기능을 범할 위험성이 크다. 친일이 문제인 것은 그것이 '한국판 식민주의'의 역사적 뿌리이기 때문이다. 그런 점에서 친일 규명은 탈식민이라는 총체적 기획의 극히 일부분에 불과하다. 친일 규명은 이러한 제한된 조건과 의의 내에서 이루어져야 한다. 그럴 때 친일 여부에 대한 엄정한 판단도 가능하고, 식민주의의 극복이라는, 친일 규명과 연관되어 있으면서도 차원이 다른 과제에 대한 모색도 혼란 없이 진행될 수 있다.

이와 관련하여 식민주의와 근대주의의 상호 관계에 대한 정확한 이해도 긴요하다. 식민주의는 근대의 산물이다. 하지만 역은 아니다. 따라서 모든 식민주의는 근대로 환원되지만, 모든 근대주의가 식민주의로 환원되지는 않는다. 가령 식민주의로서의 문명화 담론은 자본주의의 전지구화라는 맥락에서 근대주의와 상통하지만, 계급 착취라는 근대적 현상은 식민주의로 설명할 수 없다. 친일 여부를 추적하는 과정에서 근대주의와 식민주의의 관련성이 논란거리가 되고 있다. 근대의 이입(移入)과 식민화가 동시적으로 진행되었던 우리의 경우에는 그럴 수밖에 없기도 하다. 하지만 이 둘의 겹침과 갈림을 구별하지 않으면 탈근대(postmodern)를 탈식민(decolonial)으로 오인하는 잘못을 범하기 십상이다. 양자의 상호관계를 정확히 이해해야만 근대주의자가 곧 식민주의자가 아님을 제대로 인식할 수 있다. 말하자면 근대주의=식민주의=친일의 등식이 언제나 성립하지는 않는다는 것이다.

지금까지 언급한 사항들은 몇 마디 말로 해명할 수 없는 복잡한 문제이다. 친일과 저항, 친일과 식민주의, 식민주의와 근대주의의 경계가 가변적이고 유동적이기 때문이다. 친일의 기준 역시 마찬가지다. 그런 점에서 이태준은 문제적이다. 일제 말기 그의 문학이 바로 그 경계선상에 놓여 있기 때문이다. 그런 만큼 일제 말기 이태준 문학의 친일 여부를 따져보는 작업은 친일과 저항의 경계를 정확히 긋고 친일의 기준을 올바로 세우는 데 있어 여러모로 유용할 것으로 보인다. 따라서 본고에서는 친일 혐의가 있는 일제 말기 이태준의 작품들을 중심으로 친일의 기준을 어떻게 잡는 것이 타당할 것인가에 논의의 초점을 맞추도록 하겠다. 그 과정에서 친일과 저항, 친일과 식민주의, 식민주의와 근대주의의 관계가 자연스럽게 다루어질 것이다.

2. 최소주의 원칙

일제 말기 이태준의 작품들은 친일과 저항의 경계는 어디인가라는 예민한 질문을 던진다. 그래서 한편에서는 그의 문학이 민족적 저항을 내장하고 있다고 평가하는 반면, 다른 한편에서는 그의 문학에 대해 식민주의에 포섭되거나 일제에 협력했다고 매도한다. 일제 말기 이태준의 문학이 양면을 동시에 보여주는 것은 사실이다. 그의 문학은 친일과 저항의 경계선에 걸쳐 있기 때문이다. 하지만 그렇다고 해서 친일과 저항이 뒤섞여 있다고 설명하는 것은 문제의 올바른 해결과는 거리가 멀다. 양가성이니 혼종성이니 하는 유행어 또한 식민주의와의 관련성을 설명하는 방안은 될 수 있을지언정 친일 여부에 대한 판단에는 아무런 도움도 되지 못한다. 이태준 문학의 친일 여부를 올바로 가리려면 본질과 비본질, 주요와 부차를 명확히 가늠하는 것이 선결 과제이다. 즉 친일과 저항

가운데 어느 쪽이 보다 본질적이고 주요한 측면이고 어느 쪽이 비본질적이고 부차적인 측면인지를 엄정하게 판가름해야 한다는 것이다.

이때 우리가 지켜야 할 기본 원칙이 최소주의이다. 친일은 일종의 범죄 행위이다. 친일은 일단 민족에 대한 착취와 지배와 침략에 협력한 범죄적 행위를 가리킨다. 식민주의와의 관련성은 다음의 문제이다. 따라서 친일 여부는 최소주의, 곧 가장 엄격하게 기준을 정해 최소한의 요건까지 충족시켰을 때 친일 행위를 인정한다는 원칙에 따라 규명되어야 한다. 이럴 때 친일 혐의 연루자의 인권을 보호할 수 있기 때문이다. 친일이라는 딱지가 당사자에게 어떤 의미를 갖는가를 고려하면, 최소주의 원칙은 인권 보호를 위한 그야말로 최소한도의 장치이다.

최소주의의 관점에서 볼 때 적극성과 자발성은 필수 요건이다.[1] 소극적이고 타의적 협력은 억압과 강제에 의한 어쩔 수 없는 자기 보호 행위로 이해해야 한다. 요컨대 그것은 자발적 동의에 바탕한 적극적 협력이 아닌 셈이다. 이러한 행위까지도 친일의 범주에 넣는다면, 일제 치하의 거의 모든 한국인은 친일 협력자가 되고 만다. 이는 거꾸로 적극적 친일 협력자에게 면죄부를 주는 결과를 낳게 된다는 점에서 식민지 체제의 복잡미묘한 권력관계를 무시한 근본주의적 접근법일 뿐이다.

최소주의 원칙을 적용하기 전에 먼저 해야 할 작업이 작품의 의식과 무의식 전체 층위에 저항의 계기가 내장되어 있느냐를 면밀히 검토해보는 일이다. 이러한 접근법은 필자가 서두에서 내놓은 주장, 즉 저항의 다양한 스펙트럼에 대한 규명이 먼저 이루어질 때 친일의 기준을 올바로 잡을 수 있다는 주장과 같은 맥락이다. 만약 작품 속에 저항의 계기가 담겨 있다면, 그것은 해당 작가가 적극적이고 자발적인 친일 행위를 하지 않았다는 뚜렷한 반증(反證)이 되기 때문이다. 「농군」이나 「토끼 이야기」를 비롯한 이태준의 여러 작품들이 여기에 해당한다.

---

1) 이 기준에 근거한 대표적 연구로는 김재용의 작업을 꼽을 수 있다. 김재용, 「전도된 오리엔탈리즘으로서의 친일문학」, 『실천문학』, 2002년 여름.

이와 관련하여 「농군」은 시사적이다. 필자는 다른 글에서 「농군」이 국책소설이기는커녕 민족적 저항을 형상화한 작품이라고 평한 바 있다.[2] 그 까닭에 대해서는 상세히 밝힌 바 있으므로 여기서는 생략하거니와, 다만 비슷한 소재를 다룬 안수길의 「벼」와 비교해보면 「농군」의 저항성은 더욱 선명히 드러난다는 점을 강조하고 싶다. 「벼」 역시 만보산 사건을 소재로 삼아 조선인의 만주 이민사를 그린 작품이다. 「벼」는 "총은 하늘을 향하여 놓은 것이었다. 사람은 하나도 상하지 않았다"[3]는 문장으로 끝난다. 요컨대 만보산 사건에서 총에 맞거나 다친 사람이 아무도 없다는 것이다. 만보산 사건의 사실 관계만을 따지면, 「벼」가 「농군」보다 훨씬 진상에 가깝다. 하지만 이 소설에서 제국주의에 대한 민족적 저항의 계기를 발견하기란 어렵다. 작품의 서사가 조선인 대 중국인의 갈등으로 단선화되어 있기 때문이다. 조선 민중과 일본 제국주의의 모순은 삭제되어 있는 것이다. 오히려 나까모도라는 일본인을 곡식도 사주고 학교도 경영하고 만주옷과 만주말을 쓰는 '좋은 사람'으로 묘사하고 있어 조일(朝日) 관계를 긍정적인 것처럼 느끼게 한다. 작품의 결말부에서 나까모도가 자신들을 구해줄 것이라고 기대하는 장면을 보면 더욱 그러하다. 물론 「벼」는 친일 소설이 아니다. 적극적이고 자발적인 협력이 나타나지 않기 때문이다. 그러나 이 작품이 조선 민중과 일본 제국주의의 모순에 눈을 감음으로써 민족적 저항을 퇴색시키고 있는 것은 분명하다. 반면에 「농군」은 소설의 앞부분에 조선 민중과 일본 제국주의의 대립상을 배치해 민족적 저항을 탈식민적 저항으로까지 진전시키고 있다. 특히 이민의 이유를 설명한 대목에 주목할 필요가 있다. 「벼」에서 조선인 부락인 매봉둔을 건설하는 데 앞장선 인물인 홍덕호는 용병, 아편 밀매꾼, 돈장사, 노름꾼으로 전전하다 매봉둔에 정착한다. 매봉둔 건설의 또 한

---

2) 이태준의 「농군」에 대한 자세한 분석으로는 이 책에 실린 하정일, 「1930년대 후반 이태준 문학과 내부 식민주의 성찰」의 '4. 「농군」과 민족적 저항의 서사' 참조.
3) 안수길, 「벼」, 『북원』, 예문당, 1944, 291면.

명의 공로자인 박첨지는 화류계의 여자에 빠져 재산을 탕진한 후 만주로 이민을 오게 된다. 말하자면 만주 이민의 이유가 그들의 개인적 결함이나 실수와 관련되어 있는 것이다. 그에 비해 「농군」은 만주 이민이 일제의 농촌 정책이 실패한 데 따른 궁핍화의 결과임을 강하게 암시한다. 만보산 사건의 사실적 진상에 보다 가까운 「벼」가 「농군」보다 탈식민적 저항성이 미약하다는 것은 소설적 진실이란 사실과의 부합 여부가 아니라 역사의 본질적 동향에 대한 통찰력에 직결되어 있음을 말해주거니와 이를 통해 우리는 「농군」이 친일과는 거리가 먼 민족적 저항의 서사임을 다시 한 번 확인할 수 있다.

최소주의 원칙은 저항의 계기가 발견되지 않을 때부터 필요하다. 이런 작품들에는 아무래도 친일적 요소가 직간접적으로 있기 때문인데, 이때 중요한 것이 적극성과 자발성이라는 요건이다. 이태준의 일제 말기 작품들 중에서 친일 협력이 문제가 될 만한 글로 꼽을 수 있는 것은 「지원병 훈련소의 일일」(이하 「일일」), 「만주기행」, 「정창여명(靜窓黎明)」, 「목포 조선 현지기행」(이하 「현지기행」) 같은 몇 편의 수필과 「제1호 선박의 삽화」(이하 「삽화」)나 『별은 창마다』 등의 소설 몇 편이다.

「대동아 공영권 확립의 신춘을 맞이하며」(이하 「신춘」)나 『대동아전기』를 거론하는 경우도 있지만, 이 글들은 실제 필자가 이태준인지조차 불분명하다. 「신춘」은 대동아 공영권의 확립을 위해 '반도의 지식층 신민'들이 '제국정신'으로 무장하자[4]는 내용을 담고 있는 전형적인 친일 논설이다. 그런 점에서 이 글의 친일성은 따질 필요도 없을 정도로 확실하다. 문제는 글의 필자가 '주간'으로 되어 있다는 사실이다. 이름이 명기되어 있지 않은 것이다. 이태준이 『문장』의 '편집 겸 발행인'이긴 하지만, 이름이 명기되어 있지 않은 한 동일인으로 예단해서는 안 된다. 요컨대 동일인임이 확증되지 않는 한 일단 '아닌 것'으로 보아야 한다. 더구나 '편

---

4) 「대동아 공영권 확립의 신춘을 맞이하며」, 『문장』, 1941.1.

집 겸 발행인’이 ‘주간’이라 하더라도 그 글의 진짜 필자가 이태준인지는 또 다른 문제이다. 다른 이, 예컨대 ‘기관’에서 쓴 글을 ‘주간’의 이름을 빌려 실은 것일 수도 있기 때문이다. 글 전체의 논지를 미루어 보건대, 실제 필자가 이태준이 아닐 가능성이 크다. 이 시기(1941)를 전후한 이태준의 다른 글들, 예컨대 「토끼 이야기」 같은 작품이 보여주는 신체제에 대한 ‘냉소’와 시각이 너무도 다르기 때문이다.5)

『대동아전기』는 ‘해군편’의 필자가 ‘이태준’으로 명기되어 있다. 하지만 이 글의 실제 필자가 이태준인지는 역시 불분명하다. 먼저 이 책이 번역서라는 점에 주목할 필요가 있다. 『대동아전기』는 저자가 마치 이태준인 것처럼 밝히고 있지만, 글의 내용을 보면 번역서일 가능성이 높다. 역자를 저자인 것처럼 오도(誤導)하고 있다는 점에서 이 책의 신뢰성은 문제가 심각하다. 역자가 이태준인지도 불분명하기는 마찬가지다. 게다가 판권란 어디에도 저자명이 밝혀져 있지 않다. ‘저작 겸 발행자’로 ‘최재서’의 이름만이 등장할 뿐이다.6) 이처럼 서지 사항의 신뢰성이 엉망인 책을 두고 단지 ‘이태준’이 저자로 명기되었다고 해서 이태준의 글로 판정하는 것은 최소주의 원칙에 한참 어긋난다.

「신춘」과 『대동아전기』는 이처럼 글의 실제 필자가 이태준인지조차 불분명하다. 친일 여부를 가리는 데 있어서는 무엇보다 최소주의 원칙이 필수적이다. 쉽게 말해 확실하지 않으면 ‘아닌 것’으로 보아야 한다는 것이다. 개인의 명예와 인권이 걸려 있는 일이기 때문이다. 그런 점에서 이 두 편의 글은 실제 필자가 명확히 밝혀지기 전까지는 이태준의 글 목록에서 빠져야 마땅하다.

「일일」과 「현지기행」은 참관기이다. 전자가 지원병 훈련소를 방문하

---

5) 「토끼 이야기」의 신체제에 대한 냉소적이고 비판적인 시각에 대해서는 하정일, 「1930년대 후반 이태준 문학과 내부 식민주의 성찰」의 ‘3. 「토끼 이야기」—식민주의에 대한 새로운 시각’ 참조.
6) 『대동아전기』, 인문사, 1943.

여 하루 동안 지원병들의 훈련과정을 참관한 기록이라면, 후자는 "문인
보국회의 일원으로서 총력연맹의 지시를 받아" 이루어진 조선소 참관의
기록이다. 먼저 「일일」은 무엇보다 지원병 제도를 인정하고 있다는 점에
서 친일의 혐의가 있다. 하지만 글을 자세히 들여다보면, 「일일」이 철저
히 방관자의 입장에서 쓰여져 있음을 어렵지 않게 간파할 수 있다. 이
글의 주된 내용은 지원병 훈련소에서 본 광경들을 이것저것 '스케치'한
것으로, 말하자면 일종의 '관람기'이다. 하지만 이태준은 지원병 훈련소
의 일상에 개입하거나 참여하지 않고 방관자로서만 바라볼 뿐 지원병
제도라든가 시국에 대한 적극적 입장 개진을 될수록 삼가고 있다. 시국
관련 내용이라고는 "제국의 시국은 국민 개병을 요구한다. 문인협회가
총동원하여 반도의 일천 열혈아가 모히어 제국군병이 됨을 지망하고 일
야분무(日夜奮務)하는 훈련소를 참관케 되었음은 반도의 문인(文人)된 의
미 이상 의의가 중대한 줄 안다"7) 정도이다. 이 정도의 수위를 가지고
적극적 협력을 운위하기는 무리이다. 그런 점에서 이러한 발언은 자발적
동의에 바탕한 적극적 협력이라기보다는 타의에 의한 어쩔 수 없는 소
극적 협력으로 이해하는 것이 보다 적절할 터이다. 「일일」의 소극성과
타의성은 지원병 제도를 황민화와 내선일체를 명분으로 적극 정당화하
고 있는 이광수의 「지원병 훈련소 방문기」(1940)와 비교해보면 더욱 선명
하게 드러난다. 이태준 역시 무언가 부족함을 느꼈던지 글 말미에 훈련
소의 일과를 소개하고 있을 정도거니와 최소주의의 관점에서 보면 총력
전체제의 엄혹함을 감안할 때 자발성이 결여된 소극적 협력은 친일의
범주에서 제외하는 것이 온당하다.

　「현지기행」 역시 마찬가지다. 더구나 이 글은 「일일」에 비하더라도 시
국에 대한 발언을 거의 하지 않고 있다. 1944년이라는 발표 시기를 고려
하면, 한가롭다는 생각이 들 정도로 「현지기행」은 배의 건조 과정을 자

---

7) 이태준, 「지원병 훈련소의 일일」, 『문장』, 1940.1, 126면.

세히 설명할 뿐이다. 시국을 느끼게 해주는 발언이라고는 "대동아해에 나가선 적탄과도 싸워야 할 전선(戰船)이기도 한 것"8) 정도이다. 하지만 이 발언은 글 전체에서 극히 지엽적인 의미를 가질 뿐이다. 오히려 「현지기행」은 "이들에게 있어 가장 숭고한 것은 사상이기보다 이런 본능적인 감정"이라고 말함으로써 시국과 엇박자를 놓는다.

「삽화」는 목포 조선소 기행을 바탕으로 쓰여진 소설로 보인다. 이 작품은 일종의 생산소설이다. 선박 제작과정을 그리고 있는 「삽화」는 생산성의 극대화를 위해서는 협력과 단결이 요체라는 주제를 담고 있다. 생산문학이 국책문학이었다는 점에서 이 글 역시 친일 혐의가 있다. 하지만 이 소설을 적극적 친일로 보기에는 두 가지가 미심쩍다. 하나는 군함이 아닌 화물선의 제작과정을 다루었다는 점이다. 1944년이면 전쟁이 절정에 이른 시기였다. 그런 화급한 시기에 '화물선' 이야기는 전시의 분위기와 맞지 않다. 다른 하나는 이 소설이 말하는 '협력'이 과연 총력전체제가 요구하는 '총후봉공'과 동일하다고 볼 수 있냐는 점이다. 자기만 내세우지 말고 서로 조화하여 융합하자는 주장은 모든 곳이 전장(戰場)이 된 총력전 시대에만 적용되는 내용이라고 보기 어렵다. 물론 "우리 노동자들도 전선에 있는 병사들처럼 개인의 이름 따위는 필요가 없는 거지"9)라는 발언을 보면 군국주의적 전체주의의 냄새가 물씬 풍긴다. 그런 점에서 「삽화」는 일제 말기 이태준의 작품 가운데 친일 혐의가 가장 짙다. 하지만 이 발언은 그야말로 '삽화적' 수준에 머물러 있다. 이 구절을 제외하면 개인보다 집단을 중시하는 상식적 차원의 주장들이 주류를 이룬다. 그리고 그 정도의 발언은 '전시'가 아니더라도 얼마든지 할 수 있는 말이다. 이런 유의 주장은 이미 카프 시대부터 제기된 바 있다. 더구나 30년대 후반에 들어서면서 개인주의의 극복은 지식계 전체의 공통 관심사였다. 개인주의를 비판하면서 공동체나 집단을 강조한 이들이 모두 친

---

8) 이태준, 「목포 조선 현지기행」, 『무서록』, 깊은샘, 1994, 299면.
9) 이태준, 호테이 토시히로·심원섭 역, 「제1호 선박의 삽화」, 『문학사상』, 1996.4, 92면.

일 행위를 하지는 않았다는 점에서 몇몇 구절만을 문제삼아 친일로 몰아붙이는 것은 사태의 지나친 과장이다(이에 대해서는 뒤에서 좀더 자세히 다루도록 하겠다). 그러므로 이 경우에도 최소주의 원칙을 존중해야 한다. 말하자면 적극성과 자발성을 발견할 수 있냐는 것인데, 「삽화」를 그렇게까지 보기는 힘들다.

친일 혐의가 있는 일제 말기 이태준의 글들을 간략히 검토한 결과, 「대동아 공영권 확립의 신춘을 맞이하며」와 『대동아전기』는 이태준 본인이 실제로 쓴 것인지조차 불분명하고, 「지원병 훈련소의 일일」, 「목포 조선 현지기행」, 「제1호 선박의 삽화」 등은 친일적 요소가 더러 보이긴 하지만 적극적이고 자발적인 협력으로까지 나아가지는 않고 있다. 요컨대 소극적이고 타의적인 협력의 수준에 머물러 있다는 말이다. 최소주의 원칙에 따르면, 이런 정도의 협력은 친일의 범주에서 제외하는 것이 온당하다. 특히 이태준의 다른 작품들이 보여준 탈식민적 저항성을 감안하면 일관성의 측면에서도 친일 판정은 무리가 있다. 그보다는 자기 보호의 방책으로 이해하는 것이 보다 적절할 것이다.

3. 친일 / 식민주의 / 근대주의

친일 문제와는 별개로 식민주의에의 포섭 여부는 일제 말기 이태준 문학을 평가하는 데 있어 중요한 의미를 갖는다. 식민주의에 포섭되었다고 해서 다 친일 하는 것은 아니지만, 한국 사회의 지배 구조가 된 식민성을 극복하기 위해서는 일제 말기 한국문학과 식민주의의 관련성을 따지고 넘어가지 않을 수 없다. 그런데 이때 중요한 것이 식민주의를 양가적 — 자기 완결적인 동시에 비(非)자족적인, 따라서 강하면서도 나약한

― 담론으로 이해해야 한다는 점이다. 지금까지의 식민주의 연구는 식민 주의를 자기 완결적이고 강한 헤게모니 담론으로 여기는 경향이 강했 다.10) 게다가 최근에는 해체론적 탈식민주의의 영향으로 피식민 문학은 어느 것도, 심지어는 저항적 문학으로 알려진 것조차도 식민주의의 헤게 모니에 포섭된 것으로 해석하는 연구들이 다수 제출되고 있는 실정이다. 이런 유의 연구는 결과적으로 식민주의에 대한 저항과 극복의 가능성을 전면 부정하게 된다는 점에서 탈식민의 관점에서 볼 때 참으로 위험스 럽기 그지없다.11) 따라서 식민주의를 양가적이고 분열적인 담론으로 인 식하는 발상의 대전환이 시급하다. 그럴 때 순응 대 저항의 이분법을 올 바로 극복하고 대안적 저항뿐 아니라 식민주의에 무수한 균열을 만들어 내는 내부로부터의 저항까지 규명함으로써 저항의 다양한 스펙트럼을 재구성할 수 있을 것이다.

일제 말기 이태준 문학과 식민주의의 관련성도 이러한 관점에서 바라 보아야 한다. 이때 필수적인 것이 작품이 놓인 맥락(context)에 주목하는 수행적(performative) 독법이다. 맥락 속에 넣고 읽을 때 작품이 식민주의의 양가성 가운데 어느 쪽에 맞닿아 있는지를 보다 정확하게 판독할 수 있 기 때문이다. 식민주의의 나약한 측면을 붙잡고 있을 경우, 작품은 일견 식민주의에 포섭된 듯하면서도 실질적으로는 식민주의를 내부로부터 비 판하는 의미 효과를 산출한다. 일제 말기 이태준 문학의 여러 작품들이 그러하다. 「농군」이 가장 대표적 사례일 터이다. 「농군」처럼 뚜렷하지는 않지만, 「만주기행」 또한 식민주의의 양가성에 대한 내부로부터의 비판 을 보여준다. 가령 "이 동넨 다 자작농입니까?"라는 이태준의 질문에 조 선인 농민은 "자작농은 별로 없습니다. 모다 만인(滿人)의 땅을 차입해

---

10) 식민주의에 대한 헤게모니론적 이해의 문제점과 양가적 담론으로서의 식민주의 이
  해의 필요성에 대한 자세한 설명으로는 하정일, 「한국 근대문학 연구와 탈식민」, 『민
  족문학사연구』 23호, 소명출판, 2003.12 참조
11) 해체론적 탈식민주의와 탈민족 담론에 대한 상세한 비판으로는 하정일, 「탈민족 담
  론과 새로운 본질주의」, 『민족문학사연구』 25호, 소명출판, 2004.7 참조

가지고 하니까 결국 소작인 셈이죠"라고 대답한다. "인전 뱃속은 아무걸 루든지 채웁니다"는 말이 무색해지는 순간이다. 이 한마디로 오족협화 역시 서열관계에 불과하다는 진실이 드러나면서, 오족협화 이데올로기의 정당성이 내부로부터 무너진다. 지주/소작이라는 불평등한 권력관계가 존재하는 한 오족의 진정한 협화란 불가능하기 때문이다. 오족협화의 양 가성은 채표(彩票)나 타먹으면 고향산천에 다시 갈까 "그렇지 못하면 밤 낮 이꼴이다가 호인들 밭머리에 묻히고 말죠!"라는 푸념에서 절정에 이 른다. 조선인 이주민들에게 만주는 왕도낙토이기는커녕 '호인'들의 땅이 다. 이들의 가장 큰 소원은 그래서 채표가 되어 귀향하는 것이다. 만주에 서의 삶이란 피식민 민족에겐 "언제 어떤 정리를 당할지 추측할 수 없" 는 불안하기 그지없는 것이기 때문이다. 피식민이라는 조선인의 역사적 조건은 만주에서조차 여전한 셈이다. 이태준은 이에 대해 "이것이 그들 의 유일한 희망이요 또 슬픔이기도 할 것"이라고 반응한다. 어째서 슬픔 일까. 그것은 채표가 되어 귀향하는 것을 유일한 희망으로 삼아야 하는 피식민 민족의 처지란 참으로 서글프기 짝이 없기 때문이다. 오족협화라 는 식민주의 이데올로기는 스스로를 부정하지 않는 한, 곧 식민주의를 포기하지 않는 한 이러한 분열로부터 결코 벗어날 수 없다. 식민주의를 붙잡고 있는 한 지배/피지배의 권력관계를 제거할 수 없고, 권력관계가 존재하는 한 '협화'란 현실화될 수 없기 때문이다. 요컨대 오족협화 이데 올로기는 권력과 협화 사이에서 끊임없이 동요할 수밖에 없는 것이다. 조선인 이주민의 푸념은 그 가운데 권력관계를 지적함으로써 오족협화 의 나약한 측면을 건드리고 있다. 「만주기행」은 이처럼 얼핏 오족협화 이데올로기에 포섭된 듯하지만, 실제로는 오족협화의 나약한 측면을 지 속적으로 꼬집는 탈식민의 계기를 내장하고 있는 글이다. 이러한 내부로 부터의 비판은 지배/피지배라는 맥락과 피식민이라는 조선인 이주민의 주체 위치가 만들어낸 의미 효과라 할 수 있다.

　식민주의의 양가성에 근거한 탈식민적 계기는 이태준의 동양 담론에서도 발견된다. 흔히 동양적인 것에 대한 애착을 표명하기만 하면 곧장 식민주의라고 낙인찍곤 하는데, 엄밀히 살펴보면 동양 담론이라고 다 같은 것이 아니다. 대표적인 것으로는 크게 세 가지 정도를 꼽을 수 있다. 첫 번째는 동양을 절대화하는 논리이다. 이광수가 가장 전형적인 경우인데, 그 결과 도의나 천명 같은 동양적 가치를 시간적 불가역성을 뛰어넘는 초역사적 실체로 신비화시킨다. 황민화와 내선일체라는 식민주의 이데올로기를 내면화할 수 있었던 것은 이런 맥락에서이다. 두 번째는 동양을 심미화하는 논리이다. 김동리의 경우가 여기에 해당한다. 김동리는 동양적 가치를 미적인 영역에 한정하되 그것을 서구 근대에 맞선 주권적 영역으로 특권화시킨다. 이른바 구경적 생의 탐구로서의 문학론이 그것이다. 동양적 가치를 미의 영역에 한정했기 때문에 김동리는 오리엔탈리즘을 보이면서도 식민주의와 일정한 거리를 유지할 수 있었다. 세 번째는 동양을 상대화하는 논리이다. 이태준은 동양적인 것에 강한 애착을 보였지만, 그것을 절대적으로 추종하지는 않았다. 오히려 그는 동양적인 것을 전근대의 세계로 제한하면서 현재에도 동양적 전통에 매달리는 태도를 시대착오적이라고 비판한다.

"젊은 사람이 '현대'를 상실하는 것은 늙은 사람이 고완경을 영유치 못함만 차라리 같지 못하다"(「고완품과 생활」)거나 "현대의 승리는 서구 저들에게 있다. 하시(下視)는 하면서도 저들의 뒤를 슬금슬금 따라야 하는데 동방의 탄식이 있는 것이다"(「동방정취」) 같은 발언에서 동양적인 전통을 근대의 관점에서 상대화하려는 이태준의 입장을 발견하기란 어렵지 않다. 동양적 전통의 계승을 주장할 때에도 이태준은 이광수나 김동리와 달리 무조건적 계승이 아니라 "고전 정신의 대도는 영원히 온고지신(溫故知新)에 있"(「고전」)고 "정당한 현대적 해석을 발견해서 고물(古物) 그것이 주검의 먼지를 털고 새로운 미와 새로운 생명의 불사조가 되게 해주어야 할 것"(「고완품과 생활」)이라고 강조한다.

소설에서도 동양적 전통을 상대화하려는 이태준의 태도는 곳곳에서 확인된다. 가령 영월 영감은 성익의 상고 취미를 처사 취미라고 비판하면서 "자연으로 돌아와야 할 건 서양 사람들이지. 우린 반대야. 문명으루, 도회지루, 역사가 만들어지는 대루 자꾸 나가야 돼"(「영월 영감」)를 주창한다. 땅에 대한 전근대적 집착을 보여주는 작품으로 운위되는 「돌다리」 또한 실상은 그렇지 않다. 아버지가 땅에 대한 거의 종교적이기조차 한 애착을 가지고 있는 것은 사실이지만, 그는 동시에 대단히 '근대적'인 토지 개혁론자이기도 하다. 자신이 죽을 때 자신의 농지를 땅을 사랑하는 사람들에게 팔되 "몇몇 해구 그 땅 소출을 팔아 연년이 갚어 나가게" 하는 방식으로 팔겠다는 아버지의 구상은 남한의 토지개혁안을 연상시킨다. 더구나 그러한 아버지의 생각이 부재(不在) 지주에 대한 비판과 경자유전의 원칙에 근거해 나왔음을 고려하면 그것의 근대 지향성은 더욱 분명해진다. 그런 점에서 이태준은 전통주의자라기보다는 오히려 근대주의자에 가깝다. "과학적이다! 과학이다! 현대인의 안신입명할 길은 오직 과학의 길이다!"(『사상의 월야』)라는 송빈의 외침에서 그 점은 약여하게 드러난다. 다만 그는 전통과 근대의 조화를 중시한 근대주의자라 할 수 있다.12)

그렇게 보면, 이태준을 동양주의자나 전통주의자로 해석하는 것은 동양 담론의 다기한 분파를 제대로 분별하지 못한 데 따른 오독(誤讀)의 소산이다. 오히려 그의 많은 글들은 동양적 전통을 상대화함으로써 동양주의의 나약한 측면을 내부로부터 비판하는 탈식민의 계기를 풍부하게 보여준다. 물론 「정창여명」 같은 글은 대동아 공영론의 편린을 보여주는 것이 사실이다. 동양이 '서구의 오랜 억압'에서 벗어나 '문화의 새로운 지도'를 그릴 수 있게 되었다는 주장13)은 대동아 공영론과 무언가 관계있는 것처럼 보이기도 한다. 하지만 이 정도의 발언으로 식민주의와의

---

12) 이에 대한 좀더 자세한 설명으로는 하정일, 「계몽의 정신과 자기확인의 서사」, 『20세기 한국문학과 근대성의 변증법』, 소명출판, 2000, 227~230면 참조.
13) 이태준, 「정창여명」, 『매일신보』, 1942.1.24.

연루 여부를 판단하는 것은 부분으로 전체를 재단하는 오류이다. 게다가 소설의 이식성이나 인도의 사례에 대한 언급은 비단 서구에 국한된 이 야기라기보다는 식민성 일반에 관한 지적으로 보아도 무방하다. 이 글처럼 워낙 짧아서 전후 문맥을 파악하기 힘든 경우에는 이태준 문학 전체와 연계시켜 최종적인 판단을 내리는 것이 올바른 순서일 터인데, 이태준이 대동아 공영론이나 동양주의에 대해 적극적이고 자발적인 동의를 표명한 적이 없었다는 점에서 이 글에 담긴 주장을 동양주의와 연결시키기는 어렵다.

　일제 말기 이태준 문학에서 정작 문제가 되는 것은 집단주의이다. 「농군」을 필두로 「지원병 훈련소의 일일」, 「목포 조선 현지기행」, 「제1호 선박의 삽화」, 『별은 창마다』 같은 작품들은 개인보다 집단을 중시하는 시각을 드러내고 있다. 이 문제를 살펴보기에 앞서 「농군」은 집단주의의 목록에서 제외시킬 필요가 있다. 「농군」의 조선인 이주민들은 집단주의라는 의미에서의 집단보다는 저항의 공동체에 가깝기 때문이다. 다시 말해 집단이 먼저 있고 개인이 있는 것이 아니라 개인의 안위와 생존을 지키기 위해 서로 뭉쳤다는 점에서 집단이 아니라 공동체로 보는 것이 타당하다는 것이다. 집단주의는 개인에 대한 집단의 존재론적 우월성과 선차성을 바탕으로 하는 이데올로기이다. 그런 점에서 개인의 사회성에 대한 자각에 바탕한 「농군」과는 거리가 멀다.

　「농군」을 제외하고 보면, 다른 작품들은 분명 집단주의 이데올로기에 침윤되어 있는 모습을 보여준다. 이미 1930년대부터 집단과 개인의 관계라든가 개인주의 극복에 관한 논의가 있어 왔지만, 이 글들이 표명하고 있는 집단주의가 근대 초극론이나 대동아 공영론과 무관하지 않은 것은 사실이다. 따라서 이에 대한 엄정한 비판은 긴요하다. 문제는 비판의 방식이다. 이를테면 집단 대신에 개인의 선차성을 내세운다든지 집단주의를 민족주의와 관련시킨다든지 하는 것은 전형적으로 잘못된 접근 방식이다. 먼저 집단주의와 민족주의를 관련시키는 비판은 이태준의 민족주의가 그의 문학 초기부터 있어왔다는 사실과도 어긋난다. 해방 이후 이태준이 보여준 진보적 민족주의는 초창기부터 지니고 있었던 그의 민족주의가 사회주의와 만나면서 형성된 것이다. 오히려 「해방전후」를 보면 이태준은 문학가동맹의 전신(前身)인 '문협'의 집단주의에 대해 날카로운 비판의식을 보여주기조차 한다. 이와 관련하여 피식민국의 민족의식은 서구나 일본과는 달리 통합된 '국민'을 창출하기 위한 집단주의의 소산이 아니라 개인의 사회성에 대한 자각의 산물임을 강조해야겠다. 말하자면 개인의 실존적 위기가 민족적 착취와 지배로부터 비롯되었다는 인식이 민족의식으로 이어진 것이다. 「농군」이 바로 그러한 과정을 잘 보여준다. "여기서 못살면 죽긴 마찬가지다!"라는 실존적 위기의식이야말로 민족으로의 자발적 결사를 만들어낸 원동력이다. 따라서 개인의 사회성에 대한 자각에 바탕한 피식민 민족주의와 집단주의를 동일시하는 것은 맥락의 차이를 몰각한 서구 중심주의적 편견이다.

다음으로 개인의 선차성에 근거해 집단주의를 비판하는 방식은 자유주의 이데올로기의 산물이라는 점에서 이론적으로 대단히 위험하다. 이러한 접근법으로는 개인 대 집단의 이분법을 결코 넘어설 수 없다. 인류 역사상 개인은 언제나 사회적 개인이었다. 따라서 집단의 반대항에 놓여야 하는 것은 개인이 아니라 '사회적' 개인이다. 집단주의의 근본적 한계는 개인의 선차성을 부정한 데 있는 것이 아니라 개인의 사회성에 대한 이해가 잘못된 데 있다. 요컨대 개인은 언제나 계급적·민족적(인종적)·성적으로 분할되어 있기 때문에 하나의 일사불란한 집단으로 통합될 수 없음을 인정하지 않는 것이 집단주의의 근본적 한계인 셈이다. 그렇게 보면 집단주의 또한 자유주의 혹은 개인주의와 마찬가지로 개인을 사적 개인으로 오해하고 있다. 집단주의는 그래서 물리적 강제와 이데올로기적 동의라는 양동 작전을 통해 개인들의 사회적 이질성을 제거하고 하나의 집단으로 등질화시키려 한다. 그런 점에서 가장 전형적인 집단주의 체제는 대중사회이다. 집단주의가 근대 초극론자들의 주장과는 달리 근대 극복의 이념이 아니라 근대주의 이데올로기인 것은 그래서거니와 표면적인 적대성에도 불구하고 자유주의와 집단주의의 은밀한 결탁이 가능한 것도 이 때문이다. (모든 개인을 사적 개인으로 등질화시키는 것보다 집단주의적인 논리가 또 어디 있는가!)

　이렇게 보면, 이태준이 집단주의에 끌린 진정한 까닭은 개인의 사회성과 집단주의를 동일한 것으로 착각한 때문이라 할 수 있다. 하지만 그렇다고 해서 이태준의 집단주의가 식민주의를 내면화하고 있다고 보기는 어렵다. 대동아 공영론이나 근대 초극론의 영향을 추측할 수는 있지만, 그의 글 어디에서도 대동아 공영론이나 근대 초극론과의 연관성을 명백히 확인해주거나 그에 대한 적극적 동의를 표명한 부분을 찾을 수 없기 때문이다. 황민화나 내선일체에 대해서는 더 말할 나위도 없다. 집단주의 자체가 곧 식민주의는 아니다. 가령 신채호 같은 이도 집단을 개인보다 우위에 두는 발언을 종종 한 바 있지만, 그렇다면 해서 신채호가 식민주의자는 아니다. 식민주의는 대단히 유연한 이데올로기이다. 민족적 착취와 지배를 정당화할 수 있다면 어떤 담론이든지 끌어들이는 것이 식민주의의 유연성이다. 민족 개념이 필요할 때는 적극 차용했다가 불리해지면 언제든지 용도폐기한다. 가령 동아 협동체론이 그러하다. 동아시아에 대한 지배가 필요해지자 민족보다 동양이라는 단위를 우위에 놓은 것이 동아 협동체론이다. 물론 거기에는 일본 헤게모니가 전제되어 있긴 하지만, 민족을 기본 단위로 삼을 경우 동아 협동체니 오족협화니 하는 구상은 불가능해진다. 일본만 그런 것은 아니다. 서구의 경우에도 전기 자본주의 시대에는 민족국가를 제국주의적 팽창의 기본 단위로 삼았다가 후기 자본주의 단계로 오면 민족국가를 부정하면서 세계화를 제창하고 있다. 이것이 식민주의의 장점이자 동시에 단점이다. 역사적 조건의 변화에 따라 탄력적으로 스스로를 개변할 수 있는 반면에 내부에 긴장과 분열의 계기를 항상 내장하고 있기 때문이다.

　식민주의의 이러한 유연성은 맥락에 주목하는 수행적 독법이 식민주의 연루 여부를 판단하는 데 긴요하다는 사실을 다시 한 번 확증해 주거니와 그런 점에서 집단주의를 식민주의와 무매개적으로 연계시키는 것은 온당하지 않다. 물론 일제 말기의 총력전체제 하에서 집단의 유별난 강조는 친일이나 식민주의와 연결될 가능성이 큰 것이 사실이다. 일제 말기 이태준의 글들이 보여주는 집단주의 역시 식민주의에 일정 부분 연루되어 있을 개연성이 있다. 하지만 앞에서 살펴보았듯이 이태준의 집단주의는 대동아 공영론이나 황민화론 또는 총후봉공론과 직접적 관련이 없다. 『별은 창마다』를 보면 이 점을 보다 분명히 확인할 수 있다. 이 소설의 한 부분에 익현이 여주인공 정은에게 '지나사변'의 영향으로 개인회사들이 해산되어 '반(半)관유회사'로 통합될 것이라고 말하는 대목이 나온다. 일본은 1938년 국가총동원법을 제정하고 모든 산업을 군사적으로 재편해 이른바 '총동원체제'로 나아간 바 있다. 익현의 설명은 바로 이를 가리키는 것이다. 익현의 발언이 소설에서 중요한 까닭은 산업 재편으로 정은 아버지의 회사가 없어지게 되었기 때문이다. 익현은 이에 대해 "그전 자유경제 시대처럼 여러 회사가 경쟁적으로 장살 해서 공연히 가격을 부당하게 올리기도 하고 떨구기도 하는 그런 폐단을 없애구, 생산과 가공과 군에 납품을 단순화, 강화시키는" 조치라고 적극적으로 옹호한다. 자유주의 대 국가주의, 개인주의 대 집단주의의 이분법에 기초한 전형적인 집단주의 논리이다. 그런데 집단주의를 진지하게 설파하는 익현의 발언에 대한 정은의 대응은 다음과 같다. "대답 없이 멍하니 천장만 쳐다보았다. 하영이가 어떻게 되냐? 부터 생각난 것이다."[14] 하영은 정은이 사랑하는 남자로 아버지 회사의 직원이다. 말하자면 집단의 가치를 논하는 자리에서 정은은 엉뚱하게도 개인의 운명을 생각하고 있는 것이다. 국가 중심주의가 개인의 운명에 어떻게 작용하는가에 정은의 관심이 쏠려 있는 셈인데, 이것은 개인의 사회성에 대한 관심이라고 바

---

14) 이태준, 『별은 창마다』, 깊은샘, 2000, 154~155면.

꿔 불러도 무방하다. 사회체제의 변화는 개인의 운명을 다양하게 변화시
킨다. 회사를 잃는 사람, 통합된 회사의 사장으로 가는 사람, 계속 직장
을 유지할 수 있는 사람, 실업자로 전락하는 사람 등등. 개인이 언제나
사회적 개인인 것은 그래서거니와 따라서 이 대목은 개인의 사회성이란
어떤 것인지를 잘 보여주는 한편 집단주의에 대한 우회적 비판의 효과
를 낳고 있기도 하다. 『별은 창마다』가 쓰여진 것이 1942년부터니까 「지
원병 훈련소의 일일」보다 2년 후이다. 그렇다면 이태준의 집단주의가 과
연 그의 본심이냐에 대해 의문을 던져볼 수 있다. 또 설혹 본심이라 하
더라도 개인의 사회적 운명에 근거해 국가주의를 우회적으로 꼬집고 있
는 『별은 창마다』의 시각을 감안하면, 그의 집단주의가 적어도 국가주의
나 군국주의에 깊이 물들어 있지는 않음을 충분히 추론할 수 있다. 신체
제에 대한 냉소적 비판을 보여주는 「토끼 이야기」가 1941년에 발표되었
다는 점까지 추가하면 더더욱 그러하다.

　물론 '아름답고 튼튼하고 능률적인 새 동리 운동'을 벌여보겠다는 정
은의 구상은 집단주의에 포섭되어 있는 것이 분명하다. 특히 "집을 생활
에 맞도록 지을 것이 아니라, 집을 가장 능률적으로 지어놓고 생활을 거
기 맞도록 개혁할 필요"15)가 있다는 생각은 그야말로 개인에 대한 집단
의 존재론적 우월성과 선차성에 근거한 집단주의 이데올로기의 전형이
라 할 만하다. 그렇다면 식민주의에 포섭되어 있지 않은 이태준의 집단
주의를 어떻게 이해하는 것이 적절할까. 여기서 근대주의의 문제가 제기
된다. 서두에서 언급했듯이 식민주의는 근대의 산물이지만, 모든 근대주
의가 식민주의로 환원되지는 않는다. 이 점을 분별하지 못할 때 탈근대
가 곧 탈식민이 되는 범주 혼동이 발생한다. 친일/식민주의/근대주의는
서로 긴밀히 연관되어 있기는 하지만, 범주적으로 분명히 구별되는 사안
이다. 그런 점에서 이태준의 집단주의는 근대주의의 소산으로 이해하는

---

15) 이태준, 『별은 창마다』, 211면.

것이 적절하다. 그럴 때 그의 집단주의가 식민주의에는 포섭되어 있지 않지만, 근대주의의 한계를 그대로 반복하고 있다는 점을 정확히 간파할 수 있다. 앞에서 이태준이 전통과 근대의 조화를 중시한 근대주의자라고 지적한 바 있다. 그는 근대주의자로서의 장점과 단점을 동시에 보여준다. 가령 영월 영감과 송빈은 돈과 과학을 최고의 가치로 여기는, 곧 도구적 합리성을 중시하는 전형적인 근대주의자이다.16) 이태준의 집단주의는 바로 도구적 합리성의 연장선상에 놓여 있다. 효율성을 바탕으로 한 건축론(『별은 창마다』)이나 생산성을 핵심에 놓는 협동론(「제1호 선박의 삽화」)이 그것이니, 그런 점에서 이태준의 집단주의는 도구적 합리성의 이념적 등가물인 셈이다. 따라서 그에 대한 비판은 근대주의의 본원적 한계를 성찰하는 방식으로 이루어지는 것이 적절할 터이다.

4. 결론

지금까지 검토한 바와 같이 일제 말기 이태준의 문학은 친일과 저항의 경계를 아슬아슬하게 넘나들고 있긴 하지만, 친일로 보기에는 많은 무리가 있다. 이와 관련해 다시 한 번 최소주의 원칙을 강조하지 않을 수 없다. 적극성과 자발성이라는 요건을 갖추었을 때 친일로 판정해야 한다는 말은 친일이 반민족적 범죄 행위라는 점에서 반드시 지켜져야 할 최소한의 기준이다. 특히 이태준은 같은 시기에 탈식민적 저항의 계기를 풍부하게 보여주는 작품들을 다수 발표했다. 저항의 계기를 내장하고 있다는 것은 친일을 하지 않았다는 가장 확실한 반증이므로 이태준

---

16) 이에 대한 좀더 자세한 설명으로는 하정일, 「계몽의 정신과 자기확인의 서사」, 228~230면 참조.

에게 친일 혐의를 씌우는 것은 더더욱 온당치 못하다.

식민주의에 포섭되었다는 견해 또한 사태의 과장이다. 오히려 일제 말기 이태준의 많은 작품들은 식민주의의 비자족적이고 나약한 측면을 건드림으로써 식민주의를 내부로부터 비판하는 모습을 보여준다. 일제 말기 이태준 문학을 식민주의와 연결시키는 논의들은 대개 담론의 유사성에만 주목하는 텍스트주의적 독법에 의거하고 있다. 하지만 텍스트주의적 독법으로는 식민주의의 역사성을 제대로 이해할 수 없다. 이를 제대로 이해하려면 맥락에 주목하는 수행적 독법이 필수적이다. 더구나 동양 담론의 경우에서 나타나듯 동양적 전통에 대한 애착을 보여주었다고 곧바로 동양주의로 몰아붙이는 것은 동양 담론의 다기한 분파를 구별하지 못한, 즉 텍스트주의적 읽기조차 제대로 못한 심각한 오독이다. 동양에 대한 이분법적 인식과 동양의 특수성을 존중하는 것은 서로 다르다는 점을 분명히 인식할 필요가 있다.

그런 점에서 일제 말기 이태준 문학의 한계는 근대주의의 틀로 설명하는 것이 보다 적절하다. 이때 중요한 것이 식민주의와 근대주의가 서로 다른 범주라는 점이다. 이태준의 문학은 식민주의에는 포섭되지 않았지만, 근대주의의 본원적 한계를 벗어나지 못한 전형적 사례이다. 근대주의는 이태준으로 하여금 계몽의 전통에 충실하면서 탈식민적 저항을 견지할 수 있게 해주었지만, 그것은 동시에 집단주의와 같은 도구적 합리성의 이념에 빠져들게 만들기도 했다. 그리고 이것이 이태준을 식민주의의 온전한 극복으로 나아가게 하지 못한 근본적 원인이었다. 이태준이 친일과 저항의 경계선상에 놓여 있다는 말의 진정한 함의는 바로 여기에 있다.

이태준과 신체제

식민지배담론의 수용과 저항

한수영

1. '신체제' 등장 전후의 이태준을 둘러싼 두 가지 해석의 시각과 그 편향

한국 근대문학과 식민주의를 둘러싼 최근의 연구 동향은 여러 면에서 괄목할 만한 변화를 보여주고 있다. 특히 1930년대 말부터 해방 직전에 이르는 시기를 '근대문학의 암흑기'라고 부르면서 연구와 해석의 '사각지대'이자 '금기 영역'으로 내버려두었던 기왕의 '무책임주의'에서 벗어나, 식민주의에 대한 협력(혹은 공모)이든 비협력(혹은 저항)이든 거기에는 엄밀한 내적 논리가 작동하고 있음을 밝히고, 그러한 내적 논리의 구조와 체계를 규명함으로써 근대문학 연구에 새로운 긴장과 활력을 불어넣고 있다.

그러나, 식민주의와 협력 / 비협력의 문제를 규명하려는 최근의 새로운 연구들은 그 의의와 성과에도 불구하고 연구자들 사이에 시각과 방법론이 서로 달라 몇 가지 논쟁적인 지점을 형성한다. 또한 자신이 설정한 입론의 자기완결성에 지나치게 얽매이거나, 동원하고 있는 서구이론과 개념들을 맹목적으로 일반화함으로써, 사실과 어긋나는 주장을 하거나 텍스트와 콘텍스트의 상관성을 치밀하게 읽어내지 못하는 엉뚱한 해석을 낳기도 한다. 경우에 따라서는 한 작가와 그의 텍스트를 둘러싸고 서로 상반된 해석에 이르는 일도 생긴다. 이 글에서 조명하고자 하는 이태준이 바로 그 좋은 예라고 할 수 있다.

이태준과 식민주의의 연관성을 살피는 최근의 연구에서 제기된 이견은 다음의 두 가지로 요약된다. 그 하나는, 이태준의 텍스트야말로 식민지배담론에 포섭되어 '의사제국주의'의 욕망으로 집약되는 '식민지적 무의식'이 드러나는 전형적인 사례라는 것이며, 이태준의 텍스트에서 그러한 '식민지적 무의식'을 읽지 못하거나 애써 읽으려 하지 않는 '의도된 오독'이야말로, 민족주의적 시각이 지닌 치명적 해악이라는 주장이다. 이태준의 「농군」에 관한 해석으로 이러한 주장의 선편을 쥐었던 김철은, 「농군」에 얹혀졌던 기존의 문학사적 평가, 예컨대 '만주이민'이라는 민족수난에 대한 진지하고도 사실적인 소설화를 통해 작가 자신의 새로운 변화를 이끌어내었을 뿐 아니라 민족문학에 새로운 자산을 추가한 역작이라는 평가를 전면적으로 뒤집고, 「농군」은 식민지 주체의 '의사제국주의'적 욕망을 '만주'라는 공간에 투사시킨 '가학적' 소설이며, 당시에 유행하던 식민지배의 관습적 담론에 편승한 '타작(墮作)'이라고 혹평한다.[1] 「농군」에 관한 김철의 이러한 해석을, 중일전쟁 이후부터 해방 직전에 이르는 시기의 이태준 텍스트 전체로까지 밀고 나아간 것은 정종현이다. 그는 이 시기 이태준의 텍스트가 '국가주의'와 '전체주의' 그리고 '동양주의'에 전면적으로 침윤되어 있다고 본다. 따라서 "이태준이 '문학'이라는 육체에 아로새긴 정신주의와 미적 세계의 본질은 민족적 소유권을

---

1) 김철, 「몰락하는 신생(新生) : '만주'의 꿈과 「농군」의 오독(誤讀)」, 『상허학보』 9집, 2002, 157~158면.

주장하기 곤란해 보일 정도로 트랜스-내셔널한 것"이며 "이태준 문학
과 자기 구성이 지니고 있는 중층적인 정체성은 해방 이후의 내셔널리
즘의 구축 속에서 민족적 전통이라는 단일한 폐쇄회로로 조정 변형된
것"2)이라고 주장한다.

이러한 새로운 해석은 기존의 민족주의적 해석이 지닌 단순성을 극복
하고, 식민지주체의 중층적인 의식과 무의식, 그리고 지배주체에 대한
'모방욕망' 등을 분석해 냄으로써, 근대문학과 식민주의의 상관관계를
입체적으로 살필 수 있도록 해 준다는 점에서 그 의의(意義)의 일단을 인
정할 필요가 있다. 그러나, 이러한 해석 방식은 '민족주의가 호명한 식민
지주체'의 자기동일성의 허구를 드러내는 데에는 주효할는지는 모르나,
식민지 주체는 오로지 '민족주의가 호명한 그것'만이 있는 것은 아니라
는 점에서 문제를 안고있다. 또한, 이러한 해석 방식의 유용성과 그 한계
를 엄정하게 경계하지 않으면, 민족주의에 의해 호명된 식민지 주체와는
다른 주체의 실천과 저항을 간과하게 되고, 그 모든 식민지 주체를 '민족
주의가 호명한 그것'으로 일반화할 우려가 있다. 무엇보다도, 이러한 해
석의 문제성은, 식민지주체의 자기동일성을 해체하는 데는 골몰하면서
도, 식민지배주체 혹은 식민지배담론의 해체에는 등한하다는 점이다. 실
제로 식민지주체의 중층성과 '혼종성'은 식민지배주체의 그것과 교호함
으로써 형성되는 것이며, 이태준은 이러한 상호대비를 통해 해석해야
'오독'의 가능성을 줄일 수 있는 경우에 해당한다.

이태준과 식민주의의 관련성에 관한 또 하나의 논쟁적 해석은 김재용
에 의해 제기되었다. 그는 이태준을 포함한 일련의 작가들이 개인적 서
정과 주관적 비애의 세계에서 크게 벗어나지 못하고 있다가, 중일전쟁
이후에 서구적 개인주의에 대해 비판적인 태도로 바뀌어 '집단적 주체'
에 대해 그들의 관심을 돌리게 되었다고 했고, 그 증거의 하나로 「농군」

---

2) 정종현, 「제국 / 민족 담론의 경계와 식민지적 주체−1940년대 이태준 '문학'에 나타
   난 혼종성」, 『상허학보』 13집, 2004, 126면

을 꼽았다.3) 중일전쟁 이후, 그리고 유럽에서 파시즘의 발호가 더욱 거세지는 것을 목도한 조선의 작가들 중 상당수가(특히, 이런 사태 이전부터 집단적 주체에 대해 관심이 지대했던 과거 프로작가들과 달리 그 대척점에 서있던 작가들이) 서구의 개인주의로부터 벗어나 집단적 주체에 대한 모색으로 옮겨갔다는 것이 그의 주된 논지다.

그는 '시대적인 것과 친일적인 것'을 구분하면서, 이러한 개인적 서정의 세계로부터 집단적 주체로의 관심 이동이 이태준 개인뿐만 아니라, 당시 이태준과 비슷한 위치에 있던 작가들에게 동시다발적으로 생겨난 일종의 '시대의식'으로 해석한다. 따라서, 이태준을 포함한 여타 작가들의 일제말(중일전쟁 이후)의 작품에서 '집단 주체'를 강조하는 전체주의 경향의 내용이 나타난다고 하더라도, 이것은 30년대 후반의 '시대의식'의 소산일 뿐, 본격적인 친일문학이라고 볼 수는 없다는 것이다. 단순히 개인주의에 대한 비판이 드러나는 것에 그치는 것이 아니라, 그것이 대동아공영권의 전쟁 동원에 복무하는 데까지 나아갔을 때 비로소 본격적인 친일문학이라고 보는 까닭이다. 그래서, 그는 '친일적 창작 행위'의 범위와 정도를 가능한 한 좁히고 옮아서, 시기적으로는 중일전쟁 이후, 내용적으로는 '대동아공영권에의 복무'와 '내선일체의 주장'으로 한정짓는다. 그 외의 것은, 내용적으로 공통되는 점이 있어도 굳이 '친일문학'으로 문제삼지 않겠다는 논리다.

사실상, 김재용은 최근 이 주제에 관해 가장 포괄적이고 종합적인 논의를 펼치면서 논쟁적 의제들을 제출하고 있다. 그가 최근에 펴낸 『협력과 저항』은 임종국의 『친일문학론』(1966) 이후 근대문학과 친일에 관해 새로운 논리틀을 제시하는 획기적인 작업이라고 할 수 있다.

그러나, '친일문학'의 범위를 대단히 좁혀서 분명한 경계지우기에 성공하고, 그러한 친일문학의 자발적인 내적 논리의 일관성을 재구성하는 데

---

3) 김재용, 『협력과 저항』, 소명출판, 2004, 66~68면.

는 성공한 측면이 있지만, 바로 그 목적을 달성하기 위해, 여러 곳에서 논리적으로 납득하기 어려운 점들을 드러내고 있기도 하다. 이를테면, 「농군」에서의 '집단적 주체'에 대한 관심은 '개인적 모색'에 의한 것이고, 그 개인적 모색은 변화하는 정세를 지켜보면서 스스로 내린 결단이며, '집단적 주체'에 대한 모색과 관심이 우연히도(?) 일본 식민지배담론, 즉 신체제론의 개인주의 비판과 같은 지점을 형성하게 되었을 뿐, 식민주의 지배담론과는 직접적인 연관이 없다는 주장이 그러하다. 김재용의 논리를 극단으로 밀고 나가면, 설사 식민지배담론의 헤게모니에 포섭되었다고 하더라도, 그것이 '대동아공영주의'나 '내선일체'를 직접적으로 표방하지 않는 한 문제될 것이 없거나, 혹은 직접 표방하지 않는 경우는 식민지배담론의 영향에 침윤된 것이라 보기 어렵다는 주장으로 귀결된다. 짐작컨대, 이는 친일행위의 자발성과 그 내적 논리의 일관성을 지나치게 강조하게 되면서, 따라서 '협력과 저항'의 경계를 분명하게 짓고자 하는 그의 강박에서 나타난 일종의 논리적 일탈이라고 생각된다. "친일문학은 저항과 더불어 이루어져야만 그 의미가 제대로 드러날 수 있다"[4]는 그의 말에서 분명하게 드러나듯이, 그가 '협력', 즉 친일문학을 문제삼는 것은 '저항'을 추출해 내기 위함이다. 그러나 '저항' 또한 식민지주체의 중층성과 마찬가지로 단선적이거나 전일적인 것만은 아니다. 식민주의와 관련된 이태준의 협력과 저항 역시 그러하다. 그가 재구(再構)해 내고자 하는 '탈식민주체'의 문제는 한국근대문학사에서 무엇보다 중요한 의제인 것은 분명하지만, '탈식민주체'의 순정(純正)한 자기동일성을 전제로 하는 한, 민족주의가 노정한 '자기동일성의 허구'와는 또다른 차원에서의 '자기동일성의 허구'에 빠질 우려가 있다고 본다.

나는 이태준을 식민지배담론의 헤게모니에 투항하여 제국의 논리 안에서 지배자의 동일성을 전유함으로써 의사제국주의적 욕망을 드러내는

---

4) 김재용, 위의 책, 45면.

식민지적 무의식의 소유자로 읽는 것에 동의하지 않으며, 동시에 이태준을 그러한 포섭과 공모의 경계 바깥으로 건져내어 순연한 '저항'과 '비협력'의 영역에 위치지우는 해석 방식에도 동의하지 않는다. 이 글의 전제는, 신체제가 등장하는 1940년 전후의 이태준은 그가 이해하고 인식하는 범위 안에서 식민지배담론인 신체제론을 주관적으로 '전유'하며(따라서 식민지배담론의 헤게모니에 동의하며), 그 '전유'의 과정에서 식민지배담론이 지닌 논리적 체계의 공백과 비일관성의 틈새를 통해 '저항'한다는 것이다. 이를 위해서는 1940년에 등장하는 '신체제'가 과연 무엇이며, 어떤 논리적 체계로 구성되어 있는가를 좀더 조밀하게 이해하는 것이 필요하다. 그와 더불어 이 식민지배담론이 외형적인 자기완결성에도 불구하고 어떤 내적 모순을 안고 있었는가를 확인하는 일이 필요하다. 또한, 이 지배담론을 당시 조선의 지식인들이 어떻게 이해하거나 받아들이고 있었는가를 재구성하는 작업이 있어야 한다. 이러한 콘텍스트가 전체적으로 조망되어야 그 안에서 이루어진 신체제에 관한 이태준의 주관적 '전유'와 그 '저항'이 읽힐 수 있다.

 일본 식민지배가 오로지 물리적 억압과 강제 동원에 의한 수탈과 착취의 전일적 지배는 아니었으며, 부분적으로나마 그 내부에 식민지였던 조선인들로부터 최소한의 '동의'를 확보해 내는 담론적·제도적 기제를 지니고 있었다는 점에 대해 인정하는 분위기가 점차 확산되는 것은 바람직한 일이다. 물론 이 지배의 헤게모니를 어떤 맥락에서 얼마나 인정할 것인가의 문제는, 그러한 지배 헤게모니의 존재를 인정하는 문제보다 훨씬 더 중요한 문제이긴 하다. 이 '지배의 헤게모니'를 전혀 인정하지 않으면, 종래의 민족주의처럼 소박하고 단순한 '친일／반일'의 구도에서 한발짝도 나아가지 못함으로써 '자기동일성의 허구' 안에 매몰되지만, 거꾸로 이 '지배의 헤게모니'에 함몰되면 식민주의를 극복하기 위한 모든 '저항'은 제국의 지배논리에 대한 '공모' 이상으로 해석되기 되기 어렵기 때문이다. 당시에 실재하는 모든 것들은, 사실상 그 양단(兩端)의 간극(間隙)에 위치하고 있었다. 중요한 것은 그 간극에서 일어나는 내적 긴장과 길항들을 놓치지 않고 읽어내는 일이다. 이태준이 식민지배 담론에 포섭되었는가 저항했는가 하는 '결론'보다도 그 간극에서 있었던 긴장과 길항작용의 '과정'에 좀더 주목하고자 하는 것은 그런 이유에서이다.

2. '신체제론'의 논리구조와 '동의(同意)'의 메카니즘

신체제란, 1937년 중일전쟁 직전에 들어선 1차 고노에(近衛) 내각[5]에 이어 1940년 7월에 들어선 제2차 고노에 내각이 주도한 전면적이고 강력한 파시즘 지배체제를 일컫는다. 중일전쟁을 계기로 본격적인 아시아 침략에 나섰던 일본의 지배세력들은 독일과 이탈리아가 유럽전선에서 승승장구하며 파시즘의 지배세력을 확대시켜 나가는 데 자극받아, 독일 파시즘을 능가하는 강력한 독재체제를 구축하고, 제국주의의 침략과 지배 범위를 동북아시아뿐 아니라 동남아시아를 포함한 아시아 전체로 확대시키고자 했다. 이미 중일전쟁을 계기로 군부 파시스트 주도하의 전시 통제 체제를 나날이 강화해 오던 터였지만, 침략 전쟁의 본격적인 채비와 그에 따르는 인적·물적 동원, 일사불란한 정치적 의사 결정 과정, 일반 국민들의 정신무장을 위해 새롭고도 강력한 전일적(全一的) 독재체제의 필요에 봉착했던 것이다.

신체제와 같은 극단적인 독재체제의 등장이 불가피한 이면의 이유는,

---

5) 제1차 고노에 내각은 중일전쟁이 일어나기 한 달 전인 1937년 6월 4일 성립되어 1939년 1월 히라누마(平沼) 내각의 성립과 더불어 해산된다. 제2차 고노에 내각이 들어서던 1940년 7월까지의 약 1년 반 사이에, 히라누마, 아베(阿部), 요나이(米內) 등을 수반으로 하는 내각이 구성되었다. 고노에를 수반으로 하는 내각은 도합 3차까지 구성되었다. 강농진, 『일본근대사』, 한길사, 1985, 391~420면 참조.

단기간에 속전속결로 끝나리라 예상했던 중일전쟁이 중국 민중들의 끈질긴 저항 때문에 예상 밖으로 장기전으로 바뀌어 새로운 대책이 필요하게 되었고, 침략의 범위를 동남아시아까지 확대하는 이른바 '남진(南進)'을 위해서는 구미(歐美)와의 일전이 불가피하며 그를 위해서는 일본만이 아니라 조선을 비롯한 식민지의 적극적인 참여와 협조 없이는 불가능하다고 판단했기 때문이다. 또한, 장기화되는 전쟁으로 국내에서는 일부 자유주의 사상을 지닌 지식인들을 필두로 하여 일반 국민들 사이에도 염전(厭戰) 사상이 확산되고 있었으므로 이를 억제하고 전쟁의 정당성과 필연성을 안팎으로 천명하여 전면적인 분위기 쇄신을 유도하고, 강압적인 사상 통제를 시도할 필요가 생겨났다.

신체제의 등장과 더불어, 모든 일본의 정당은 해산하고, 군부 파시스트의 정치적 의사과정을 신속하게 수행할 '대정익찬회'가 구성되는 한편, '고도국방국가의 건설'이라는 명분 하에 시장과 가격을 통제하는 국가주도의 통제경제 정책을 이전과는 비교할 수 없이 높은 강도로 전개해 나갔다. 사상통제 면에서도, 이전의 '국체명징(國體明徵)—일본은 천황이 주권을 가진 나라라는 것을 명확히 한다는 것'의 슬로건보다도 한층 강화된 '만민익찬 승조필근(萬民翼贊 承詔必勤—모든 국민이 천황을 받들고 도우며, 천황의 말씀을 받고서는 반드시 경건한 태도를 취해야 한다는 것)'을 앞세운 '일본주의'가 전면에 등장한다. 일본의 외부, 즉 아시아를 대상으로 한 신체제의 슬로건인 이른바 '대동아공영주의'가 전면에 등장하는 것도 이 신체제를 계기로 한 것인데, 이것은 중일전쟁 이후에 등장했던 '동아신질서'론을 확대 개편한 것인 동시에, 서구와의 전쟁을 의식하고 동아시아를 '인종주의'에 의거해 '배타적 자기동일성'으로 엮어내기 위한 전술적 슬로건이기도 하였다.

엄밀한 의미에서 보자면, 이 '신체제'는 이름과는 달리 그다지 새로운 것이라고는 할 수 없다. 권력 형태로는, 이른바 2·26 사건 이후 점차 강화되어 오던 군부 파시스트들의 권력 장악 기도가 최종적으로 완성된 것이며, 만주사변 이후 시작된 준전시체제, 그리고 그에 따른 갖가지 통제와 동원은 '국가총동원령'이나 '사상통제법'과 같은 수많은 법령과 제도에 의해 꾸준히 지속되어 오던 것이었기 때문이다.

그러나 이 신체제의 등장이 식민지였던 조선에 미친 영향은 그렇게 간단한 것이 아니었다. 물론 일본 식민지였던 조선이 일본 국내체제의 혁명적 변화를 목적으로 등장한 신체제와 완전히 무관할 수는 없었다. 총독부의 주관 아래 '국민정신총동원 조선연맹'을 해체하고 일본의 '대정익찬회'를 본떠 새롭게 '국민총력연맹'을 결성하는 한편, 조직 결성에 발맞추어 '국민총력운동'을 대대적으로 전개해 나갔던 것이 그 한 예다.[6] 하지만, 작가나 문인을 비롯한 지식인들에게 이 '신체제'가 각별했던 것은 그러한 제도나 정책의 개변(改變)의 배후에서 작동하는 '신체제론'의 논리적 구조였다.

'신체제'를 이론적으로 떠받치고 있는 하부의 논리 구조는 '전체주의'와 '일본주의'로 압축된다.[7] '전체주의'란 일본이 종종 '세계의 신질서'라

---

6) 신체제의 등장에 따른 조선에서의 신체제운동 전반에 관해서는 전상숙, 「일제 군부 파시즘체제와 '식민지 파시즘'」(방기중 편, 『일제 파시즘 지배정책과 민중생활』, 혜안, 2004, 38~51면을 참조할 것.

7) 고노에의 신체제운동성명과 기본국책요강, 그리고 '대정익찬회'의 결성에 따른 '신체제'의 전면적인 등장을 이론적으로 뒷받침하기 위해 당시 많은 관변이데올로그들의 '신체제론'이 등장했다. 가장 대표적인 것이 소설가이자 저널리스트였던 무로부세 코신(室伏高信)의 『新體制講話』(靑年書房, 1940)이다. 이 책은 발매되자마자 일약 베스트셀러가 되어 '신체제의 계몽'에 혁혁한 공로를 세운 책이 되었다. 쿄토제국대학 경제학부 교수인 타니구치 요시히코(谷口吉彦)의 『新體制の理論』(千倉書房, 1940) 역시 그러한 반열에 드는 책이다. 무로부세는 이듬해 다시 『新體制と思想問題』(靑年書房, 1941)를 써 신체제와 사회주의 및 자유주의의 문제를 집중적으로 검토한다. 이들 책을 읽으면, 신체제를 다각도로 조명하고 있지만 대체로 '전체주의'와 '일본주의'를 근간으로 논리를 전개하고 있음을 알 수 있다. 이 글에서 이러한 대중적이고 속화된 텍스트를 통해 '신체제론'에 주목하는 이유는 다음의 두 가지 이유 때문이다. 첫째로, 이들 책은 '유사과학'의 형태를 띠면서 정책으로서의 '뼈대'만이 존재하는 '신체제'에 풍요로운 피와 살을 제공하고 있으며, 궁극적으로는 19세기 이후부터 이어지는 식민학의 '오리엔탈리즘'이나 니시다류의 '근대초극론', '일본낭만파'의 논리적 계기들을 이러저러하게 차용하고 그것을 속화된 형태로 복제하는 것이지만, 은폐하고 기만하기보다는 오히려 노골적으로 식민지배의 욕망을 고스란히 드러내고 있기 때문에 그 논리구조의

고 부르는 것으로, 유럽에서는 독일의 나치즘과 이탈리아의 파시즘, 그리고 동양에서는 일본의 파시즘이 중심이 되어 반자본주의와 반자유주의, 반개인주의를 근간으로 구축하는 새로운 세계질서를 가리킨다. '일본주의'란 세계적 신질서인 '전체주의'의 일반성과는 구분되는 '일본적 전체주의'를 설명하기 위한 이론적 장치이며, 이것은 일반적인 서구의 국민국가와는 다른 천황제를 주축으로 한 독특한 일본의 국체와 그 역사·문화적, 사상적 기초를 설명하기 위해 고안된 것이다. 이 '일본주의'에 의해 일본의 전체주의는 독일이나 이탈리아의 그것과 비슷하면서도 결코 같은 게 될 수 없다는 것이다. 또한 이 '일본주의'는 일본이 표방한 '대동아공영권'을 이론적으로 뒷받침하는 기제로 동원되기도 한다. '일본주의'는 곧 '동양주의'이기도 하므로, 아시아의 여러 나라들은 이 '동양주의=일본주의'의 기치 아래 단결할 때, 서구 자본주의의 침략을 물리치고 공동의 번영과 평화를 구가할 수 있기 때문이라는 것이다.

> 일본주의와 나란히 전체주의의 성격이 분명해진다면, 신체제의 성격이 저절로 분명해지는 것이다. 신체제라는 것은 일본주의와 전체주의의 통일이라는 바탕에서 생겨나서 점차 발전해 가는 것으로서의, 새로운 국민체제이기 때문이다.
> 이것은 하나의 전체주의이며 또한 일본주의이다.
> 이런 해석은 언뜻 보면 이중성격을 지닌 것처럼 보이고, 따라서 모순된 것처럼 보인다. 그러나 전체주의를 밀고 나가면 거기에 일본적 성격을 발견할 수 있다. 또한 일본주의를 오늘의 발전적 단계에 있어서 파악한다면 하나의 전체주의에 도달하게 되는 것이다.[8]

고노에의 신체제운동에 관한 성명(6·24), 제2차 고노에내각 성립에 따른 기본국책요강 발표(8·2), 그리고 대정익찬회의 결성(10월)이 이어지면

부정합이 보다 분명하게 나타난다는 점 때문이다. 둘째는, 당시 조선의 매체들의 '신체제' 이해 수준은 이러한 대중적인 '신체제론'의 속류화를 넘어서지 못하고 그것의 반복재생산에 그치고 있기 때문이다.
8) 무로부세 코신(室伏高信), 『新體制講話』, 靑年書房, 1940, 124면.

서, 조선에서도 '신체제'에 관한 본격적인 관심이 대두하게 되었다. 그러나, 홍미로운 것은 신체제의 이해와 수용이 평소의 정치적 태도나 성향에 따라 매우 다른 양상으로 나타난다는 사실이다. 그 점에서, 신체제 수용의 상이한 양상을 가장 전형적으로 보여주는 것이 이광수와 채만식의 경우이다.

『삼천리』는 신체제 출범 이후 매달 '신체제'와 관련된 특집을 꾸며 이를 적극적으로 홍보하는 기민성을 보여주었는데, 1941년 1월에 마련한 '신체제 특집'은 '신체제하의 나의 문학활동 방침'이라는 설문에 대한 작가와 평론가 12명의 대답을 싣는 한편, '신체제와 조선문학'이라는 주제로 이광수와 채만식의 글을 싣고 있다.

이광수는, 글의 허두에서는 신체제 하의 조선문학과 예술이 자유주의 사상과 개인주의 사상에 근거한 예술지상주의를 버리고 전체주의 사상으로 무장하여 새로운 체제에 이바지해야 할 것을 역설하지만, 정작 그가 글의 중후반부터 힘주어 강조하는 것은 '내선일체'에 관한 그의 신념이다.

> 여기에 부언하는 것은 내선일체문제에 있어서 조선인은 대화족과 조선인의 피가 다르다고 해서, 즉 혈통이 다른 민족이라고 해서 내심으로 환영하지 않는 분자가 있는 듯 싶다. 그러나 내선(內鮮) 양민족은 피를 함께 한 민족이다. 이천년전에는 한 민족이었으며, 그 후에도 1천2백년 전경에 백제로부터 일본에 건너간 백제의 자손들이 내지 기옥(崎玉)의 고려촌에서 일본인과 결혼하여 그 후손은 혼혈한 완전한 일본인이 되었으며, 8천백만이나 산(算)하게 된다. 그리고 더욱 황송한 말씀이나 황실에도 2차나 조선의 피가 섞이셨던 것이다. 이 말은 총독부에서 해도 좋다해서 나는 기쁜 마음으로 근기(謹記)하는 바인데 (…중략…) 이렇게 황송하옵게도 황실을 비롯하여 신민에 이르기까지 내지인과 조선인의 피는 하나로 되어 있으며, 이로써 우리는 천황폐하의 신민으로써 충의를 다 하는 자가 되어야 할 것이며 및 우리의 예술도 그러해야 할 것이다.[9]

9) 이광수, 「신체제하의 예술의 방향—문학과 영화의 신출발」, 『삼천리』, 1941.1. 253면.

신체제와 조선문학을 얘기하는 자리에서 이토록 자세히 '내선일체'의 역사적 근거를 대는 것은 언뜻 엉뚱한 노릇처럼 보인다. '부언한다'고 이광수 스스로도 표현하고 있듯이, 인용한 단락은 그가 전개하던 논리와 맥락이 닿질 않는 돌출적인 얘기였던 것이다. 또한 '내선일체'는 미나미총독 부임 이후 일상화된 구호이자 이광수 스스로도 입버릇처럼 내뱉던 말이어서 달리 새로워보일 며리도 없다. 그러나, 사실은 '내선일체'를 강조하는 이 대목이야말로 이광수가 받아들인 '신체제'의 핵심이 놓여 있다.

중일전쟁 이후 조선을 대륙침략전쟁의 '병참기지'로 설정한 일본은 장기화되고 있는 중일전쟁과 장차 다가올 서구와의 전쟁에 조선 민중과 자원을 동원하기 위해서는 행정 조직과 억압기구를 통한 동원만이 아니라 좀더 광범위하고 자발적인 지원과 참여가 절실한 문제로 다가왔다. 신체제의 등장 이후 일본은 '내선일체'보다도 한 걸음 더 나아가 '조선인과 일본인은 다같은 일본국민'이라는 논리를 들고 나왔다. '동일한 국민'으로 취급한다는 것이, 그 이전에 존재하던 '내선융화'나 '내선일체'와 차원이 다른 논리인 까닭은, '국민'이라면 '의무'와 동시에 '권리'도 지니게 되기 때문이다. 이광수처럼, 3·1운동 이후 '민족국가로의 독립' 가능성을 진작에 포기하고 있던 부류들에게는 이 '권리'(곧 참정권)는 더할 나위 없는 '복음'으로 받아들여질 수밖에 없었다.[10] 다시 말하면, '일시동

원문의 한자를 한글로 바꾸고, 현대어법에 맞게 인용자가 고쳤다.

10) 실제로 1940년 조선인으로서는 유일한 일본의 중의원이었던 박춘금은 조선에 징병제를 실시하게 되면 이에 대한 보상으로 선거권과 같은 참정권을 달라는 청원서를 일본 중의원에 제출하면서, 일종의 등가교환을 시도했다. 당시 포괄적 용어로 '조선인에 대한 처우개선'으로 불렀다. 조선인 참정권 문제에 관한 논의는 호사카 유우지(保坂祐二), 『일본제국주의의 민족동화정책 분석—조선과 만주, 대만을 중심으로』, 제이앤씨, 2002, 220~246면 참조. '동등한 국민'이라는 논리가 일제 당국자들에게 조선인에 대한 '의무'의 요구와 '권리'의 보장이라는 딜레마에 빠지게 만든 사정에 대해서는 전상숙, 「일제 군부 파시즘체계와 '식민지 파시즘'」(방기중 편, 『일제 파시즘 지배정책과 민중생활』, 혜안, 2004), 58~64면 참조.

인(一視同仁)' 대신 '팔굉일우(八紘一宇)'를 새로운 슬로건으로 내건 '신체제'야말로 차별없는 동등한 '국민'이 되기를 열망하고 있던 이광수에게는 대망의 기회이자 일본이 베푼 시혜로 다가왔던 것이다.11)

그러나, 같은 지면에서 작가 채만식은 이광수와는 전혀 다른 맥락으로 '신체제'를 이해하고 있다. 그는 1940년 10월 20일자 『대판조일신문(大阪朝日新聞)』에 보도된 '일본방적의 신기술 공개' 기사를 길게 인용하고, 대기업이 오랜 시간 공들여 개발한 새로운 제조기술을 비공개로 독점하여 이윤추구의 도구로 삼지 않고 전면 공개했다는 기사의 내용에 "황군이 불인(佛印)에 평화진주를 했을 적의 뉴스 못지 않게 쇼크를 주었다"12)고 고백한다. 채만식에게 일본방적의 기술공개 사례는, 이윤추구를 위한 자본주의의 무정부적 '자유'를 부정하는 '신체제'의 살아있는 예증으로 다가왔던 것이다. 그에게 '신체제'란 자본주의를 유지하는 자유주의와 개인주의의 청산 및 극복이라는 의미, 그 이상도 이하도 아니었다.

> 개인주의의 이 자유주의적인 생산태도에 있어서는 국력 내지 국가적인 손실이라는 것을 전혀 고려치 않는다. (…중략…) 그리고서도 이름하여 그것을 자유니 '나'니 하고 부르던 것인데 그러한 자유며 '나'란 것이 인류와 공서(共棲)하여 영세불망할 이치가 없는 것이다. 과연 인류는 바야흐로 새로운 역사를 창조하려 위대한 아침을 맞이했다. 그리고 방금 몰락하고 있는 구라파적인 자본주의와 더불어 탄생하여 더불어 성장하고 더불어 번영을 누려 오던 자유주의나 개인주의도 그와 더불어 몰락 또한 같이할 운명을 짊어진 자이어서 지금에 그 종언을 고하게 된 것이다. (…중략…) 소화유신은 명치유신의 발전적 해소로 신체제에 있어서는 그러므로 재래의 모든 개인주의나 자유주의적인 행동과 이데

---

11) 이광수가 『나의 고백』에서, 학병 권유차 동경에 갔을 때 대학생들과 나누었다고 소개한 다음의 대화는 그런 맥락에서 진심이었을 것이다. 그는 '징병'과 '참정권 획득'을 일종의 등가교환으로 철석같이 믿고 있었다. "「우리가 나가서 피를 흘리면 그대는 우리의 핏값을 받아 주겠는가?」" 하고 물었다. 이것은 참말로 큰 물음이었다. 나는 「그대들이 피를 흘린 뒤에도 일본이 우리 민족에게 좋은 것을 아니 주거든, 내가 내 피를 흘려서 싸우마」(강조는 인용자). 『나의 고백』, 삼중당, 1971, 279면.
12) 채만식, 「문학과 전체주의―우선 신체제 공부를」, 『삼천리』, 1941.1, 255면.

올로기가 부정이 된다.[13]

　작가 채만식에게 '내적 동의'를 확보하는 이론적 계기는 바로 '신체제론'을 구성하고 있는 '전체주의'였다. 채만식은 글의 말미에 잊지 않고, 신체제의 전체주의를 '공산주의'와 혼동하는 일이 없어야 한다는 것을 부연하고, 또한 이러한 전체주의가 황도주의로 귀결되어야 한다는 것을 강조하지만, 정작 그의 관심이 이런 데로 향한 것이 아니었음은, 이광수의 '신체제'가 반자유주의나 반개인주의, 나아가 반자본주의에 별반 관심이 없는 것과 같은 이치다. 한때는 프로문학 진영을 기웃거렸고, 프로문학과 결별한 뒤에도 근대 자본주의 사회의 추악한 이면과 그 부정성을 그려내는 데 누구보다도 탁월한 능력을 보였던 채만식으로서는, '신체제'의 다른 어떤 면보다도 자본주의의 무정부성과 욕망의 악무한적 순환을 조장하는 체제의 근본원리를 부정하는 '전체주의'로서의 '신체제'가 가장 매력적으로 보였을 것임은 충분히 짐작할 수 있는 일이다.

　이광수와 채만식은 신체제론을 주관적으로 '전유'하는 하나의 전형적인 사례를 보여준다. 당시의 지식인과 작가들은 각자 자신의 관심방향과 정치적 소신에 따라 신체제를 제나름으로 이해하고 있었다.[14] 물론 이러한 주관적 전유를 가능하게 했던 해석의 상대적 자율성(?)은 그리 오래 가지 않았다. 이광수는 말할 것도 없지만, 채만식도 '반자본주의'적 계기로서의 '신체제' 수용에 머물지 않고 끝내 '일본주의'로 기울어, '신체제'와의 내적 긴장을 유지하는 데 실패하기 때문이다.[15]

---

13) 채만식, 「문학과 전체주의—우선 신체제 공부를」, 『삼천리』, 1941.1, 258면.
14) 심지어 김동리는 『삼천리』지의 설문에서 "신체제 이론은 뭐라고 말할 수 없이 애매모호하다"고 비판한 뒤, "내가 가장 절실히 절실히 원하는 바는 저 近衞公이나 南總督 같은 이를 조용히 만나 뵙고 신체제, 아니 그보다 동아신질서 문제의 근본원리에 대한 나의 의견을 피력하고 싶은 것이다"(『삼천리』, 1941.1, 248면)라고 말한다. 짐작컨대 김동리에게는 신체제가 서구에 대한 '동양주의'로서 가장 크게 다가왔을 것이다. 신체제 등장 이전인 등단 무렵부터 '반서구'와 '반근대'의 문제와 고투했던 그로서는 '한 수 지도'하고 싶은 욕구를 가지는 것이 어쩌면 자연스러운 것인지도 모른다.

그러나 신체제 등장 이후부터 한동안, '신체제'의 이론적 수용에 이러한 주관적 전유가 가능했던 이유 중의 하나는, 신체제론 자체의 모순율 때문이다. 식민지배담론의 개발 과정에 나타나는 논리적 모순이나 비일관성은 비단 '신체제론'에 한정되는 문제만은 아니었다. 예컨대, 식민지인 조선을 향해서는 '내선일체'를 내세우지만, 또다른 식민지인 '만주국'에 대해서는 '오족협화'라는 새로운 구호가 등장해야만 했다. 중일전쟁 이후 대륙침략이 본격화되면서부터는 '내선일체'나 '오족협화'로는 감당할 수 없는 새로운 상황에 직면하게 된다. 이런 문제는 1940년 당시에 식민지이거나 반식민지였던 대만, 조선, 만주, 중국에 개별적으로 해당되는 문제였을 뿐 아니라, 남진 정책이 본격적으로 가동될 경우 식민지로 편입될지도 모를 동남아시아를 상정할 때 한결 그 구도가 복잡해질 도리밖에 없다. 신체제가 내세우는 '대동아공영주의'와 그를 뒷받침하는 '팔굉일우'의 이데올로기는 그 모든 것을 포괄하는 지배담론의 종합편으로 등장한 것이었다.16)

---

15) 채만식의 '황도주의'로의 경사과정 전반에 대해서는 김재용의 『협력과 저항』(소명출판, 2002) 중, 「채만식―'멸사봉공'을 통한 근대초극」을 참조할 것.

16) '대동아공영권'의 이념적 기반으로 등장한 '팔굉일우'는 엄밀한 의미에서 신체제의 '황도주의'와 배치된다. 천황을 정점으로 한 '황도주의'는 어디까지나 '군민동조론(君民同祖論)'에 뿌리를 두고 있는 것이다. 즉, 천황과 그 신민이 모두 같은 핏줄이므로 천황을 정점으로 한 하나의 거대한 '家'를 이룰 수 있다는 것이, '황도주의'의 논리적 핵심인데, '조선'에서는 고대사의 주관적 해석을 통해 이를 어느 정도 해결할 수 있었지만, 만주국에서는 이 '동조동근론'이 합당하지 않으므로 '오족협화'로 대치되었으며, 대만에서는 '황도주의'의 상징인 '아마테라스 오오미카미(天照大神)'를 전면에 배치하여 동일한 혈통을 강조하는 것이 어려웠기 때문에 그 대신에 이른바 '대만식민지전쟁'에 참여했다가 전사한 황족 요시히사 신노오(能久親王)를 신격화하여 동화이데올로기를 창출할 수밖에 없었다. '대동아공영주의'가 전면에 등장하면서, '황도주의'의 상징인 '아마테라스 오오미카미'를 근간으로 한 '군민동조론' 대신 그 직계인 진무(神武)천황이 말했다고 하는 '팔굉일우(전 세계를 하나의 나라로 만든다)'의 이념이 강조되었던 것이다. 이처럼 '신체제론'의 하부 논리구조는 여러 곳에서 논리적 모순을 낳고 있다. 아시아 삼국에 대한 동화이데올로기 창출 과정은 호사카 유우지, 『일본제국주의의 민족동화정책분석―조선과 만주, 대만을 중심으로』, 제이앤씨, 2002를 참조.

동아의 여러 나라는 저마다 독립국으로서 각자 그 영토를 보전하고, 주권을 확보하지만, 그러나 완전고립적인 자유주의의 독립국은 아니며, 전체로서 또한 종합적인 일체를 이루지 않으면 안된다. 그것을 가령 동아연맹이라고 부른다면, 그것은 국제연맹과 같은 자유주의국가의 일시적, 부분적인 연계는 아니며, 완전히 새로운 원리 위에 성립하는 동아신질서로의 항구적, 전면적인 결합이지 않으면 안된다. 정치적으로는 동아연맹이며, 경제적으로는 동아광역경제이지만, 그 근본은 물질주의에 대한 정신주의이고, 권력주의에 대한 도의주의이며, 패도주의에 대한 왕도주의이며, 이런 것들은 전부 신체제의 근본원리로서 통하는 것이다.17)

대동아공영주의에 대한 관변이데올로그 타니구치의 설명은 김동리의 표현대로 "뭐라고 말할 수 없이 애매모호하다." 각자의 나라는 독립국으로서의 주권과 고유성을 유지하면서도, 기존의 국제연맹과 같은 형태가 아니라 '항구적 전면적 결합'의 형식을 취해야 한다면, 대체 이러한 형태의 국가연합은 구체적으로 어떤 형태로 나타날 것인가. 처음부터 '대동아공영주의'나 '동아신질서론'이 아시아에 대한 침략주의를 포장하는 기만적 슬로건에 불과한 것이라고 무시해버리면 모르되, 그 나름의 이론적 진정성을 전제하고 기꺼이 설득당하기를 준비하고 읽을 경우, '대동아공영주의'는 무척 헐겁고 공소한 논리 위에 불안스럽게 서있다. 무엇보다도, 신체제론을 구성하는 '일본적 전체주의'와 그것의 외화 형태로 나타난 '대동아공영주의'가 안고 있는 근본적인 모순은, 서구라는 '보편'을 지우고 개별자로서의 '동양'을 발견하지만, 그 '동양'을 '일본적 전체주의'라는 거멀못에 계속 걸어두기 위해서는 '동양주의=일본주의'라는 또 다른 '보편'을 설정해 두지 않으면 안 된다는 것이다.18) '서구'라는 '보

---

17) 타니구치 요시히코(谷口吉彦), 『新體制の理論』, 千倉書房, 1940, 272면.

18) 일본이 발견한 '동양'의 이러한 내적 모순의 역사는 일본이 '동양'을 발견하는 그 순간부터 시작된 것으로 매우 유구한 지적 흐름의 전통을 지니고 있다. 일본을 제외한 아시아를 향한 슬로건이 '일시동인'이든 '팔굉일우'든 일본과 여타의 '종속적인 다른 민족' 사이에 상호존중을 바탕으로 하고 개별 민족의 독자성을 전제로 한 융화는 애초

편'을 부정하기 위해 '동양'이라는 '보편'에 의지할 수밖에 없는 것이 신체제론의 논리적 운명이라면, '동양'이라는 '보편'을 걷어내기 위해 '동양' 안의 무수한 개별자들은 어떻게 해야 할 것인가.

'신체제론'은 '서구'라는 '보편'을 부정하는 데에는 유효하고, 그 점에서 조선의 작가와 지식인들에게 헤게모니를 획득하지만, 그 스스로 '일본=동양'이라는 또다른 보편을 창출하는 까닭에 정작 보편으로서의 '동양'과 개별자로서의 '조선'의 관계를 생각할 때는 부정되어야 할 또하나의 '보편'이 될 수밖에 없다. '신체제론'의 이러한 모순을 발견했든 하지 않았든, 당시의 작가와 지식인들은 이 딜레마에 다다르지 않을 수 없었다. 그리고, 이 지점에서 '신체제론'의 모순과 길항을 빚는가, 그 모순에도 불구하고 논리에 함몰되는가가 달라지는 것이다.

식민지배담론으로서의 신체제론의 헤게모니에 '동의'한 작가들이 모두 그 논리에 전면 포섭되었던 것은 아니다. 게다가 '신체제'에 대한 협력 여부는 오로지 '논리'의 차원에만 한정되는 문제도 아니었다. 이태준은 '신체제'에 민감한 반응을 나타낸다. 그리고, 신체제의 논리 구조에 기꺼이 설복당하는 모습을 보이는 것도 사실이다. 그럼에도 끝내 이 논리에 함몰되지 않고 버텨내기 위해 고투하는 모습을 보인다. 신체제와의 내적 긴장과 길항은 여기에서 생겨난다.

부터 없었다. 그런 점에서 '신체제'가 표방하는 '동양'은 '동양' 스스로가 타자인 '서구'에 대해 자신을 표현할 수 없음을 '일본'이 대신하는 것으로서의 '동양'이며, 따라서 이때의 '동양'은 곧 '일본'인 것이다. '신체제'가 지닌 '동양론'과 '대동아공영주의'의 모순율은 바로 이러한 '나르시시즘'적인 보편성의 신화에서 비롯된다. 이에 대해서는 강상중, 『오리엔탈리즘을 넘어서』(이경덕·임성모 역, 이산, 1997)의 「'동양'의 발견과 오리엔탈리즘」을 참조할 것.

3. 이태준과 '신체제론'―수용과 저항의 내적 긴장과 길항

'신체제'의 등장을 전후한 1930년대 말부터 1940년대 초반에 이태준은 시국의 변화에 대해 매우 민감하게 반응한다. 그가 쓴 것이 분명한 『문장』 창간호의 권두언은 제목부터가 「시국과 문필인」이다. "좁게 서재에 만 스스로 갇혀 신변잡사류에나 과민한 것이 문필인이라면 이는 문필, 그 자체를 위해보다 먼저 그 인간으로서, 국민으로서, 시대인으로서 망 각했음이 크다 않을 수 없을 것이다"라고 문필인의 시국에 대한 인식을 촉구한 뒤 다음과 같은 말로 창간호의 권두언을 맺는다.

> 이제 동아의 천지는 미증유의 대전환기에 들어 있다. 태양과 같은, 일시동인 (一視同仁)의 황국정신은 동아대륙에서 긴―밤을 몰아내는 찬란한 아침에 있 다. 문필로 직분을 삼는 자, 우물 안 같은 서재의 천정만 쳐다보고서야 어찌 민 중의 이목(耳目)된 위치를 유지할 것인가 모름지기 필봉을 무기삼아 시국에 동 원하는 열의가 없언 안될 것이다.[19)]

---

19) 「시국과 문필인」, 『문장』, 1939.12, 1면. 물론 이 글의 필자는 실명이 아니라 '주간'으 로만 표시되어 있어 이태준의 글이라고 단정하기는 어렵다. 그러나 당시 『문장』의 편 집진 구성을 보면 이태준 이외에 이런 글을 쓸 만한 사람은 없다고 판단된다. 창간 당 시 『문장』에는 편집 및 발행인 이었던 사주 김연만(金鍊萬)과 장정 및 삽화, 표지화 등 을 맡았던 화가 김용준(金瑢俊)과 길진섭(吉鎭燮), 그리고 편집 일체를 담당했던 이태 준이 있었다. 소설가 정인택이 편집부에 합류한 것이 1939년 5월 무렵이었는데, 5월호 편집후기인 「餘墨」난의 "이번 편집부에 정인택 씨를 맞이하였다. 상허가 숨을 좀 돌 릴 것이요 단행본 간행도 활발해질 것이다"라고 한 사주 김연만의 말을 보거나 "정인 택 형이 입사한 것은 나는 몸 하나를 더 얻은 것 같다"고 한 이태준의 소감을 보더라 도, 잡지발행과 관련된 대부분의, 특히 내용과 관련된 일은 이태준이 관장하고 있었다 고 짐작된다. 이하 인용하는 「대동아공영권확립의 신춘을 맞이하여」라는 '시론(時論)' 역시 정황상 이태준이 쓴 것으로 추정하고 논지를 전개한다. 이 두 개의 시론에 드러 나는 시국관이나 상황인식은 그 무렵의 이태준 소설에서 드러나는 바와 서로 겹치지 만, 이 글들을 그의 목록에서 제외하더라도 '신체제'에 대한 그의 인식을 재구성하는 데에 큰 지장은 없다.

그로부터 1년 뒤, 신체제가 들어선 직후의 『문장』 권두언 역시 주간인 그가 쓴 글이다.

> 지난 일년을 회고하면 제국으로서는 광휘있는 이천육백년의 기념년이기도 하였지만, 안으로 신체제의 조직, 밖으로 일·독·이의 동맹체결, 일지(日支)기본조약의 조인 등 실로 이천육백년래 제국사상에 특기할 만한 일년이었었다.
>
> 이제야말로 세계의 정세, 인류의 모든 개념에 유사 이래 최대의 전환이 전개되는 것이다. 제국은 이 세계역사의 전환을 지도할 사명을 가졌고, 더욱 동반구에 있어서는 맹주로서의 동아신질서의 건설 급(及) 대동아공영권 확립에 당하는, 이 새해야말로 그 실천의 거보를 비로소 내어디뎌, 조국(肇國) 이래 팔굉일우(八紘一宇)의 대정신의 찬연한 광망을 전세계에 뻗치는 것이다. (…중략…)
>
> 이미 제오년을 맞이하는 지나사변의 종국의 목표는 위의 동아공영권 확립에 있는 것은 이제 새삼스러이 언명할 필요가 없거니와 그 동아공영권이란 어떠한 사태를 가리킴이냐 하면, 동아로부터 동아인의 것이 아닌 외래의 세력을 구제하고 동아는 동아인의 자유스러운 생활지역, 동아인의 이상적인 문화지역의 건설임엔 또한 누구나 이견이 없을 것이다. 그러면 이미 동아에 심어진 외래의 세력이란 무엇인가? 이것은 눈으로 볼 수 있는 물적 방면뿐 아니라 눈에 보이지는 않으나 동아인류의 마음 속에 뿌리를 박아 동아인으로서의 자주적인 생존을 갖지 못하게 하는 정신적 침략까지도 포함된 것은 물론이다. 그러므로 동아신질서 건설은 총검과 함께, 물자와 함께, 정신, 사상의 확립통일이 없어서는 완전한 건설, 완전한 승리를 기약치 못할 것이다. 여기에 우리 지식층의 중차대한 책무가 있는 것이다. 그러나 방황할 것은 없다. 이미 신체제가 확립되고, 국론통일된 위에서의 제국국민으로서의 가질 바 사상은 너무나 간단명료하게 제시된 것이다.[20] (강조는 인용자)

'권두언'과 같은 성격의 글에 으레 따르기 마련인 관례적이고 공식적인 레토릭들을 걷어내고 읽는다면, 이태준이 이해한 '신체제'의 요체는 강조된 부분에 집중된다고 보아 큰 무리가 없다. 자본주의나 자유주의,

---

20) 주간, 「대동아공영권확립의 신춘을 맞이하며」, 『문장』, 1941.1, 2~3면.

혹은 개인주의와 같은 용어는 등장하지 않지만, "눈에 보이지는 않으나 동아인류의 마음 속에 뿌리를 박아 동아인으로서의 자주적인 생존을 갖지 못하게 하는 정신적 침략"이란, 이태준이 평소에 혐오해마지 않던 '자본주의적 속물성과 속악함'을 가리킨다. 잘 알려져 있다시피, 이태준은 프로문학에 비판적이었고, 채만식과 같은 리얼리스트들과도 일정한 거리를 두었지만, 그 나름으로 누구 못지 않게 오랜 시간동안 '근대의 속악함'과 환멸에 찬 싸움을 벌여왔었다. 다만, 그의 인식 내부에서는 '서구'와 '자본주의', '근대'라는 서로 겹치면서도 뚜렷이 구별되는 몇 개의 범주들이 뒤섞인 채 착종되어 있었고, 따라서 그 극복의 대안 역시 종종 추상적이거나, 논리나 실제보다는 감정과 정신에 호소하는 경향이 강했던 것도 사실이다. 그러므로, 그에게 있어 '동양'이란, '서구'와 '자본주의', '근대'가 한데 얼려 연출하는 모든 '속악함'의 피안(彼岸)이자, 그것을 넘어설 수 있는 대안으로서의 추상화된 총체였다고 할 수 있다. 이 '추상적 총체'로서의 '동양'은 신체제론의 등장을 전후로 하여 한결 구체적이고 현실적인 대안으로 그에게 재인식되었다. 그 역시도, 신체제 등장 직후의 채만식처럼, 신체제를 '자본주의의 속악함'과 '물질주의로서의 근대'를 넘어설 수 있는 현실적 방안으로 이해했던 것이다.

이를 가장 잘 보여주는 것이 1942년에 발표한 장편 『별은 창마다』이다. 이 소설은 그가 즐겨 구사하는 전형적인 삼각구도로 짜여진 일종의 연애소설인데, 그 삼각관계의 한 축을 담당하는 '가난한 고학생 출신의 건실한 고등공업학교 출신의 남자'(어하영)가 표상하는 세계가 곧 '나치스의 세계'이다.

이 소설에는 신체제의 '전체주의'를 수용한 이태준의 변모를 보여주는 몇 가지 중요한 징후가 있다. 하나는, 여주인공 한정은의 아버지 한 사장이 경영하는 '한성피혁회사'가 일제의 통제경제 정책으로 인하여 강제합병 당하는 과정을 대단히 긍정적으로 그리고 있는 장면이며, 다른 하나는 한 사장의 고명딸로 동경 음악학원에서 유학을 하고 있는 철부지 정은이, 갑자기 애인 '어하영'의 영향을 받아, 음악을 포기하고 건축학도로 바뀌고, 멋과 사치의 세계로부터 '유니폼의 세계'로 옮겨가는 모습이다.

①이럴 무렵이다. 회사에는 중대한 문제가 일어났다.

지난 여름에 북지에서 일본군과 지나군이 충돌된 이후, 충돌은 점점 전쟁상태로 퍼져 나갔다. 피혁은 워낙 군수품의 중요한 것의 하나로 평화시에도 적지 않은 수량을 육군창고에 바치던 것이라, 그 수량이 갑재기 몇 배로 늘었다. 이미 동경, 명고옥, 대판 등지에 선약이 있은 것조차 군창고의 수용량을 채이기 위해서는 부득이 해약이라도 해야 될 정세에 이른 것이다. (…중략…)

익형은 지나사변이 경제계에 미치는 영향을 대강 이야기하였다. 그 중에도 피혁업과는 더욱 관계가 긴밀해지는 것과, 오늘 동경에 와 이곳 업자들을 만나 보니 여기서는 벌써 개인회사들은 다 해산이 될 것을 각오하고 있다는 것을 이야기하였다.

"그럼 피혁회사는 아주 없어지나요?"

"없어지는 게 아니지. 그전 자유경제시대처럼 여러 회사가 경쟁적으로 장살해서 공연히 가격을 부당하게 올리기도 하고 떨구기도 하는 그런 폐단을 없이하고, 생산과 가공과 군에의 납품을 단순화, 강화시키는 반관유회사가 생길 테지."

"조선두 그렇게 될가요?"

"시간 문제겠지."

"그럼 우리집 회산 없어진단 말이야요?"

"그럼." (…중략…)

"회사들이 없어진다구 나쁜 의미루 해석헐 게 아니라 발전적 해체니까 조선에두 여러 회살 합한 큰 새회사가 하나 생길 께니까."21)

②'사람들이 가장 미의 도시라고 예찬하는 파리가 나에게는 가장 추의 도시라' (…중략…)

정은은 병원에서 벼르던 대로 백화점 마쓰야 식당으로 올라와 보았다. 하영

---

21) 이태준,『별은 창마다』, 서음사, 1988, 111~128면. 1. 원 발표지면은『신시대』(1942.1 ~1943.6)이다.

이가 형용하던 그대로, "머리에 하얀 레―스, 조고만 에프론, 걷어 올린 팔로 삐타민 에, 삐, 씨, 띄를 시민헌테 민활하게 공급하는⋯⋯"

이 식당 소녀들은, 한 자본가에게 고용되는 불우한 소녀들이라기보다는, 한 아름다운 의무를 띤 현대문명의 귀여운 사도들 같았다. (⋯중략⋯)

정은은 유쾌한 새 신을 신고 다시 은좌를 걸었다. 신에 취미가 달러지자 의복에도 입던 것에 싫증이 생긴다. 가만히 진열창 유리에 자기 양복을 비취여 볼 때, 단초들이나 포켙들이나 모다가 너머나 장식적이었다. 정은은 길 우에서 문뜩, 히틀러의 사진을 생각해 보았다. 그 위엄, 그 활동적인 것, 얼굴의 기상뿐 으로만 아니었다. 굵직굵직한 단초가 띄염띄염 자리를 컹켜달린 것은 가슴의 건강과 면적을 얼마나 확대시키는 것이며, 선을 강조시켜 볼록 울려솟는 큼직한 포켙들은 또 얼마나 기능과 함축을 강화시켜 보이는 것인가?[22]

인용문 ①은 앞에서 말한 대로, 개인 회사의 해산과 관주도의 기업강제합병 과정을 긍정적으로 서술하고 있는 부분이다. 이 과정에서 한성피혁의 한 사장은 약 팔십 만원의 이익을 남기고 경영 일선에서 물러나는 것으로 처리되어 있다. 인용문 ②는 부호의 고명딸이자 피아노를 전공하는 음악전문학교의 학생이며, 멋부리는 데 정신없던 영양(令孃) 한정은이 고학생 애인의 영향으로 갑자기 '히틀러 찬미자'가 되고, 드레스 매니아에서 제복예찬자로 바뀌는 대목이다. 일찍이 나치즘과 히틀러를 다음과 같이 비판했던 이태준으로서는 이러한 나치즘 예찬이 엄청난 변화라고 하지 않을 수 없다.

안국정(安國町)이지만 아직 안국동(安國洞)이래야 말이 되는 것 같다. 이 동(洞)이나 이(里)를 깽그리 정화(町化)시킨데 대해서는 적지 않은 불평을 품는다. 그렇게 삐지네스의 능률만 본의로 문화를 통제하는 것은 그릇된 나치스의 수입이다. 더구나 우리 성북동(城北洞)을 성북정(城北町)이라 불러보면 '이주사'라고 불러야 할 어른을 '리상'이라고 남실거리는 격이다. 이러다가는 몇 해 후에는 이가니 김가니 박가니 정가니 무슨 가니가 모두 어수선스럽다고 사람의 성

---

22) 이태준, 『별은 창마다』, 서음사, 1988, 121~128면.

명까지도 무슨 방법으로든지 통제할는지도 모른다.

모든 것에 있어 개성(個性)을 살벌하는 문화는 고급한 문화는 아닐 게다[23] (강조는 인용자)

잘 알려진 이태준의 단편 「장마」(1936)의 한 구절이다. 이 무렵의 이태준은 유럽의 파시즘을 획일주의나 능률을 최고의 가치로 삼는 극단적 실용주의라는 이유에서 비판하고 있다. 예술의 자율성과 개성의 가치를 존중하는 그에게 이런 파시즘은 도저히 용납될 수 없는 것이었다. 그러나 이로부터 6년 뒤, 장편 『별은 창마다』에서는 나치즘의 획일주의와 실용주의를 모두 수용하는 쪽으로 급선회했던 것이다.

한정은이 소설 속에서 보이는 변화의 양상은 「장마」와 「패강랭」의 세계로부터 문득 『별은 창마다』의 세계로 옮겨 앉은 이태준의 변화와 닮은 꼴을 이루고 있다. 평양 여인네들의 머리를 아름답게 장식하고 있던 보얀 머릿수건이 사라지고, 고불고불 지진 퍼머머리 일색으로 변한 것을 탄식하던 '현'의 사상은 곧 이태준의 사상이기도 했기 때문이다. 전체주의를 비판하던 이태준이 신체제 이후 그것을 전격 수용하고, 거기에 발맞춰 『별은 창마다』와 같은 소설을 쓰게 되는 이 변화를 어떻게 설명할 수 있을까. 이 변화의 진폭 안에 그의 고뇌와 시대와의 불화, 그리고 내적 긴장이 숨어 있는 것은 아닐까.

이태준은 신체제의 '대동아공영주의'에 크게 고무되었다. 특히, '서구적 근대'라는 보편의 횡포에 의해 존망의 기로에 서게 된 '동양'을 구출하고, '동양'의 고유한 추상적 가치와 질서를 회복하며, '자본주의적 속악함'에 의해 훼손된 유무형의 것들을 복원하자는 논리에 공명했다. 그에게 그러한 논리는 딱히 '신체제'에 의해 촉발되었다기보다는, 오랜 동안 그가 문학을 통해 염원해 오던 소망이기도 했던 까닭이다. 신체제란, 이태준의 평소 신념이나 지론과 합치하는 그러한 논리적 기제로만 구성

---

23) 이태준, 「장마」, 『가마귀』, 한성도서, 1937, 149면.

되었던 것은 결코 아니었지만, 마치 이광수와 채만식이 각자의 정치적 소신과 이념에 따라 주관적으로 신체제를 전유하듯이, 이태준 역시 '신체제'의 특정한 논리적 기제에 동의하는 것은 어렵지 않았다.

　장편 『청춘무성』(1940)은 신체제 등장 직전에 발표된 작품으로, 이태준의 '동양론'을 가장 잘 반영하고 있는 소설이다. 이 소설 역시 전형적인 삼각구도로 구성되어 있는데, 여주인공 고은심을 사이에 두고, '개인주의'와 '자유주의'에 비판적인 생각을 지니고 있는 젊은 신학도 원치원과 부호이자 재미교포인 '조지 함'의 대립과 갈등이 서사구조의 중요한 축을 이루고 있다. 이 소설에서 원치원은 곧 '동양'을 표상하며, '조지 함'은 '서구'를 표상한다. 두 주인공 원치원과 고은심이 은심의 미국행을 앞두고 나누는 다음의 대화를 보면, 반서구와 반근대를 표방하는 신체제에 이태준이 동의할 수밖에 없는 논리적 상동성을 확인할 수 있다.

　　"선생님은 서양 가시구 싶은 생각이 없으세요?"
　　"서양?"
　　"서양 싫어허세요?"
　　"한번 구경은 하고 싶어두 서양 그 자첸 그리 존경허지 않지요"
　　"왜요? 선생님 신봉허시는 예수교도 서양 사람들이 가져오지 않았어요?"
　　(…중략…)
　　"그럼 서양은 '현대'의 서울이라 볼 수 있잖어요"
　　"그렇죠. 그대신 동양은 서양의 시굴로 떨어져버린건, 즉 동양은 동양으로서의 서울 노릇을 못하고 서양의 한 지방이, 나쁘게 말하면 서양문화의 식민지가 돼버린 건 통탄할 일이죠" (…중략…)
　　"그렇지만 선생님? 서양의 힘이 아니듬, 오늘 동양에 이 '현대'란게 …… 말험, 이런 자동차 저런 삘딩도 없었을 거 안야요?"
　　"오늘 이런식의 현대, 즉 서양판 현대(西洋版 現代)는 없겠죠 그렇다구 동양은 최근 사오십년 동안을 아무런 발전두 없이 정지상태루 있었스리라 생각해선 안됩니다. 서양문화로 모든 시대의 동양두 동양문화대로 발전해 온 역사가 있으니까요."24) (강조는 인용자)

은심에게 '미국'이란 나라는 화려한 표지와 현란한 상품광고로 가득찬 여성잡지 '레디—스 홈 쩌날'이 제공하는 상상력으로 구성되어 있다. 그녀에게 '레디—스 홈 쩌날'은 서양을 상상케하는 하나의 '기호'였다. 그런 은심이 치원의 '동양론'에 계몽되어 부호인 재미교포 '쪼오지 함'과 결혼하기 위해 미국에 가려던 것을 포기하는 것은, "난 그럼 쪼오지 함의 동양에의 항수를 위로하러 가는 한낱 동양의 '미아게'(선물—인용자) 노릇이 아닌가?"라는 자각에 이르기 때문이다.

치원의 입을 빌려 설파하는 이태준의 '동양론'은 '서구'라는 보편의 미망(迷妄)으로부터 벗어나야 한다는 것이 핵심이다. 그러나, 앞서 살핀 바 있듯이, '신체제론'의 '대동아공영주의'가 표방하는 '동양주의'는 '서구'라는 보편을 벗겨내고, 그 자리에 '일본의 동양', 즉 일본이 또다른 '보편자'로서 기능하는 모순율로 구성되어 있다. '동양론'을 매개로 한 이태준의 '신체제론' 수용에 미묘한 균열이 생기는 것은 바로 이 지점에서이다. 그가 신체제론의 '동양론'을 부분적으로 수용한 것은 '서구'에 의해 타자화된 '동양'을 인식했던 때문이었다. 그러나 그 '동양'이 '일본주의'라는 '전체성'에 의해 또다른 '보편신화'로 탈바꿈하는 것에는 결코 동의할 수 없었다.

---

24) 이태준, 『청춘무성』, 서음출판사, 1988, 206~207면. 원 발표지면은 『조선일보』(1940.3 ~1940.8)였다. 인용문의 줄친 부분은 다음과 같은 신체제의 '일본주의'와 고스란히 겹친다. "일본은 세계의 변두리 시골이 아니며, 세계로부터 고립된 일개 작은 섬나라도 아니다. 일본은 세계의 일본으로서 높은 지위를 지니고, 동시에 세계 안의 일본이다. 이 세계의 일본, 세계 내의 일본의 사건은 항상 세계사의 단계에 있어서 또한 세계의 무대 위에서 생각하지 않으면 안 된다. 신체제는 어디까지나 전체주의의 기초 위에 성립되어 있다. 이것은 하나의 전체주의로서 규정되어야 한다. 전체주의를 거부하는 것은 신체제를 거부하는 것이며, 일본을 또한 일본주의를 세계의 외진 시골로 추방하려는 것이다." (무로부세 코신, 『新体制講話』, 靑年書房, 1940, 114~115면) 이태준의 신체제 수용은 이 구절의 '일본'의 자리에 '동양'을 대입시킴으로써 가능했다. 그러나 그는 '자리바꾸기'라는 전유의 과정을 거치면서도 결코 "일본=동양"이라고는 생각하지 않았으며 "일본≠동양=조선"이라고도 생각하지 않았다. 이 미묘한 차이를 놓치면 이태준이 '신체제'로 대표되는 식민지배담론의 '동양론'에 완전 동화된 것으로 오해하게 된다.

이태준은 '서구'를 주인공으로 한 '보편 신화'의 미망을 벗겨내는 것이 '동양'의 발견이었듯이, '동양' 안에 존재하는 여러 민족의 개별자로서의 독자성과 고유성이 '대동아공영주의'에 의해 확보될 수 있으리라고 믿었다. '믿었던 것'이 아니라면, 최소한 그것이 지배담론으로서 헤게모니를 획득하기 위해 유지해야 할 담론의 자기규율의 '빈틈'을 '이용할 수'는 있으리라고 생각했을 것이다. 즉, '동아시아 제 민족의 공존과 번영'이라는 '신체제'의 슬로건의 이면(裏面)이 설사 기만이라고 하더라도, 그것이 겉으로 내세우고 있는 자기과시적 허용공간 안에서 최대한도로 '버티기'를 시도하자는 전술을 말한다.

이태준이 견지하고자 했던 이러한 태도는 결국 '대동아공영주의'를 기반으로 해서 일본이 내세운 '국민문학'과 그 안에서의 '조선문학(조선어)의 특수성'이라는 문제와 직접 결부된다. 당시에 제출된 '국민문학'에 관한 많은 논의들의 상당 부분은 이 문제에 집중적인 관심을 기울였다. '국민문학'의 '일본주의'를 하나의 '전체성'으로 하고, 문학 및 언어를 포함한 각 민족의 문화가 하나의 '지방문화'로 배치되는 이러한 구도에 많은 작가와 지식인들은 동의했다. 그러나, 정작 중요한 문제는 이러한 구도와 배치의 표면적 논리에 대한 '동의' 여부보다도, '대동아공영주의'의 모순율을 이용하여 민족문화와 언어 및 문학을 유지·보존하려는 '의지'나 '방법'이다. '조선문학(및 언어)의 특수성'을 둘러싼 일본측 관변지식인들과 당시의 우리 작가나 지식인들의 이해와 인식이 상당히 달랐기 때문이다. 다시 말하면, '국민문학'의 이념과 그 구도에 동의한다고 해서 '조선문학의 특수성과 그 지위'가 자동적으로 보장되는 것이 아니었던 것이다.

1941년에 들어서자 『조광』이 연이어 마련한 임화와 야나베 에사부로(矢鍋永三郎)25)의 대담이나, 일본 동경에서 김사량과 키시다 쿠니오(岸田國

---

25) 야나베 에사부로는 당시 총력연맹 문화부장이었다. 총력연맹이 결성될 1940년 10월 당시에는 '문화부'가 조직편제에 없었다가 약 두 달 후의 직제개편에서 만들어진다.

土, 당시 대정익찬회 문화부장, 극작가)의 대담은 인식의 차이와 그에 따른 긴
장과 대립을 선명하게 보여준다. 임화와 야나베의 대담은 조선문화의 독
자성과 특수성, 조선어의 지위를 인정받기 위해 끊임없이 질문을 퍼붓는
임화의 공세적 태도와, 날카로운 임화의 질문의 예봉을 계속 회피하면서
얼버무리는 야나베의 수세적 태도가 극명하게 대조되는 대담이었다.
1941년 1월 15일 총력연맹 사무실에서 있었던 이 대담에서 임화는 초반
부터 정치·경제와 구별되는 '문화의 특수성'을 언급하면서 신체제가 요
구하는 이른바 '직능봉공'에서 문화의 의미가 다른 영역과 다른 것임을
강조하는 한편, '조선문화와 조선어의 특수성'을 거론함으로써, 즉답을
회피하며 계속 그것의 의미를 축소 내지는 부정하려는 야나베와 보이지
않는 대립각을 형성한다.

> 林   문화백년의 대계라고 할까요. 이러한 견지에서 보더라도, 사실, 국민문
>   화라는 것은 제각기 다른 역사와 전통을 가진 문화를 토대로 하고 이
>   들의 교류와 융합을 통해서 크게 말하면 세울 수 있으리라 생각합니다.
> 矢鍋 장래로 말하면 동아공영권의 지도의 중심이 되어가면서, 문화를 만들
>   어가지 않으면 안되겠지.
> 林   支那文化도 印度支那文化도 佛印文化도 印度文化도 南洋에 있는 土
>   人의 문화도 생각해야 하니까요.
> 矢鍋 건설적인 장래의 일을 생각하면 끝이 없겠지.
>   (…중략…)
> 林   그렇겠지요. 그러한 의미에서 보아서 조선어의 필요는 아직도 많이 있
>   으리라고 생각하는데요. 특히 문학방면에 대하여 희망하시는 것은—.
> 矢鍋 문외한을 그런 어려운 전문 속에 끌어넣으면 이야기가 안될 걸. 하하
>   …… 사실 말하면 우리는 단순한 이론으로서가 아니라, 실제문제에 다
>   닥쳐 가지고 어떻게 해나간다는 것을 결정해 나갈 수밖에 없지요.[26]

야나베는 '조선문인보국회'의 회장도 맡았던 인물로, '신체제' 이후 조선 작가들을 동
원하여 국책 협력으로 이끄는 데 중추적인 역할을 한다.
26) 「총력연맹부장 矢鍋永三郎·林和 對談」, 『조광』, 1941.3, 150면.

　임화는 대담 내내 조선문화와 문학, 언어의 특수성과 그 존재의의를 끈질기게 주문하고 있는 데 반해, 야나베는 자신이 '문외한'이라고 예봉을 피하면서 그것이 '논리'의 차원이 아니라, '실제'의 차원에서 해결되어야 할 문제라고 대답한다. 임화와 야나베의 대담은 야나베의 우회전술 때문에 임화의 일방적인 공세로 끝났지만, 김사량과 키시다의 대담은 서로가 팽팽하게 '국민문학'과 '조선문화의 특수성'을 둘러싸고 날카로운 공방전을 펼쳤다.

金　나도 문화라는 것의 성격이라고 할까 거기에는 보편적인 것과 특수적인 것에 대한 특별한 고려가 필요하겠으나 全日本文化를 건설하는 데 있어서는 보편적인 것이 비상히 크게 나타나지 않으면 안될 것입니다. 그러나 그와 동시에 지방지방의 특수성이라는 것이 고도로 발전되어가지고 그 결과로 전일본문화라는 것이 넓은 '넓이'와 깊은 '깊이'와 또 강도를 가지는 것이 아닌가 생각합니다. 지방문화의 특수성 가운데는 개별의 전통의 흐름이 있습니다. 이 전통이라는 것은 형상을 살리는 것, 말하자면 감정이요 형상의 배후에 있는 것입니다. 이렇게 전통을 가진 문화가 딴 문화와 교섭을 도모하는 경우, 내용을 잡아넣지 아니하고 형식만을 취하여 오기 때문에 개성을 잃기 쉬운 것입니다, 그려.

岸田　그것은 나도 이상으로는 그렇게 생각합니다. 그러나 대단히 미묘한 것은 현실문제로서 지금 말한 특수성을 보지(保持)한다는것과 보편적인 것을 강화하여 간다는 것이 언제든지 '스무스'하게 진행되리라고 할 수는 없는 것입니다. 이 점에 현실이라는 것의 비상한 복잡성이 있다고 생각합니다. 이런 것을 한번 머리를 깨끗이 하여 가지고 생각하지 않으면 안될 것입니다.

金　아까 岸田씨의 말씀에 언어에 대한 이야기가 나왔는데 조선의 언어라고 하는 것은 조선인, 조선문화라는 것과 함께 생장한 것입니다. 이것을 지금과 같이 대국적 기분으로 나아가는 데 함부로 고집한다는 것은 큰 의미에서 좋은 일이 아니라고 생각합니다. 국어(일본어-인용자)는 조선민중 속에 깊이 들어가지 않으면 안 될 것이나, 반면에 있어 조선

의 언어라고 하는 것도 살려 가야 할 것이 아닌가 생각합니다. 문화가 언어에 힘입은 바는 대단히 크다고 생각합니다. 가령 문학이라든지 기타 예술에 있어서도 거기에 나타나는 독특한 전통을 가진 언어에 의하여 그 문화와 예술의 가치가 고양되는 것이라고 생각합니다. (…중략…) 이런 의미만으로도 언어의 특수성이라는 것은 어느 정도까지 존중하지 않으면 안되리라고 생각하는데……

岸田 그것은 물론 존중하지 않으면 안된다고 생각합니다. 그러나 다만 기술적으로는 대단히 델리케－트한 점으로서 내지어를 보급시키는 데 장애되는 것이 무엇이냐 하면 지방어가 사용하기 쉽고 자기의 감정을 표현하기 쉽다는 점에 있습니다. (…중략…) 일상생활에서 내지의 언어와 조선의 언어와를 이원적으로 사용한다는 것은 하나의 과도기의 현상으로서 이어 조선의 언어도 시대와 함께 진보하여 갈 것입니다.[27]

김사량은 전일본문화를 발전시키기 위해서라도 '지방문화'인 조선문화가 독자적인 발전을 이루는 것이 필요하다고 주장하는 데 비해, 키시다는 시종일관, 그것이 일본의 '전체성' 안에서 보편성을 지향하는 '지방문화'가 아니면 안 된다고 공박한다. 중요한 것은 일본적 '국민문학'의 한 '지방문화'의 지위를 가지는 것에 안주하느냐의 여부가 아니라, 그때의 '지방문화'의 성격을 무엇으로 유지·보존하는가의 문제라고 할 수 있다. 이런 점에서, 당시의 '국민문학'에 대한 '동의'를 전부 일본의 논리에 흡수동화된 것이라고 판단하는 것은 단순한 논리이다. 이태준의 '동양론'이나 '조선문학의 특수성'에 대한 인식 또한 이 미묘한 경계 위에 존재하는 것이었다.[28]

---

27) 「岸田国士·金史良 對談」, 『조광』, 1941.4, 28~30면.

28) 정종현은 당시의 '국민문학'론이 모두 일본의 제국주의적 '국민문학'의 구도 안에 안착하는 논리였고, 따라서 제국의 논리와 모순되지 않는 '민족문화'의 양립이 가능했으며, 따라서 '조선적 전통＝민족문화＝저항적'이라는 도식은 성립할 수 없다고 주장한다. 정종현, 앞의 글, 127면. 이런 논리는 '조선(문학)의 특수성'이 부분적으로 '국민문학'론의 헤게모니 아래에 이루어진 것이 사실이라는 점에서 일리가 있는 주장이지만, 당시의 맥락에서 이 '조선적 특수성'을 둘러싼 현실과 논리의 미묘한 차이를 섬세

이태준의 신체제 수용이 '대동아공영주의'의 '동양론'에 동의함으로써 가능했다는 것은 앞에서 언급한 바 있거니와, 그러한 헤게모니에의 '동의' 여부보다도 좀더 중요한 것은, 그럼에도 불구하고, 이태준의 '조선적인 것'이 모두 일본의 '동양론'으로 환원되는 것이 아니었다는 사실이다. 그 점에서 『청춘무성』에 나오는 치원과 은심의 다음과 같은 대화는 의미심장하다.

> 아무리 양복을 입구 자동차를 타두 가정에구, 사회에구, 독자(獨自)의 성격(性格)이 있어야 헐겁니다. 인류의 이상이 코스모폴리탄(世界主義者)에 있다는덴 난 반댈뿐 아니라 그렇게 될 리두 영원히 없는 겁니다. **에스페란토(世界共通語)를 보시죠. 그 말로 무슨 훌륭한 문학이 어디 나옵니까?** 개인이구, 단체구, 파산된 성격 우에 건설된 문환 영구히 향기 없는 가화문화(假花文化)인걸 면치 못할 겁니다.[29] (강조는 인용자)

이 무렵 이태준의 관심은 '조선말'과, 그 '조선말'이 담아내는 조선의 고유한 삶과 문화, 그 '조선말'을 통한 조선문학의 독자성을 확보하는 일에 집중되어 있었다. 그것은 앞서 임화와 김사량의 대담에서 살펴본 바 있듯이, '조선문학'을 일본의 '국민문학'의 한 '지방문학'으로 배치하는 것에 '동의'하는 일인 동시에, 그 이상의 일이었다. 신체제는 자신이 동의한 조건과 방식으로 '조선문학'의 지위를 보장해 주지 않았기 때문이다. 종국에 '일본주의'로 귀결되지 않는 '조선문학'의 특수성, 좀더 현실

하게 읽지 못한 것이며, 그 인식의 스펙트럼이 또한 다양하다는 사실을 놓치고 있어 문제를 안고 있다. 김예림의 「근대적 미와 전체주의」(김철·신형기 외 저, 『문학 속의 파시즘』, 삼인, 2001)도 동일한 분석틀에 기대고 있다. 그는 이태준의 미적 논리를 '아름다운 것=조선적인 것=동양적인 것'으로 파악하면서, 궁극적으로 이것은 일본 전체주의의 '동양론'에 귀결되는 것이라고 보고 있다. 모두, 민족주의의 편향을 극복하고, 지배담론으로서의 전체주의의 '헤게모니'를 인정하려는 이론적 시도에도 불구하고, '헤게모니'가 관철되는 과정에서 나타나는 복잡하고 미묘한 과정을 읽지 못함으로써 생긴 또다른 편향이다.
29) 이태준, 『청춘무성』, 서음출판사, 1988, 207~208면.

적인 맥락에서는 전쟁을 위한 동원 이데올로기에 복무하지 않는 '조선문학'의 독자성이란 유지되기가 힘들었기 때문이다.

단편 「토끼이야기」(1941)를 비롯한 1940년대의 단편들에 드러난 '고뇌'의 의미는 이것과 직접 관련된다. 「무연(無緣)」(1942)은 이런 콘텍스트를 염두에 두고 읽어야만 비로소 이 짧은 단편에 지루하도록 계속되는 토종 물고기의 이름들이 표상하는 바를 정확히 이해할 수 있게 된다. 낙백(落魄)한 '나'는 낚시질로 우울한 심사를 달래보려 하지만 낚시터의 꼴불견을 견디지 못해 심기가 불편하다. 그 무렵 갑자기 어린 시절 외조부를 따라 낚시질하던 강원도 '동주'의 '용못'이 떠오르고 화자는 그곳으로 향한다. 이제는 가까운 피붙이들이 없어 말그대로 '연고없는 곳'이 되고 말았지만, 이 '장소'가 화자에게 하나의 '인연'으로 다가오는 것은, 어린 시절 외조부를 따라 낚시질할 때 물에서 놀던 무수한 민물고기의 추억 때문이다. 화자는 낚시하던 풍경을 묘사하지 않고, 그때 보거나 낚았던 민물고기의 이름을 길게 나열한다. 이때의 '말'들은 고스란히 '조선적인 것'의 기호들의 집합이 된다. '당금질, 쇠치망이, 이시미, 무당치리, 참마자, 꺽지, 붕어, 드럭마자, 미여기, 갈베리날베리, 은어, 곤드레, 돌미끼, 다래키, 족댕이, 독까비 ……' 등등, 낚시와 연관되거나 민물고기 이름들인 이것들은 화자의 기억 속에서 일종의 '유년의 유토피아'로 되살아난다. 이 '유년의 유토피아'에 대한 회상은 외조부와 함께 먹던 '백사과'의 추억에서 마침표를 찍지만, 그것은 완결로서의 종지가 아니라 씁쓸한 환멸과 절망으로서이다.

내가 갑갑해 하는 눈치면 외조부께서는 낚시는 담거 놓은 채 나를 이끌고 원두막으로 가시었다. 참외는 진흙밭에서 아침 이슬에 딴 '백사과'였다. 희고 동글고 홈마다 푸른 줄이 진 것인데 배꼽을 따면 불그스럼한 것은 무르닉은 표였다. 요즘 '메론'을 연상시키는 향기와 단맛인데 그 연삭삭한 맛은 메론이 당치 못할 것이다. (…중략…)

차미막을 겨우 하나 찾았다. 맨 요새 긴마까뿐이다. '백사과'니 '감사과'니 먹사과니는 인전 절종이 되었다는 것이다. 그것도 개홧 속에 맞지 않아 그런지 '긴마까'처럼 잘 열리지부터 않고 잘 찾지들도 않는다는 것이다.
차미까지도 고전이 되어 버리는가!30)

'백사과'와 '감사과', '먹사과'의 절종(絶種)과 그것들을 대체하는 '긴마까'의 관계는, '서구' 대신 또다른 '보편자'로 등장한 '일본'과 그에 대응하는 '조선'을 상징한다. '서구'라는 보편을 걷어내고 서구에 의해 '타자화'되었던 '동양'의 복원을 통해, 그 안에 존재하는 무수한 민족들의 대등한 자립을 꿈꾸었던 이태준은 '긴마까'가 지배하는 세계에서 또다른 '보편의 폭력'을 경험한다. 이것은 그의 '동양'이 결코 '일본이 대표하는 일본의 동양'이 아니었음을 보여준다.

단편 「토끼이야기」(1941)는 그 점에서, 당시 신체제를 둘러싼 이태준의 딜레마를 가장 극명하게 보여준다. 돈을 벌기 위해 토끼 사육을 시작한 '현'의 가족들은 물자부족으로 토끼의 사료를 구하기가 어려울 뿐 아니라, 사료값이 천정부지로 솟아오르게 되자 늘어난 토끼의 처리 문제로 진퇴양난에 빠진다. 애초 토끼 사육을 결심한 것은 줄어든 수입 때문이었지만, "시대가 메가폰으로 소리쳐 요구하는 명랑하고, 건실한 생활일 수도 있는 점에 더욱 든든한 마음으로 결심한 것"31)이기도 했기 때문에 딜레마는 더욱 큰 것이었다. '토끼'를 신사조(곧 신체제)와 유비관계로 읽는 것은 지나친 단순화일는지도 모르지만, '토끼'와 '신사조'가 전혀 무관하지도 않음은, 소설 속에 삽입된 다음과 같은 '현'의 독백이 범상하지 않은 까닭이다.

'지나가 버린 낡은 사조의 유물들! 희생된 것은 저 책들 뿐인가? 저 저자들 뿐인가? 저 책들과 저 저자들 뿐이라면 인류는 이미 얼마나 복된 백성들이였

---

30) 이태준, 「무연」, 『돌다리』, 박문서관, 1943, 9~17면.
31) 이태준, 「토끼 이야기」, 『돌다리』, 박문서관, 1943, 139면.

으라만은, 인류는 언제나 보다 나은 새 질서를 갈망해 헤매지 않으면 안되였
었다.'
　새 사조가 지나갈 때마다 많으나 적으나, 또 그전 것을 위해서나 새것을 위
해서나 반듯이 희생자는 났다. 그 사조가 거대한 것이면 거대한 그만치 넓은
발자취로 인류의 일부를 짓밟고 지나갔다. 생각하면 물질문명은 사상의 문명이
기도 하다. 한 사상의 신속한 선전은 또 한 사상의 신속한 종국을 가져 오기도
한다. 예전 사람들은 일생에 한번이나 겪을지 말지한 사상의 난리를 현대인은
일생동안 얼마나 자조 겪어야 하는가. 청(淸)의 시인 이쵸(二焦)가 일신수생사
(一身數生死)라 했음은, 정히 현대의 우리를 가르킴이라 하고, 현은 몇 번이나
책장을 바라보며 쓴 우슴을 지었다.32)

　시대를 가로지르는 신사조 앞에서 작가 이태준이 느낀 '어질머리'는
단편 「무연」의 마지막 대목에서도 다시 반복된다. "한 사조의 밑에 잠겨
산다는 것도, 한 물 밑에 사는 넋일 것이었다. 상전벽해(桑田碧海)라 일러
는 오나 모든 게 따로 대세의 운행이 있을 뿐, 처음부터 자갈을 날러 메
꾸듯 할 수는 없을 것이다"33)라는 읊조림은, 새로운 사조 앞에 맞닥뜨린
그가 자신의 전술로 선택한 '동의하면서 저항하기'가 갈수록 불가능해짐
을 깨달으면서, 체념을 준비하는 모습이다. '긴마까'와 나란히 '백사과와
감사과와 먹사과'의 세계를 유지하기를 바랐고 그것을 위해 '앙버팀'으
로 견디던 작가는, 마침내 그것들의 '절종(絶種)'의 위기 앞에서 망연자실
해진다. 신체제와 이태준 사이에 존재하던 이 미묘한 길항과 긴장을 읽
어내지 못하면 그의 소설에 등장하는 '조선적인 것'이 죄다 '동양적인
것'으로 번역되고, 마침내 '전체주의'의 지배담론에 함몰하는 것으로 '오
독'될 수밖에 없다. 신체제의 등장을 전후해 호기롭게 '동양'의 '발견'과
그것으로의 '복귀'를 얘기할 수 있었던 이태준은, 그 안에서 자신이 확보
하고자 했고, 확보할 수 있으리라 믿었던 '공간'이 결국은 하나의 '주관

---

32) 이태준, 「토끼 이야기」, 『돌다리』, 박문서관, 1943, 143면.
33) 이태준, 「무연」, 『돌다리』, 박문서관, 1943, 21면.

적 소망'에 불과한 것이고, 자신의 선택한 '동의'가 순진한 '주관적 해석'
에 지나지 않았음을 점차 깨닫는 동안, '스러지는 것'들에 대한 연민과
동정이 배가(倍加)됨을 절감한다. 「석양」(1942)에서 경주의 오능을 내려다
보는 '매헌'의 심경은 그러한 질곡의 한 극점이다.

> 오능의 아름다움은 이 처녀가 발견한 이 소나무의 중턱에서가 가장 효과적인
> 포—즈일 것 같았다. 볼스록 그윽함에 사모치게 한다. 능이라기엔 너머나 소
> 박한 그냥 흙의 모음이다. 무덤이라기엔 선에 너머나 애착이 간다. 무지개가 솟
> 듯 따에서 일어 따으로 가 잠긴 선들이면서 무궁한 공간으로 흘러간 맛이다.
> 매암이 소리가 오되 고요하다. 고요히 바라보면 울어야 할지, 탄식해야 할지 그
> 냥 나중엔 멍—해지고 만다.34)

신체제에의 전면적인 포섭이었다면, 이러한 탄식, 혹은 석가탑과 다보
탑을 쳐다보면서 "오, 두 스핑스여! 언제까지나 저렇게 서 있을 것인가!"
라고 처량함을 느낄 이유가 없다. 오능과 다보탑과 석가탑의 세계가 곧
일본이 말한 '동양'의 세계의 그것이라면, 요란한 메가폰 소리와 더불어
시작된 '새 시대'에 그것의 존망을 염려할 까닭이 없기 때문이다.

4. 맺음말

식민주의에의 협력과 비협력의 경계를 설정하고 그 각각의 내용을 검
토하는 일은 간단한 문제가 아니다. 이 문제에 관해 가장 유용한 분석틀
이었던 '민족주의'적 시각의 평면성과 도식성이 한계로 지적되고, 새로

---

34) 이태준, 「석양」, 『돌다리』, 박문서관, 1943, 170면.

운 관점과 방법이 등장하여 이 논쟁적 의제를 새롭게 조명하는 것은, 그런 점에서 대단히 고무적인 일이 아닐 수 없다. 그러나 새로운 분석틀은 자칫하면 논리의 자기완결적 회로에 갇혀, 사태와 사실의 복잡함과 중층성을 지나치게 단순화하거나, 왜곡할 가능성 또한 없지 않다. 이태준을 사이에 둔 두 가지 논쟁적 해석 방식은 그런 편향이 공연한 우려가 아님을 보여준다. 식민지 상태에서 완전히 식민지배담론의 영향권 바깥에 서 있는다는 것은 불가능한 일이다. 물론, 이것이 식민주의에의 협력을 정당화하는 논리로 작용해서는 안 된다. 엄밀한 의미에서 가장 힘든 것은, 식민지배담론의 자장(磁場) 안에서 그것을 넘어서는 일이다. 중일전쟁과 신체제의 등장 이후, 이러한 이중적인 노력은 한결 어려워졌다. '강요'와 '헤게모니'가 서로 모습을 섞바꾸면서 식민지주체들을 괴롭혔기 때문이다. '강요'와 '헤게모니' 사이를 헤쳐나가는 힘겨운 고투의 과정을 섬세하게 읽지 않으면 안 되는 까닭이 거기에 있다.

그런 점에서, 이태준은 어쩌면 이 이중의 질곡을 가장 전형적으로 보여주는 경우이며, 또한 겹눈으로 읽지 않으면 편향된 해석으로 치닫기 쉬운 미묘한 사례에 해당하는 작가가 아닌가 생각한다. 이태준은 신체제로 표상되는 일제 말의 식민지배담론에 '동의'한 흔적이 분명히 보인다. 그러나, 이러한 '동의'를 지나치게 확대해석하면, 그가 견지했던 논리와 세계관이 모두 식민지배담론에 전면 '포섭'된 것으로 읽힐 위험이 있다. 그러나 이것은 사실과 다르다. 그의 '동양론'이 '신체제'의 '동양론'과 부분적으로 겹치면서도, 그것의 모순율에 결코 포섭되지 않는 '조선적 특수성'을 내장하고 있었기 때문이다.

식민주의와 근대문학에 관한 논의가 '저항'을 매개로 하지 않는 한 아무런 의미가 없다는 주장은 대단히 중요하며, 그러한 '탈식민 주체의 형성'에 관한 문제가 식민주의와 우리 근대문학을 논의하는 데 있어 가장 중요한 의제임은 재론의 여지가 없다. 다만, 그런 '저항주체'의 형성과정은 전일적이거나 순연하지 않다는 점이 전제되지 않으면, 이러한 '저항

주체'의 논리는 의제의 정당성만큼 큰 설득력을 얻기 힘들다. 이태준을 비롯하여, 근대문학의 텍스트와 콘텍스트의 섬세한 재구성과 치밀한 재해석이 더 풍부해질 필요가 이로부터 비롯된다.